TALKING AND
LEARNING WITH
YOUNG CHILDREN

与幼儿交流的艺术
——促进幼儿的有效学习

[英]迈克尔·琼斯（Michael Jones）◎著
余珍有 曲方炳 刘晓晔◎译

教育科学出版社
·北京·

目 录

致 谢
前 言　与幼儿有效交流

第 1 章　幼儿学习语言的缘由与方式　　1
模仿和奖励的作用　　4
诺姆·乔姆斯基与将语言作为由遗传决定的"心理器官"　　7
幼儿为什么要学会谈话？　　12
引入互动："妈妈语"和幼儿指向语言　　13
婴儿指向语言和幼儿指向语言是否必要？　　15
语言发展与整体学习：布鲁纳和提供支架　　18
作为语言和社会规范教师的成人　　19
语言"习得"、语言"发展"与语言"学习"　　20
小　结　　21

第 2 章　婴儿的亲子互动和共同学习　　23
看着对方："交互主体性"和交谈　　24
次级交互主体性：共同看着其他东西　　27
命令性的指示动作　　29
非言语交往　　30
爱、依恋等情感的发展与婴儿大脑的发育　　31
真实世界中的爱与交流　　33
对早期关系和交流的挑战　　34
在宝贝教室中支持依恋关系的建立　　35
宝贝教室里的情感纽带：对托儿机构中的孩子的启示　　36

本能、直觉和"就是知道" 38
小　结 39

第 3 章　帮助幼儿说出第一句话　43

从咕咕到咿呀再到"含糊不清的谈话"：各类事实 43
世界各地的咿咿呀呀：国际语言或仅仅是身体的功能？ 45
咿呀学语阶段的学习困难 47
说明性指示动作：从"我要那个"到"我们一起说一说" 49
"特别之事"和与婴儿一起唱歌、谈话及使用手语的增多 51
帮助幼儿开口说出第一句话 53
偶发事件、理解意思和认知发展 57
只表达一种含义还是两种？艾萨克说出的第一个词是什么？ 58
成人的行为和态度 60
小　结 60

第 4 章　与两岁儿童的有效交流　63

长到两岁 63
利用自然发生的谈话促进语言发展 64
对词汇快速发展的分析 67
和两岁儿童谈话 71
改善成人的互动风格，促进幼儿交往能力的发展 71
发展口语与语言，发展自信心，促进学习 75
小　结 77

第 5 章　家庭中亲子交流的经验　79

定义"社会阶层" 79
在家学习语言 80
伯恩斯坦的限制语码和精制语码 84
方言、语域和规范英语 84

在家谈话："差异"还是"缺陷"？	87
有效学前教育项目与家庭学习环境	90
行动的必要性	91
在教育机构中发展语言，影响家庭谈话	92
小　结	95

第 6 章　日常活动中的有效师幼交流　　97

鉴别有质量的互动：持续的共同思考	97
与谈话高手对话	105
现实中持续的共同思考	110
幼儿的不同语言发展和持续的共同思考	111
小　结	111

第 7 章　集体活动中的有效师幼交流　　113

共享教师（Sharing adults）	114
机动教师（Planted Adult）	121
分享图书，共享教师，交流想法	124
在集体活动中保持专注，持续与幼儿谈话	127
在人多的班级组织幼儿分组活动	130
幼儿的不同反应	133
观察、记录、拍照	133
后续活动	136
活动评估	138
教师之间相互合作	138
小　结	140

第 8 章　影响师幼交流的教育理念和教育实践　　143

为教师语言制定标准	145
教师语言的准确性	149

想好再说 152
说出想表达的意思 156
成人的积极互动 159
改变支持系统，适应正在变化的需求 161
在学期开始改变入园制度 164
引领谈话和学习的教育理念 167
小　结 169

第9章　交流复杂的想法 171

幼儿表达相对简单的想法 173
幼儿表达复杂的想法 174
成人在帮助幼儿表达过程中的作用 179
去情境化的语言：从"此时此地"转向"当时当地" 181
敏感的教师，敏感的互动 182
结语：与幼儿一起学习 186

参考文献 187
附录1　词汇表 197
附录2　专有名词中英文对照表 203
附录3　人名中英文对照表 207

致　谢

非常感谢玛丽·菲尔德（Mary Field）、凯莉·袁（Kelly Yuen）、卡特娅·奥尼尔（Katja O'Neill）、朱迪斯·特沃尼（Judith Twani）、莉萨·佩珀（Lisa Pepper）、萨姆·兰德尔（Sam Randall）、史蒂夫·格罗科特（Steve Grocott）、戴比·布雷斯（Debbie Brace）、巴哈维娜·阿查里亚（Bhavna Acharya）、迪伊·亨特（Dee Gent）、萨莉·罗伯茨（Sally Roberts）、露西·詹金斯（Lucy Jenkins）、特雷弗·史蒂文斯（Trevor Stevens）、埃德蒙·金特尔（Edmund Gentle）、玛吉·哈里斯（Maggie Harris）、凯瑟琳·克罗夫特（Catherine Croft）、凯西·布罗迪（Kathy Brodie）、埃玛·赫克斯特（Emma Huxter）、杰伊·贝古姆（Jay Begum）、迈尼·康克白伊尔（Mine Conkbayir）。

感谢卢顿市（Luton）教堂街幼儿学校（Chapel Street Nursery School）马勒姆空军基地（RAF Marham）的彩虹中心（The Rainbow Centre）提供本书的封面照片[①]。

特别感谢我主持的"每名儿童即一个交谈者"（the Every Child a Talker，ECaT）项目在卢顿、贝德福德区（Bedford Borough）和瑟罗克（Thurrock）三个地区的合作者休·托马斯（Sue Thomas）、萨迪·桑顿（Sadie Thornton）、蒂娜·库克（Tina Cook）等人。同时感谢参与该项目的幼儿园的教职员工，他们为我提供了许多创意、洞见和灵感。杰尼·赖利（Jeni Riley）牺牲了很多个人时间与我通过电话和邮件等方式进行深入交流。她特别支持这本书，这让我备受鼓舞。感谢世哲（Sage）出版公司的埃米·贾罗尔德（Amy Jarrold）、乔治·诺尔斯（George Knowles）在本书出版的全过程中以专业的精神不断激励着我。

[①] 指英文原版书的封面照片，中文版照片并非由该幼儿园提供。——编辑注

衷心感谢黑兹尔·德瓦特（Hazel Dewart）教授（很遗憾他这次没有继续和我们一起工作）。是他让我体会到，幼儿发展研究可以是一项充满智慧的活动，是一段饱含深情的经历，有时还特别富有乐趣！

前　言

与幼儿有效交流

本书内容概述

本书主要内容包括：幼儿如何使用语言进行交谈，如何运用语言进行学习，以及成人如何帮助幼儿运用语言进行交谈和学习。从出生之时起，幼儿就有一种强大的内驱力，驱动他与人交流、理解周围环境以及身处其中的他人。如具在交流的过程中，成人的态度和蔼、慈祥，方式也恰当，那么幼儿就开始逐渐学习说话，开始使用语言交流想法。在成人持续的帮助下，绝大部分幼儿到3岁半时就已经获得了一套较为完善的口语交往技能，掌握用于交往的语言技能。本书重点讨论幼儿是如何在具体社会交往情境下学习语言的。他们最初的交往对象是父母和其他家庭成员，然后是学前教育机构中帮助他们发展语言和学习的专业人员及同伴。

我们要探讨成人如何通过引发幼儿参与积极的互动和有意义的交往，引导他们玩游戏、探索自然和与他人交往等帮助幼儿学习语言。每名幼儿的经验都是不同的，因此我们需要深入观察成人如何帮助不同背景中的幼儿（包括有特殊学习需要的幼儿）学习语言，获得交往的自信心，以使他们未来在学校获得好成绩，建构终身受益的积极社会关系。本书还会提供大量实践活动和具体策略等方面的案例，这些案例有的来自本人与幼儿及其家庭、幼儿教育工作者相互合作的工作实践，有的是本人在进行全英"每名儿童即一个交谈者"（ECaT）项目研究时收集的。

本书的读者对象

本书对学前教育专业的学生和即将从事学前教育管理、咨询等工作的人具有参考价值。本书写作的目的在于指导学生和学前教育工作者提高与幼儿谈话的技能，设计幼教机构谈话活动方案，深入理解幼儿在家庭中的语言发展规律。

本书的结构

本书的前几章运用幼儿与成人之间的谈话和共同学习的具体案例介绍了成功的实践研究成果，后面几章重点讨论了几个成功促进幼儿语言发展、支持幼儿学习的幼教机构教育方案的个案研究成果。书中穿插安排的"反思与讨论"和"练习实践"可以帮助读者反思研究发现对幼儿教育方案设计和每日教育实践的启示。每一章的最后提供了进一步了解研究和实践方案的阅读文献。全文加点的部分是一些语言研究和幼儿发展研究的专业词汇，这些专业词汇在文后的词汇表中都有详细解释。

关于相关概念和幼儿年龄的说明

在本书中，"实践工作者"专指与幼儿有关的专业工作人员，"机构"专指幼儿参与集体活动的场所，"日托中心"或"幼儿托管中心"指的是提供"照看"服务的机构，幼儿白天的大部分时间通常是在这样的机构中度过的。"幼儿期"通常指的是0—5岁期间，幼儿的年龄通常具体到年和月，如3岁4个月的幼儿的年龄标记为"3；4"，幼儿既可以指"他"，也可以指"她"。

学习一种语言和其他一些专业术语介绍

人类有许多面对面交流信息的方式，其中尤以谈话这种方式使用最为广泛。交流(communication)是人们相互传递信息的方式,包括谈话、使用手势和手语等。言语交流（verbal communication）包括说话者和听话者理解的内容（言语理解，verbal comprehension）和双方谈话的方式（言语表达，verbal expression）。在交流的过程中，我们之间的互动（interaction）以及我们对互动对象的反应可能还包括会话（conversation）。会话有若干个来回，每一个参与会话的人都有机会参与分享信息。

当与婴儿或处于语言发展初期的幼儿交流时，我们聚焦于幼儿和成人之间的互动。一旦交流开始，我们倾向于深入观察我们是如何使用语言的，也就是说开始分析会话。但是，在与幼儿交流的背后有这样一个理念，即我们的互动应尽可能是积极的。在这里使用"积极的"这个词是因为我们假定，我们正在用语言让幼儿乐于参与交流，这样就可以培养他们参与谈话的兴趣，帮助他们学会一种学习的方式。

可以想象一下，我们到日本旅游，沉浸在日语的环境中学习日语，而不需要或很少需要说英语的人的帮助。实现与一个日本人成功谈话的唯一前提是交谈双方都懂日语的口头语言（language），也就是说，能使用这种语言的言语符号表达想法。当我们听别人说日语、越南语或泰语以及自己说日语、越南语或泰语时，我们必须理解，在这个特定的语言系统中，人们是如何使用说话（speech）的单个声音（即语音系统）组成词的。我们还应该了解一个词什么时候结束，另外一个词什么时候开始，也需要将说出的单词与其所指的人、物或想法建立联系。

每种语言都有成千上万的词汇（vocabulary）条目，包括名词、动词、形容词等。在很早的时候，使用单个词进行交流没有问题，但彼时使用单个词的交流只能表达最简单的想法。在此阶段，我们特别依赖于对他人的手势等非言语交往（non-verbal communication）方式的理解。我们如果真的想理解听到的单词背后的真实信息，那么要做的最重要的一件事就是，理解说话人如何借助表情传达意义，最为关键的是，理解他们如何借助能够表达感情的语调传递信息。我们需要知道词与词之间搭配的基本规则，包括词与词之间的排列顺序，传达类似谁、为什么、何时、发生了什么事等方面的信息。从广义上说，我们可以称之为语法（grammar）。为了能够理解他人的真实想法，我们需要积累真实的谈话经验。例如，你如果没有相关的实际经验——最理想的经验是在现实生活中经历过或至少通过图片或影像了解过的经验，那么你不可能理解一个日本人说的有关日本茶道的事情。

为了理解别人说的话，我们需要掌握上述所有知识；为了让别人理解我们说的话，我们需要学习日语的每一个音图，学习如何用这些音图拼成日语单词，同时也需要掌握语义（semantics），即如何传达我们想表达的内容，包括准确地运用日语语法规则，以一种合规的方式连词成句（将单个的词组合起来）。我们还需要清楚自己正在说什么，并不断观察日本听众的面部表情，准确地判断他是否听懂了我们说的话。如果他没有听懂，我们就必须具备运用更基础的非言语（如手势）交流的技能。这就是语言中重中之重的语言运用（pragmatics）技能。我们运用不同的方式传递信息，一旦掌握了以上知识和技能，就可以成功地询问卫生间在哪里，也就知道在哪里能找到它。

如果这听起来像是一个艰难的学习过程的话，那么请想想什么是奇迹。幼儿本来就是小奇迹，因为他们到3岁时就掌握了上述所有技能。更大的奇迹是，没有任何人预先制定教学目标，坐下来教他们如何交谈，但他们却可以学会所有这些技能。幼儿通过与他人，特别是与成人进行谈话，自然而然地获得理解和表达的技能。这些学习经历始于家庭，然后在托儿所、幼教机构和中小学得到延续。这的确是一项令人惊讶的成果。

所以，我们如果要继续讨论这个问题，那么就从一段与幼儿的谈话案例开始吧。

亚当、露西、迈克尔和香蕉

在一家热闹的托儿学校访问时，我参与了两个3岁半的小朋友之间的有趣谈话。他俩坐在小餐桌前，正在给一根香蕉剥皮、切块。我以前从来没有见过这两个小朋友。我曾经作为客座顾问来过这家幼教机构，参与过他们的小餐桌活动，在小朋友准备餐点、吃点心和收拾餐桌的过程中与他们"聊过天"。下面的迈克尔（Michael）就是我。

亚当（Adam）：（对迈克尔说）你喜欢"糖菜"（香菜）吗？

迈克尔：是的，我喜欢。

亚当：我妈妈买"糖菜"了。

露西（Lucy）：糖菜是什么呀？

亚当："路色的"（绿色的），"球好"（就像）植物。

露西：我爸爸喝啤酒。

> 亚当：我爸爸不"喜娃"（喜欢）喝啤酒，他喝"托托"（可乐）。（对迈克尔说）你喜欢吃蕉蕉（香蕉）吗？
>
> 迈克尔：是的，我喜欢吃香蕉。我还喜欢吃好多水果。
>
> 亚当："肥果"（水果）是什么呀？
>
> 露西：不知道啊！就像"李枝"（李子）和跟它差不多的东西。
>
> 迈克尔：李枝？
>
> 露西：是啊！紫色的，里面有个核。
>
> 迈克尔：喔，李子啊。
>
> 露西：对，就是李枝。
>
> 亚当：我"喜娃"（喜欢）李枝。我妈妈不给我买李枝。

这段对话虽然只持续了大约一分钟，却包含了本书讨论的核心观点，即"学习语言和使用语言进行学习"源自学习者在一定社会情境中与他人的有效互动。这些非常年幼的幼儿在出生后的 36 个月之内就已经掌握了大量的语言知识和技能。他们能够向成人和同伴提问。例如，亚当问了两种类型的问题：一个是有关食品选择的问题，验证我是否和他有相同的喜好；第二个是要求澄清一个出现误解的说法。露西同样比较老练。她能够向他人提问；当别人不理解她的话时，即使这个向她提问的人吐词未必清晰，她也能够对自己前面的话进行澄清。

当然，这两名幼儿以他们的生活群体可以接受的方式发出（pronunciation，发音）单个音（articulation，发声）以及将这些音组合成词（phonology，语音）的技能还有待提高。在这两名幼儿中，露西的语言发展明显较快。我们如果再进一步分析这段简短的对话的话，会发现有关他俩语音发展的更多信息。例如，我们可能注意到，亚当通常将 /k/ 发成 /t/。这种现象在他们这个年龄的幼儿中并不少见，也没有给亚当参与交谈带来特别大的障碍。露西对词首辅音组合 /pl/ 的发音还没有完全掌握，所以才会出现将"plums"（李子）错误念成"pums"（李枝）。虽然这并不妨碍我们理解，但露西对李子的准确描述"修补"了对话，使对话能够得以延续，并获得令人满意的结果。

我们说这两名幼儿在交谈方面特别老练是基于以下原因。

- 他们能够吸引不熟悉的成人参与谈话；
- 他们能够简要谈论一些不在眼前所以无法操作的东西；
- 他们可以边说话边用手做其他事情（还可以同时吃饭呢）；
- 当谈话开始因为某些潜在的误解导致中断时，他们知道该怎样"修补"谈话。

这两名幼儿特别引人注目的是，亚当在家里听到的语言包括意大利语、印地语和英语，而露西的父母在家中只对她说法语。幼儿说的话、交流的想法和交谈的方式都是36个月内快速发展的谈话能力的冰山一角。但是，我们幼教实践工作者永远只能参与他们上述这种谈话和交流中的很小一部分。这通常是因为幼教机构中的一日生活常规，在幼教机构中，一般全班幼儿在一起，而教师很少与他们进行深入的交谈。

成人的作用

在上面的会话中，我是非常克制的。我有意识地尽量少说话，想看看他俩如何相互交谈。我选择去做以及最重要的我选择不做的事在决定交谈可能如何推进的过程中起到了关键性作用。当亚当向我提问时，我决定只简单说一句"是的，我喜欢"，这样就给了亚当机会主导这次谈话朝着他想要的方向进行，也就是说，他可以谈论他最熟悉的内容，如他的家庭生活或家庭关系等。我控制住自己，没有采用成人典型的回应方式，问亚当说的是什么，而是允许他继续扮演谈话主导者的角色。这也激励了他的朋友露西以平等的谈话者身份参与交谈，提供信息，使交谈得以延续。

即使是在最短的会话中，我们也能够发现如此多的信息。但是，谈话结束后，我非常希望了解的是，为什么这个第一次见面就和我说话的小男孩问我香菜的事，而当时我们正在一起切香蕉啊。绝大多数像亚当这个年纪的幼儿说得比较多的食品是常见的苹果或香蕉，但究竟为什么他却说到香菜？我很好奇，想知道答案，我想其他幼教工作者也和我一样好奇，急于知道答案。原来，新鲜香菜是印度烹调过程中常用的佐料，而亚当与他的奶奶关系很好，奶奶经常给他做饭，并且经常在他的饭里加一些切碎的香菜。就在前一天，亚当还在托儿学校问过是否可以在他饭里加一点香菜。正是因为这些经历，才会出现有关食物的讨论，包括是否还有其他人喜欢香菜或其他类型的绿叶菜等讨论。这表明，亚当的问题实际上是他对完整食物主题内容自发探索的逻辑延展，而在前一天自然发生的集体讨论中，成人曾经向他介绍过这个完整的食物主题。

然而，在我们"闲聊"的过程中，学习到底在哪里？这两名幼儿还出现了语法和发音"错误"呢！难道这是在浪费促进幼儿语言发展的机会吗？特别是考虑到他们双语（bilingual）学习的需要，难道就这样浪费促进他们的英语理解和表达能力提高的机会吗？如果我是一个学生或教师，那么我的导师或督学可能会严厉地批评我没有利用好这个重要的促进学习的机会。的确，如果在亚当将谈话主题牢牢地固定在他的家庭王国之前我就将单词"水果"引入谈话之中，我可能会引出一个有趣的话题。但是，那样做基本上是从我的"教学"输入的角度上说的。

许多教师在与幼儿交谈时感受到压力，这种压力主要源自他们缺乏时间与幼儿进行有趣且富有深度的交谈。他们很清楚幼儿需要这样的交谈，这样的交谈有利于幼儿学习。教师感受到的压力还来自要让每次谈话都具有发展价值：利用每次谈话的机会促进幼儿在数学等其他领域的知识获得和能力发展。要想做到这一点，教师就需要把握会话的指导权，问更多的问题、使用更复杂的词汇等；也需要将谈话看作一次教育时机，通过示范帮助幼儿学会准确的发音。虽然这样做会得到（指导老师和督导的）认可，但是如果幼儿教师真的这样做的话，那么这两名幼儿可能就会失去机会获得如下几种同等重要的经验。

- 仅仅为谈话而谈话也是非常有趣的一件事；
- 别人很在意我说的话；
- 我能够使用语言探索自己的想法；
- 当成人听我说话并对我说的话感兴趣时我说得最好；
- 我能够比较我和同伴的生活经验；
- 我会对和成人、同伴一起谈话变得越来越自信；
- 其他小朋友说话有时也会不清楚，但到底怎么说并没有你想说的事、想分享的经验重要；
- 我正在学习如何成为一个社会（交往）环境中的善谈者；

- 我正在学习如何在有一名老师、多名小朋友的环境（如幼教机构中的班级）中很好地与他人交谈；
- 我除了能够使用家里的语言之外，还能够成功地使用其他语言与他人交谈。

本书涉及的内容范畴

亚当和露西都是老练的学习者，他们的这次语言学习之旅远未结束。但是，像绝大部分3岁半的小朋友一样，他俩已经涉及绝大部分的语言学习内容。他们已经发展了用于成功交谈的绝大部分语言技能，包括习得了英语和另外一种语言的单词发音和语句构成的基本规则。我们在这里有意区分了"发展"和"习得"两个术语。语言发展理论已经经历了几百年的历史。最初只是简单提出了模仿观念，随后出现了行为主义通过奖励获得强化的理论。语言学家和哲学家诺姆·乔姆斯基（Noam Chomsky）提出，幼儿拥有习得语言的内在能力，这有助于他们自己创造或"习得"语音和语法规则。乔姆斯基的理论有助于人们深入理解人是如何拥有学习说话的内在动力的。而强调幼儿在交谈中使用语言的重要性的理论指出，成人与幼儿之间的互动（在幼儿语言学习过程中）具有重要价值，包括帮助幼儿理解单词的意思、学会使用这些单词与他人交谈。本书采纳的观点或立场是，上述所有这些理论都能部分解释幼儿在交谈过程中的发展现象。

我们详细考察了从出生到18个月，从广义上可以将之界定为"婴儿期"的幼儿如何通过社会互动习得技能、发展交谈能力。对处于这个阶段的幼儿学习过程的观察有利于我们深入了解大多数幼儿如何快速地学会发展语言理解和表达技能。这是幼儿快速发展的神经系统（成熟）、生理发育、认知发展和有机会探索眼前的客观世界、亲近的人际关系等要素共同作用的结果。在这个过程中，起关键作用的是婴儿与父母、主要抚养人之间的互动。积极的互动有利于婴儿获得作为早期关系基础的健康和安全感，这些成人为婴儿将来能够获得互动和游戏经验提供了必不可少的经验。

我们可以看到，在2—3岁期间，幼儿的言语交往能力和对复杂观念的理解能力获得了快速的发展，幼儿言语交往能力和学习能力的发展又与他们不断丰富的经验、对更加广阔的物质世界和人的想法的探索能力联系紧密。然而，并不是所有的幼儿都会为新鲜的、令人兴奋的活动所动，特别是一些尝试独立的 2 岁幼儿或言语和语言发展迟缓（speech and language delay）的幼儿，他们会发现，与陌生的成人、同龄人谈话非常具有挑战性。随着幼儿独立性的增强，成人的角色开始从提供完全的养育和保护向鼓励和允许幼儿自主探索方向转变。语言和交谈在帮助幼儿理解家庭关系、外部客观世界和复杂的童话世界的过程中起到了相当大的作用。

年幼幼儿的家庭成长经验千差万别，幼儿如何说话、如何与人交谈是这种差别的重要表现。有些幼儿父母双全，而有些幼儿只有单亲；有些幼儿在大家庭里长大，而有些幼儿很早就离开父母，在不同的教养机构中生活；许多幼儿在家听到不止一种语言，或者自己说的语言与幼教机构中使用的语言不同。对如何快速、成功地学会理解和运用新语言影响最大的是幼儿和成人之间如何共同分享谈话。幼儿发展的速度不同，当幼儿出现发展迟滞（developmental delay）问题，如患有唐氏综合征时，其言语和语言学习问题很早就能被发现。没有发展迟滞问题的幼儿也会因不明原因或诸如听力损伤等生理问题出现言语和语言问题。但是，无法经历有效的言语交往，特别是与家庭成员长期分离，会影响幼儿的自信心，从而影响他们的学习。

言语交往和语言也会受到经验缺乏的不利影响，在英国出现的"语言贫乏"这个词就是用来描述因缺乏经验和缺乏家庭交往机会而产生的影响。就是因为语言贫乏程度比较严重，全英"每名儿童即一个交谈者"项目才应运而生。遭遇冷落之苦的幼儿通常会因为很少有机会参与互动和交往而处在出现语言发展迟缓问题的边缘。

家庭中的谈话和幼教机构中的谈话有所不同，其中最大的不同在于幼儿与成人之间的人数比例。除了来自很大家庭或家庭看护点的幼儿之外，在幼教机构中一个成人面对的幼儿数量总是比在家里多。在实践基层，教师需要准备充分，只有这样他们才能帮助幼儿在社会情境中健康成长、有效学习。20 世纪 80 年代英国的一些重要研究结果表明，幼儿在家的言语交往通常比在幼教机构中时间更长，内容更丰富，交谈双方也更加满意。随后的一些研究详细分析了在幼教机构中促进幼儿学习的具体方法和策略。研究发现，有效的谈话起到了关键性的作用。成人有关幼儿如何学习的总体看法，即他们的教育教学观（pedagogy），会对幼儿的健康快乐、言语交往和学习产生直接的影响。在幼教机构中，教师遵循的总体教育观念影响他们为幼儿创设的物质环境，影响为幼儿创造的谈话机会和发生在其中的学习机会。本书的中心话题之一就是探讨教师如何才能引发幼儿参与师幼之间的言语交往，如何使这种交往延续的时间相对较长，足以使他们能够围绕共同感兴趣的话题进行深入的交流，从而以一种双方满意的方式促进幼儿思维和学习能力的发展。

教育教学观念影响教师如何设计施教于幼儿的课程方案，也影响教师如何平衡由幼儿发起的活动和教师主导或高结构化的活动。在幼教机构中，观察现场、记录过程和设计学习方案是教师的核心工作内容。幼儿在游戏过程中所说的话和对成人进行反应的方式可以为我们提供显示幼儿发展和进步的有价值的证据，有利于我们深入分析每名幼儿是如何学习的，同时也为未来的活动设计提供了参考。教师观察、记录的方式影响他们的发现。我们拟探讨使观察和记录的过程尽可能变得自然的方法与策略，从而使教师能够尽可能增加幼儿参与互动和交谈的机会。

英国有以下几种类型的幼教机构：第一类是托儿学校和由小学教师负责指导的托儿班；第二类是日托中心和育儿看护人，他们在从早上开始直到父母下班的这段时间内为幼儿提供看护服务；第三类是幼儿园，根据主办者自身的条件和理念开展服务；还有一类可称为"简单收拾型"（packaway）看护点，主办者每天将一个空着的大厅改造成为一个可以容纳 30 名幼儿的活动空间。无论在哪种类型的幼教机构，对幼儿语言发展和师幼之间关系的评价一直是决定幼儿需要得到满足的程度的决定性因素（Ofsted，2013）。

许多年以来，在城镇地区，以英语作为第二语言（EAL）的幼儿已经就读于幼教机构。但同时在许多农村地区，教师正在帮助那些刚刚开始学英语的幼儿。本书并不打算使用专门章节聚焦于那些以英语作为第二语言的幼儿。但是，本书中的许多案例都来自多语家庭，在这些家庭里，幼儿及其父母正在使用和学习多种语言，整本书也会提到有第二语言学习需要的幼儿。

那么，当幼儿到 5 周岁时，我们对他们有什么期望？在英国，绝大部分幼儿是要上小学的。在很多情况下，在小学中的大部分学习经验由教师主导，这些经验将会有明确的事先设计的学习成果。当幼儿在班上谈话时，他们说多少、谈什么也是有明确限定的。幼儿刚上小学时，学校通常会要求他们已经达到一定的知识水平，拥有包括能够在小组谈论知道的事情等方面的技能。本书建议，当幼儿从幼儿园迈进小学，进入课程学习王国时，他们的社会性发展，包括在小组中使用语言进行学习的能力，应当与他们能够展示出来的（认知）能力水平具有同等的重要性。

第 1 章
幼儿学习语言的缘由与方式

内容提要
- 简要回顾解释幼儿语言发展的原因和方式的几种主要理论；
- 介绍一种分析幼儿语言发展的新视角：将幼儿与成人之间的互动和对话看作学前期交谈、语言发展与学习的中心。

【案例1.1】埃米和联合收割机

埃米（Amy）准备学习法语时已经 7 岁了，现已获得法语语言与文学专业的学位，这一切始于一次到法国度假的经历。那次她是和父母以及 4 岁的弟弟本（Ben）一起去的。她想学的第一个法语单词是 moissonneuse-batteuse（意为"联合收割机"）。当时她从所住宾馆的花园向外看，看到马路对面停着一台联合收割机，这是她当时能见到的最大的东西。

晚上上床睡觉时，埃米和妈妈聊着天，并看上去有点闷闷不乐。

埃米：我将来可不想学法语。

妈妈：为什么呢？

埃米：因为我记不住那个大拖拉机一样的东西怎么说！学一个单词就这么难……我怎么能学会那么那么多单词呢？

> 妈妈：还有一个更容易的方法。你还记得在幼儿园学到的《雅克兄弟》这首歌①吗？我们一起唱唱吧？
> Frère Jacques，frère Jacques / Dormez-vous? Dormez-vous?
> 哦，dormir 的意思是"睡觉"，Dormez-vous 意思是"你要睡觉了吗"，Bien 是"好"的意思。所以，如果我帮你盖好被子，吻你一下，然后说 Dormes bien ma cherie，你知道我说的是什么意思？
>
> 埃米：睡个好觉，我的小甜心。对不对？
>
> 妈妈：意思是"亲爱的，睡个好觉"。（帮她盖好被子，吻了她一下，然后说）Dormes bien ma Cherie.
>
> 埃米：嗯，本也能学会法语吗？
>
> 妈妈：当然啰。那我们明天就开始，先用法语给他讲"三只熊"的故事。
>
> 埃米：那……
>
> 妈妈：别再问问题了。Dormes bien ma Cherie.
>
> 埃米：Dorma ben，ma cherry.（在重复 Dormes bien ma Cherie 时发错了三个法语单词。）

埃米和妈妈正在思考学习语言的问题，这并不常见。任何人要想学一门第二语言都要运用从学会的第一语言中已经获得的知识，无论他们是否意识到这些知识的存在。哲学家、心理学家、语言学家和教育学家在以下两个问题的答案上争论了几个世纪，这两个问题分别是："幼儿是如何学会谈话的"和"从出生时不会说话到4岁时能够掌握几乎全套的谈话技能和语言能力，幼儿是如何做到的"。这个案例为我们理解这一争论提供了一个重要视角。

埃米认为，如果她现在开始学习看到的最大的东西的名字，一次记一个，再不断重复练习，直到完全正确地念出为止，那么她一定会很快学会她知道的东西的法语名字。她将自己的头脑想象成为一个大大的空盒子，本来里面一个法语单词都没有，只是等着她用重要的词汇填满。埃米对语言学习的界定表面看上去好像有点天真，但是，事实并非如此：重复练习是语言发展的一个重要

---

① 对话中提到的法语儿歌 Frère Jacques 直译为《雅克兄弟》，曲调与《两只老虎》相同。——译者注

组成部分。幼儿大约在 12 个月大时开始使用语言，通常情况下每次只能使用一个单词，但是如果他们仅仅模仿听到的语言或仅仅重复这些单词给自己听，那么他们的语言不会学得有多好。埃米有语言学习的优势，主要表现在她有学习动力，也有一个懂这门语言且知道怎么教这种语言的好榜样。有人怀疑，如果她妈妈不强力干预，也不在孩子的学习过程中通过表扬或鼓励等方式给予奖励，那么埃米很有可能会放弃学习法语而去参与其他的假日活动，如学习如何玩"翻绳游戏"或巩固跳绳的技能。

埃米的妈妈采用了绝对正确的语言教学方法。

- 我们来找一找每天生活中用得上的一些单词，如"睡觉"；
- 让我们在好玩的活动中将这些词加进去念一念吧，把它当作我们睡觉前的愉快经历；
- 我们来学一首与这些单词有关的歌曲吧！如果这首歌曲调容易记，还可以伴随一些动作，那么这首歌就更容易被记住，一些关键单词可以在歌曲中重复多次；
- 让我们一起用法语讲一讲孩子已经熟悉的简单故事，这样他们就能在这些单词和家人的一些想法之间建立联系。

因此，我们觉得，对于埃米来说，法语是有意义的，她的学习过程是有趣的，最重要的是，她的学习经历会成为亲情关系的重要有机组成部分。作为语言教师，埃米的妈妈有可能会认真思考如何向她的孩子引入法语，也就是说，如果学习过程有意义且有趣，并渗透在活动之中，活动内容适合幼儿的认知发展水平，那么这样的活动就能够促进幼儿的语言发展。埃米 7 岁时就已经能够使用英语成功地与人交流，这些经历让她对语言的工作方式（有何作用）产生了一种"直觉"，也让她具备了谈论语言的能力。这些知识为她学习法语奠定了牢固的基础。值得注意的是，埃米获得这些知识的途径不是有人坐下来专门教她学习如何谈话。那么我们怎么解释非常小的幼儿能够以惊人的速度获得这些知识和能力这一现象呢？

模仿和奖励的作用

20世纪50年代以来,一些学习理论主张像其他知识学习一样,幼儿的语言发展主要是模仿和奖励的结果。例如,行为主义者(behaviourist)提出的理论主张,婴儿从周围听到种种常用的语言,当他们偶尔使用其中的一些语音时,父母会非常高兴地做出回应,并予以表扬,这些奖励能够激励婴儿继续重复其行为,即使用这些语音(Skinner,1957)。由于能够获得奖励或"强化",所以幼儿开始经常重复这些语音。对某一行为给予奖励的过程就是众所周知的"外部强化"的过程,在因受到成人表扬而获得奖励的同时,幼儿也会因从成功交往过程中获得成就感而得到内部奖励或"内部强化"。以同样的方式引入词汇、语音和语法有利于幼儿逐渐学会使用语言、语音系统、语法和他们父母常用的方言口音(accent)。

> **【案例1.2】塔纳兹、福阿德和苏格兰、伊朗和德国口音**
>
> 塔纳兹(Tanaz,4;7)以及弟弟福阿德(Fouad,3;2)和苏格兰妈妈、伊朗爸爸一起生活在英国纽卡斯尔市,他们偶尔会到苏格兰去,但从来没有去过伊朗。两个孩子在英语-波斯语双语家庭环境中长大,妈妈说波斯语和英语时带有苏格兰口音,而爸爸使用这两种语言时伊朗口音非常重。两个孩子上的是当地幼儿园,幼儿园里的多数教职员工和幼儿说的语言都带有明显的当地泰恩赛口音。
>
> 塔纳兹说英语或波斯语时苏格兰口音很重;她的弟弟无论说英语还是波斯语时都带有波斯语口音。塔纳兹在家玩"上幼儿园"游戏扮演幼儿园中不同的老师和职员时,说的话中泰恩赛口音比较明显。

很难相信,成人会让一个年幼幼儿正襟危坐,然后教她学会如何发一种特别的口音。但是,我们不难想象,塔纳兹和福阿德学会了说话中带有不同的口音,这其中模仿一定必不可少,只不过他俩可能都没有意识到这一点而已。所以,模仿非常重要。然而,行为主义的模仿和奖励说只能解释这个过程相对比较小的部分,却不能解释案例中塔纳兹和她弟弟是怎么获得不同的口音的,因为他俩从未因说出带有苏格兰、伊朗或泰恩赛口音的话而受到奖励。他们听到周围的人说话带出的口音，自然而然地学会了这些口音。

模仿和奖励在教师安排的很多一日活动中都产生了作用。这些活动包括集体唱歌和念儿歌等，在组织这些活动的过程中，教师会鼓励幼儿模仿、重复和记忆尽量多的歌曲和儿歌。如果从行为主义的视角分析这些有价值的经历的话，那么幼儿因参与活动、努力掌握歌曲的曲调、歌词与儿歌而得到老师的表扬，这表明他们正在接受外在的、外部的奖励；幼儿同时也会因已经成为有趣集体活动的一部分而获得幸福感，在学习歌曲、儿歌的过程中获得愉悦，表明他们也在接受内在的、内部的奖励。

我们只需要想想流行的《字母歌》就可以进一步验证这个观点。塔纳兹和福阿德正在学习一首歌曲，曲调与"一闪一闪亮晶晶"相同，两段的最后一句分别为"现在我记住了字母"和"难道你不为我骄傲吗"。父母的确为两个孩子的表现而骄傲，并以表扬对他们的表现做出回应："太棒了！你们真聪明！去让奶奶看看你们学会什么了！"此时，这首歌曲也许并没有多少意义，但两个孩子却逐渐意识到，作为整体学习的一部分，学习谈话是父母看重的内容。一年以后，当塔纳兹再唱这首歌时，父母就不会有同样的反应了。事实上，父母不做反应的意图也许是让她别再唱了！但是，如果她回家说"我会说法语了"并唱出《雅克兄弟》，那么父母一定会同样兴奋不已。这个案例让人部分相信行为主义的如下观点：成人可以通过表扬某些行为和忽视另外一些行为对幼儿的学习给予系统的奖励。

但是，实事求是地说，真的仅仅单独采用模仿和奖励就能够解释幼儿语言能力的快速增长吗？学习表达意思与通过死记硬背学会一首歌的歌词并不是一回事。幼儿、正在学习英语（第二语言）的中小学生或言语与语言发展迟缓的幼儿可能还根本不理解歌词的意思就学会了演唱歌曲，这显然与成人"学"流行歌曲一样，只有意识到他们对歌词的真实含义理解错误时（他们才开始去注意歌词）。然而，与学习歌曲和儿歌不同，如果要理解别人对我们说的话，并能够说出我们想表达的内容，那么，对语言的理解就是必需的了。对幼儿自然说出的"My goed to the shops"（我去过商店了。正确的表达是 I went to the shop）这句话①，我们又如何理解呢？她们不太可能听到父母这样说话，也不会因为说了这句话而受到父母的奖励。因此，我们只能仅仅将模仿和奖励看作对语言发展解释的一个部分。

反思与讨论

在与幼儿进行日常交往的过程中，你经常使用表扬和奖励吗？（这里使用的"表扬"一词并不包括语言鼓励，也不包括贴纸之类的物质奖励，而指的是你对他微笑，或即使有其他幼儿引起了你的注意，你也尽量不离开这名幼儿。）

埃米 3 岁时，有一次对奶奶说："奶奶，小猫就是猫咪。"奶奶回答道："我的天哪，你真是个聪明的小女孩，还知道这个。过来告诉奶奶你还知道什么，有多少就说多少。"同时，埃米还得到了一个大大的拥抱和亲吻。奶奶必须要告诉埃米她是个"聪明的小女孩"吗？这样说可能会对埃米产生什么影响？

你会因为幼儿知道一些语言知识或学习了一些新知识、新技能而表扬他们吗？有这个必要吗？

练习实践

当幼儿学会了一些新知识，如完成了一幅新的拼图，教师通常会以"完成得很好"进行表扬，有时当幼儿学会了关于颜色、形状、数字的单词时我们也会这样说。请做一个实验，对幼儿的语言学习采用其他表扬和奖励方式：选择一个文静且谈话时可能不够自信的幼儿，像埃米奶奶公开表扬并奖励埃米在学习新单词、新知识的过程中付出的努力与获得的知识那样，采用不同

---

① 幼儿的这句话有明显的语法错误。在英语中，my（我的）只能作定语，不能与 I（我）混用；动词 go 是不规则动词，其过去式是 went，不能像规则动词一样，直接在后面加后缀 -ed 变成过去式。这两种语法错误在英语幼儿语言发展的过程中比较常见。目前，对幼儿语言学习和发展过程中出现的这种现象有两种不同的解释，消极地看这是幼儿出现的语法错误，从积极的角度来看，这是幼儿在经验准备不足时主动采用的一种语言学习策略。——译者注

的表扬方式，比如再多花一点时间与他聊一聊，或表扬他"聪明"。这样的方式也许可以提高一个文静孩子的幸福感，帮助他获得强烈的"内部动机"。（注意：千万别做"过"了，不要声音太大或过于热情，只要声音平静能够引起孩子的兴趣即可，因为文静的孩子比较喜欢这样的声音。）同时，观察幼儿的反应。

诺姆·乔姆斯基与将语言作为由遗传决定的"心理器官"

在案例 1.1 中，7 岁的埃米正在学习第二语言（法语），她凭直觉已经知道语言是如何运作的。当她学习法语时，这些知识为她提供了独特的优势。她的父母从来没有让她坐下，然后给她讲一些英语的语言知识，比如告诉她"马""猫""狗"都是名词，而"跑""跳""爬"都是动词，或者动词有分词形式。埃米成功经历了学习英语的过程，并已经能够熟练使用英语进行交流，这一事实表明她已经具备非正式理解英语语法规则的能力，当然她仅仅"只是知道"这些规则。

在学校，埃米的老师在黑板上写了一串单词：brown the cat little chair the on is sitting（棕色 这 猫 小 椅子 这 在上面 是 坐在），让学生用这些单词造出有真实含义的句子（同时要求"brown"和"little"这两个词必须连在一起）。大多数学生能够很快完成任务。有的写出"The little brown cat is sitting quietly on the chair"（棕色的小猫安静地坐在椅子上），还有的写出"Is the little brown cat sitting on the chair?"（棕色的小猫坐在椅子上吗？）。但是，几个以英语作为第二语言的学生却拿不准"brown"和"little"这两个词的先后位置关系。如果你问埃米"你怎么知道'little'要放在'brown'之前而不是之后"，她可能会说"我就是知道啊"。但是，当妈妈向埃米描述一门新语言如何运作时清楚地解释英语语法规则，这是没有问题的，如"在英语中我们说'I walk'，在法语中我们就应该说'Je march'，'Je'的意思是'I'，'marche'的意思是'walk'"。

【案例1.3】"sheeps""falled over"（羊摔倒了）：过度泛化[1]的实例

瑞安（Ryan）3岁4个月大，家里人都说英语。他喜欢与人交往，词汇量很大。下面是他和爸爸之间的对话实例。

爸爸：我看到了5只绵羊，你看到了几只？

瑞安：我看到了（seed）3只绵羊（sheeps）。

爸爸：英格兰很伟大，赢得足球比赛。

瑞安：是的，英格兰赢了（winned）足球比赛。

爸爸：你最喜欢哪辆火车？我最喜欢那辆红的。

瑞安：那辆蓝色的火车最好（bestest）。

爸爸：哇，泰迪熊刚才摔倒了（fell over）。

瑞安：泰迪熊摔倒了（falled）。

爸爸：泰迪熊摔倒了（fell over）。

瑞安：是，泰迪熊摔倒了（falled）。

爸爸：它摔倒了，是fell不是falled。瑞安，说"fell over"。

瑞安：fell over.

爸爸：来，一起说"泰迪熊……摔倒……了"。

瑞安：泰迪熊……摔倒……了。

爸爸：好样的！说得非常好！那泰迪熊怎么了？

瑞安：泰迪熊 felled over！

案例中出现的现象就是过分泛化（overgeneralisation），一般发生在幼儿试图将规则变化的动词或部分其他表述规律运用到不规则动词或其他表述上。

但是，6个月后，尽管没有接受正式的教学，瑞安开始自然而然地使用"fell"，再也没有出现"falled"这种错误了。

案例1.3部分证明了语言学家和哲学家乔姆斯基的理论观点，即所有幼儿

---

[1] 在英语中，名词复数、动词过去式和形容词比较级的变化既有规则的也有不规则的。在这个案例中，瑞安将不规则变化的动词see、fall的与win的过去式、名词sheep和形容词well按照规则变化的方式处理，这就是过度泛化。——译者注

都拥有一种人类独有的"习得"语言的能力,这种能力使他们能够用已经学会的词汇"创造"新句子。他的理论强调,幼儿在自己创造语言的过程中承担着核心角色,而不是通过被动模仿和借助直接教学学习语言。他认为,幼儿在获得第一语言的语法规则时的语言习得(language acquisiton)遵循一定的规律,他们从听到的成人谈话中形成逻辑假设,并在此基础上创造出自己的语法规则。乔姆斯基还运用过度泛化的普遍现象来论证这个语言习得过程。他认为,幼儿能够做到这一点是因为他们可以使用一种内在的语言习得装置(Language Acquisition Device,LAD)——一种与大脑其他功能工作原理不同的"心理器官"(Chomsky,1975)。和生理器官一样,语言学习装置的发展成熟应归功于人类的一种独特的基因蓝图,也就是说,它是由基因决定的(genetically determined)。

　　乔姆斯基认为,仅仅通过模仿是无法解释幼儿语言习得的。如果幼儿只是在模仿成人的语言,那么我们怎么解释瑞安说出类似"That teddy just fell over"这种完全不一样的句子呢?他当然从未听到父母这样说过。根据乔姆斯基的观点,瑞安的爸爸是个例外。这是因为乔姆斯基认为,一般而言,幼儿听到的绝大部分口头语言是不完美的,甚至是"堕落的"(Chomsky,1965)。乔姆斯基断言,这在很大程度上表现为停停说说、不断修正、经常犹豫等,这些都是谈话过程的特点。但是,幼儿还是能够以某种方式建构和运用他们自己的规则进而理解听到的话,并以一种看上去完全符合逻辑的方式表达自己。

　　受到乔姆斯基影响的语言学家,如果听了瑞安在案例 1.3 中说的话,也许会分析他的表达性语言即"语言运用",包括分析瑞安说出的所谓的语言"错误"。基于此,他们可能会对瑞安如何理解英语语法规则(即他的"语言能力")提出假设(Fletcher,1985)。"语言能力"和"语言运用"随着幼儿"语言习得装置"(LAD)功能的增强而不断发展,瑞安不假思索地用"fell"替代"falled"就证明了这一点。乔姆斯基用幼儿使用语法规则从不成熟到成熟的变化过程来解释 LAD 的功能随着幼儿的成熟而逐步增强,在这个过程中,幼儿逐步习得对新的语法特征的理解与运用的能力,使之成为完全自然增长的人脑结构中的一个部分(Chomsky,1980)。

　　乔姆斯基的观点在幼儿语言研究领域引起了巨大的方向性改变,使研究焦点从幼儿环境,特别是环境中成人行为的价值,向强调幼儿自身对习得语法规则重要性的理论转变。这种理论通常被称为"先天论",强调语言习得本质上是天赋的或遗传决定的东西。乔姆斯基是在一个纯理论的语境中讨论这个问题的,他没有对幼儿进行实证的研究,但却影响了一代研究者,这些人试图通过详细分析成人与幼儿之间的对话去探讨他的理论模型。例如,罗杰·布朗(Roger Brown)和他的语言学专门研究团队就重点分析了亚当(Adam)和伊夫(Eve)这两名幼儿的语言。布朗的结论是,在学习第一语言的过程中,幼儿是主动的和具有创造性的,幼儿对语法规则的习得遵循本质上普遍存在的顺序(Brown,1973)。

乔姆斯基及其理论的追随者坚持认为,语言习得是人类发展的一种天赋能力,是由遗传决定的。他们还认为,尽管幼儿周围的人对他说的话和他们相互之间说的话具有貌似无序的特征,但是,幼儿还是习得了其中的多数语言。然而,有人提出,幼儿的语言习得装置即使确实存在,也只能部分解释大部分幼儿为何如此快速地成为熟练的语言使用者和交往能手,还有一些重要因素需要考虑。例如,为什么日本幼儿学会的是日语而不是英语?我们怎么解释幼儿词汇量快速增长等其他方面的问题?这里需要再次提到,模仿是解释这些问题时必不可少的概念。此外,幼儿听到的直接指向他们的语言果真如乔姆斯基所言是非系统的吗?特别是当我们发现,他的观点是基于成人之间如何交谈而不是成人如何和幼儿说话的分析之后,我们还会有这样的想法吗?

正如我们下面要探讨的那样,在对年幼幼儿与他们的抚养人之间的互动进行分析之后,研究发现,成人及年龄稍大的幼儿会系统地调整他们对婴幼儿说话的方式,以保证婴幼儿能够完全参与交谈,并准确理解别人对他们说的话。此外,随着幼儿语言运用的逐渐成熟,成人会主动改变对幼儿说话的方式。这些研究结果会改变我们的想法,让我们开始探讨"成人"到底做了什么,能够对幼儿发展产生如此大的促进作用。乔姆斯基和行为主义的理论也许在一定程度上能够解释幼儿是"如何"学会谈话和习得语法规则的,但是一个本质问题是:"幼儿究竟为什么要这样做呢?"

反思与讨论

多数情况下，我们对口语语法的理解是凭借直觉和本能的，除非我们确实研究过，否则可能无法解释这些语法现象。许多所谓的英语口语和书面语语法"规则"依然存在激烈的争议。但是，大多数幼儿在与成人和年龄稍大的幼儿进行交往、分享阅读的过程中，好像毫不费力地获得了这些规则。

你希望幼儿在多大程度上自然地"拾到"语法规则呢？

是否能够找到一些具有互动性的网站或包含应用程序在内的有趣活动或资源，帮助所有幼教机构中的幼儿对英语语法产生敏感性呢？

练习实践

选择一名像案例1.3之中的瑞安那样经常说出如"I swimmed"（我游泳了。swim是不规则动词，过去式是swam）这样过度泛化单词的幼儿，花点时间与他谈一谈，像瑞安爸爸那样，尝试发现他是否能够学会正确使用动词的变化形式，如会说"I swam"等。你也许会说"Oh, you went swimming"（哦，你要去游泳。这句话中的went是go的过去式），看看有什么不同？（注意：选择的幼儿一定是只会说英语的幼儿。）

对这名幼儿自然发生的谈话过程进行定期观察。他会正确使用动词的变化形式吗？他的自发谈话持续了多长时间？谈话是自然发生的还是有人教他如何"恰当地说话"？

现在，再观察一名正在学习英语（第二语言）的幼儿。当他使用英语动词时会出现过度泛化现象吗？如果不会，那说明了什么？例如，这可能是因为他已经对第一语言的语法有"感觉"，并通过有意识思考而不是自然"习得"学会英语语法规则吗？（注意：这可能会成为理论研究的巨大领域！）这类观察只是表明，要概括全体幼儿或某一幼儿个体是如何学会谈话的到底有多难。但是，语言治疗师则可以通过训练做到这一点。在对幼儿进行逐一观察的基础上，他们提出了一些有关如何帮助幼儿的具体建议。

幼儿为什么要学会谈话？

"重要的是语法"（Important is grammar）这句话说不通，因为词语的顺序不正确。①

"所有的蓝色想法焦急地醒来"（Full blue notions wake anxiously），这句话语法上没有问题，但还是说不通，因为这句话没有明显的意思。"意思"（meaning）是本书中最重要的词之一，因为这个词为我们指出了人类出于什么目的而谈话——为了交流意思。20世纪70年代，语言学家开始从纯理论的分析语言习得转向通过详细观察探讨幼儿与其抚养人之间如何真实交往进行分析，结果导致了被称为"非先天论"（non-nativist）的理论的出现。该理论的前提假设是：环境，特别是成人与年幼幼儿互动（interact）的方式，是影响交往和语言如何发展的主要因素（Saxton，2010）。这一理论也被贴以"经验论"或"实证主义"的标签，意思是说，该理论建立在对观察到的或实证数据的解释基础上，而不是建立在纯理论分析的基础之上（Stilwell Peccei，2006）。

韩礼德与语言运用

语言学家韩礼德（M.A.K. Halliday）拒绝承认乔姆斯基的语法习得理论。他认为，幼儿学会谈话的方法要复杂得多，幼儿学会谈话是运用语言实现不同功能，特别是向他人传达意思的结果（Halliday，1975）。他提出，幼儿使用语言与他人谈话实现的功能主要有7种。

- 工具功能：用以满足自己的需要，如"要泰迪熊"；
- 调节功能：用以控制或调节他人对自己的行为，如"别动车"；
- 互动功能：用以与人接触、建立关系，如"爸爸，你好"；
- 个人表达的功能：用以告诉别人自己的感受、表达自己的观点、谈论自己等，如"我喜欢饼干""我大男孩"；
- 探索功能：用以发现和探索自己的周围环境，如"那只狗干什么"；
- 想象功能：用以讲故事、说笑话和创造想象的世界；

---

① 指在英文中词语顺序不符合语法规则。——编辑注

- 信息传递功能：用以传递事实和信息。

韩礼德的观点是，随着生理的成熟和认知的发展，幼儿以不同的方式使用语言、获得经验。韩礼德的工作帮助我们在幼儿语言发展研究中在"聚焦语法"和"探索以不同方式运用谈话的能力发展"之间建立了一种平衡。韩礼德的观点激发了逐渐增长的语用研究兴趣，即研究幼儿如何使用语言和非言语交流技能传递信息、理解他人的言语。这影响了关于如何支持有特殊学习需要的幼儿在社会情境中运用语言和学习的探讨。例如，随着对自闭症（Autism Spectrum Disorder，ASD）理解的深入，心理学家意识到，一些幼儿有可能习得准确运用语法和语音的技能，但却未必能够正确运用语法和语音说出一句有实际意义的话。一种叫作语义－语用障碍（Semantic-Pragmatic Language Disorder）的特殊语言缺陷也得到了确认。有这种语言障碍的幼儿尽管语法和语音方面的知识和能力发展相对正常，但在理解词义和如何使用词汇交流想法等方面存在特别大的困难（Bishop，2000； Bishop and Norbury，2002）。语言治疗师对语言功能的理解能力通常比较强，所以他们有能力为有语言缺陷的幼儿提供帮助，支持他们在获得语法、词汇和语音知识及能力的同时，提高使用语言的能力（Dewart and Summers，1989，1995）。

引入互动："妈妈语"和幼儿指向语言

20 世纪 70 年代，凯瑟琳·斯诺（Catherine Snow）在实验室条件下对母亲与孩子一起游戏的情境进行了录制，然后详细分析了每位母亲和孩子"一对一"游戏时所有行为发生的过程。斯诺和后来的研究者发现，母亲对婴幼儿使用的语言并不零碎也不难理解，这些语言不仅有实际意义，而且随着幼儿语言的发展还在有规律地发生变化（Snow，1977）。在最初阶段，妈妈使用语言时语调特别夸张，还生造一些不存在的词或词组，如"diddums""boo""wasa-matta?""there, there"等。斯诺观察发现，这种类型的谈话有一种特别明显的结构，许多参与研究的成人也在使用这种结构的语言。这表明存在一种特殊的语域（register）或说话的风格，这种语言是专门对婴幼儿说话时使用的。这一语域因"妈妈语"（motherese）而为人熟知。

参与这项研究的妈妈普遍使用妈妈语来引起小孩的注意，特别是逗他们笑，或者当小孩过于兴奋或焦躁时让他们安静下来（Snow，1977）。对视频和转录的言语对话的分析除了发现亲子对话存在一种特殊的语域之外，还发现了一种相互轮流的亲子互动行为模式。对话轮转换的进一步分析表明，参与研究的多数妈妈除了尝试和孩子一起玩语音游戏外，还对孩子发出的声音和做出的动作做出了回应（Snow，1977）。典型的话轮转换方式是，孩子发出声音，妈妈回应，然后孩子发出另一个声音，妈妈再次做出回应。斯诺研究发现，妈妈也会赋予婴儿发出的明显毫无意义的声音，即所谓的"单调的"发声，如打嗝的声音或咯咯的笑声，以某些特定的含义。有人认为，成人通常使用夸张的语气和音调做出积极的反应，这会给婴儿一种感觉，让他们感觉到发出声音不仅能让自己感觉舒服，而且会得到意想不到的成人的回应（Soderstrom，2007）。对成人与幼儿之间互动的进一步研究表明，这些类型的有趣互动不仅对交往和语言发展至关重要，而且，对幼儿在建立早期社会关系过程中的心理健康发展也具有重要价值。与此相关的内容将在第2章详细阐述。

考虑到爸爸和其他抚养人在与婴儿一起玩耍时也可能使用这类特殊语域或谈话风格，早期研究中使用的"妈妈语"概念已经不合适了，取而代之的是**婴儿指向语言**（Infant Directed Speech，IDS）这一概念现在已经得到了广泛的使用（Soderstrom，2007）。对抚养人和幼儿之间互动的深入研究显示，当婴儿逐渐学会使用第一批词汇时，成人就开始改变他们的语域，这样成人和幼儿就可以参与更少的游戏，进行更多的交流——用"会话"（conversation）来描述比较准确。将这种成人用以与会说话的幼儿之间交流的语言界定为幼儿指向语言（Child Directed Speech，CDS）更加合适。对幼儿指向语言的详细分析表明，幼儿指向语言有清晰的结构，包括对词汇的简化、对复杂语法和句子长度的变化等。更加重要的是，有研究发现，成人改变谈话方式的主要原因在于帮助幼儿更好地理解（Fletcher，1985）。

【案例1.4】同一幼儿在不同年龄阶段使用的幼儿指向语言（CDS）

（a）2岁的伊莎贝尔（Isabelle）准备和奶奶出门，以下是祖孙俩之间的对话。

奶奶：请把我的鞋子递给我。（伊莎贝尔拿起她自己的鞋子。）

> 奶奶：不对，不是你的。我说的是我的鞋子。（伊莎贝尔笔直地站在那里，看上去有点懵。）
>
> 奶奶：把奶奶的鞋递给我。不是伊莎贝尔的鞋，不。是奶奶的鞋。
>
> 伊莎贝尔：奶奶的鞋。
>
> 奶奶：对，把它们递给奶奶。做得很好，好孩子。
>
> （b）3岁6个月时，伊莎贝尔又准备和奶奶出去，祖孙俩之间的对话如下。
>
> 伊莎贝尔：奶奶，你的鞋在哪儿？你放到楼下了？我的鞋在那儿。
>
> 奶奶：是的，我的鞋在楼下。伊莎贝尔，你看到我的包了吗？
>
> 伊莎贝尔：在楼上，在空房间里。
>
> 奶奶：你能帮我拿一下吗？

在案例1.4a中，奶奶先使用成熟的成人说话的方式与伊莎贝尔说话，但当伊莎贝尔没有清楚理解的时候，奶奶就改变了说话方式。虽然意思完全相同，但奶奶没有说"我的""你的"，而是使用了"奶奶的"和"伊莎贝尔的"标明鞋子的主人。奶奶不假思索地做出这样的调整，就是为了能很快看到她想要的结果："我想要我的鞋，也想要我孙女发展语言，愿意跟我说话。"

在案例1.4b中，奶奶的话反映了伊莎贝尔现在的谈话能力。她现在可以正确使用"我的""你的"了，所以奶奶就不再需要使用简化的语域来回避这些单词。奶奶在语域方面做出了调整，使她的语言运用与伊莎贝尔的语言水平相匹配，当然这次调整也是无意识的。

婴儿指向语言和幼儿指向语言是否必要？

在同一社区、同一家庭，如果文化背景不同，那么家庭教养方式，包括父母与年幼子女之间的互动方式，会存在巨大差异。婴儿指向语言和幼儿指向语言的运用在多大程度上影响幼儿的语言发展，或者究竟婴儿指向语言和幼儿指向语言是否有必要，依然是理论争论的一个主题。一些语言学家引用幼儿发展的实例证明，婴儿指向语言和幼儿指向语言对幼儿语言发展并不重要，在他们引用的实例中，尽管事实上父母宣称在和年幼的孩子谈话时从未用过幼儿指向语言，但幼儿的语言依然正常发展。雪莉·布赖斯·希思（Shirley Brice Heath）运用经典的人类学方法研究了美国的两个社区。研究发现，其中一个社区的许多幼儿在成长过程中好像从来没有听到父母使用过幼儿指向语言（Heath，1983）。另外一项在科威特开展的研究中，幼儿的父母在接受访谈时宣称他们从来没有使用过幼儿指向语言。但是，现场观察结果却清楚地表明，同样是这些父母，在和孩子说话时，他们调整了说话的方式，如简化了使用的词汇等（Haggan，2002）。这表明，成人调整自己说话方式的主要动机在于确保孩子能够理解他们说话的意思。即使自己并没有意识到这一点，但他们事实上对自己的话做出了调整（Pine，1994）。

【案例 1.5】亲子谈话和亲子游戏的跨文化差异

在一次组织幼儿父母开展的有关语言发展的讨论会时，我无意间发现了一些差异特别大的观点。一位来自西非农村的母亲有两个孩子，一个 3 岁，一个 7 岁。她告诉大家她以前的做法是对的。她说，在孩子很小的时候，只有出现孩子很饿、需要换尿布、很热或很冷等情况她才去管孩子。她还说，孩子不管什么原因哭闹她都不会去抱孩子，因为这样会"惯坏"孩子。

这位母亲的发言引发了大家有关家庭教养方式的热烈讨论。讨论的中心问题就是，当孩子哭的时候，家长是否应当抱起孩子、安慰孩子。这些家长的文化背景不同，但是有些观点是相同的，那就是如何教养孩子是自己决定的，包括和孩子一起游戏、一起交流的时间多少，即使你可能会受到夫妻双方父母建议的影响，但决定还是你来做。

一位来自加纳的父亲会后对我表达了他对文化和家庭教养的一些想法。因为生活在英国，他知道应当多与孩子一起玩和说话，也应当使用"宝贝语言"（baby talk）。但是，他担心这样的互动方式可能会让他"在孩子面前失去权威性"，也可能会使孩子"不听话"，所以让他感觉不舒服。他更愿意选择坐在桌子旁教孩子如何拼图，如何读写他们的姓名。他也带孩子去公园，一家人一起去做礼拜，定期参加大家庭聚会和朋友聚会。一家人只要有时间就喜欢在一起唱歌。他觉得他和孩子在一起的时候对他们包括语言学习在内的整体学习是有帮助的，也有利于他们做好入学准备。他说妻子跟他的感觉一样。同时他也指出，如果他们生活在加纳，大部分看管孩子的事都会由祖辈负责，老人们可能会花大量时间和年幼的孩子一起玩耍、唱歌和开玩笑等，而孩子的父母都要出去上班。

这个案例说明，抚养孩子是一种特别个人的情感经历。父母对童年的看法以及如何对孩子做出反应，包括如何和孩子一起谈话和游戏等，会受到自己的经验的影响，包括受到在特殊文化背景下长大的经历的影响。根据我个人的经验，一些家长特别是很多父亲非常不好意思使用婴儿指向语言，但是他们仍然愿意以一种自然、积极和富有乐趣的方式和婴幼儿一起游戏、交往。

关于婴儿指向语言和幼儿指向语言重要性的讨论是本书的基础。如果有人认为与年幼幼儿互动的质量对语言发展产生的影响很小，那么我们就可以假定，帮助幼儿成为熟练的交往者的最好方式是从孩子出生时开始就假定孩子是个成人，像与成人一样和孩子谈话。然而，（事实上）大部分能够成功与孩子交往的成人，也就是说那些幼儿积极回应、理解和向其学习的成人，会调整对孩子的说话方式，以确保孩子能够理解他们的话。我个人和专业的观点就是，年幼幼儿需要花时间与能够建立密切关系的人进行交流。交流可以包括婴儿指向语言，但是在一起共处的重要内容是幼儿和成人应当都乐意待在一起，只有这样，积极的情感纽带才能得以形成，这种情感纽带包括以一种令人愉悦的方式进行交谈。成人需要在谈话中与孩子分享谈话的乐趣，这样他们能够感觉舒服。这里使用"舒服"一词想表达的是，他们能够和孩子一起交流和探讨一些想法，谈话的风格应当是孩子喜欢且能够做出反应的，孩子也能从中获得新知识。这会影响幼儿不断发展的快乐情绪和使用语言的乐趣。这个问题将在第2章和第5章进行详细分析。

反思与讨论

我们与婴儿说话需要使用婴儿指向语言吗？

我们需要使用幼儿指向语言与年龄稍大的幼儿说话吗？

当我们的同事和家长因为语言"太高级"而不能成功与幼儿进行交流时，我们该如何为他们提供帮助？

> 练习实践

和一个语言发展迟缓的幼儿进行交谈,最好是一起做类似拼图游戏或玩橡皮泥时邀请他参与交谈。在和他说话时,你会习惯性地简化语言,特别是简化词汇和问题吗?这样做产生了什么样的效果?

(这种与不同年龄幼儿谈话时将自己的语言"调整"到适合该幼儿语言发展水平的技能来源于实践,也来源于对成功与幼儿进行交谈的同事的观察。我们将在随后几章探讨这个问题。)

试着像与成人谈话一样与幼儿交谈一会儿,仅仅只谈一会儿。你发现这样谈话难吗?幼儿有何反应?

花点时间与婴儿说说话,玩玩游戏。分别使用三种不同的说话方式试验一下:先使用婴儿指向语言说话,然后减少婴儿指向语言的夸张特征,最后使用平时与成人正常谈话的方式。当然采用后两种方式与婴儿说话的时间仅仅只持续一会儿。

你会使用婴儿指向语言吗?使用的时候你有何感觉?你使用得比较自然还是需要继续实践?当你改变说话方式的时候,婴儿的反应有变化吗?这又如何解释?

语言发展与整体学习:布鲁纳和提供支架

乔姆斯基的观点源自纯理论的分析,斯诺早期的观察是在实验室条件下完成的。语言学家和心理学家认识到,语言发展是在非常真实的日常生活中发生的,于是一种新的观点逐渐诞生。这种观点认为,语言并不是作为一种孤立的技能发展起来的,幼儿学会谈话是其智力成长或认知发展的有机组成部分。发展心理学家杰罗姆·布鲁纳(Jerome Bruner)就是探讨幼儿如何与成人交谈,这些经验如何影响学习以及语言发展的特殊性的一位先驱。

布鲁纳提出,幼儿的认知与语言发展受到他们与成人分享经验的方式的影响(Bruner,1975)。通过对幼儿与其父母之间互动的详细分析,他发现幼儿为了能与他人交流而使用语言,通过使用语言学会了语言规则和如何有效地分享意义。这种"亲子互动"成为成人促进幼儿语言学习和语言发展的具体情境，成人运用的就是为学习"提供支架"（scaffolding）的策略：使用经过调整的语言促进幼儿语言的发展，同时向幼儿展示如何学习基于他们已经掌握的知识和技能的新技能（Bruner，1983）。

成人为幼儿学习提供支架这种提法受到了列夫·维果茨基最近发展区（Zone of Proximal Development）（Lev Vygotsky，1978）这一概念的影响，也是对这一概念的扩展和延伸。最近发展区可以解释为介于幼儿已经知道的和在更有能力、更有经验的帮手的支持下学会之间的距离（Conkbayir and Pascal，2014）。例如，当成人教幼儿如何拼出街头场景图时，提供支架就有可能发生。幼儿首先放进一辆小轿车模型片，因为他发现这相对比较容易。成人发现幼儿拿着公共汽车模型怎么也放不进去时，就接过公共汽车模型片，放到几乎正确的地方，并指着公共汽车说"我认为公共汽车应当放在这儿，你可以试试"，鼓励幼儿继续尝试。幼儿看出了汽车应当放置的位置和摆放的方式，所以下次拼图时就能够较轻松地摆放小轿车和公共汽车，有时还会边做边对自己说"公共汽车"。成人提供帮助但没有实际代替幼儿完成任务，还与幼儿分享了幼儿可以吸收的相关语言，这意味着他成功地为幼儿的学习提供了支架。

布鲁纳认为，成人通过包括有意义的交谈在内的社会互动为幼儿提供帮助，为幼儿的整体学习，特别是语言发展，提供了支持系统。他将这称之为外部的语言习得支持系统（Language Acquisition Support System，LASS）。通过引导幼儿参与有意义的活动以及在活动中给予适宜的语言指导，成人可以有效地促进幼儿的整体学习和语言发展（Bruner，1983）。布鲁纳的许多观察研究是在幼儿家里进行的，之后的一代研究者采用了他首创的这种收集和分析数据的方法开展研究。他也因此获得了后代研究者的推崇（Conkbayir and Pascal，2014）。

作为语言和社会规范教师的成人

多数成人与幼儿之间的互动是非正式的、随机的，通常发生在游戏或日常生活之中。但是，也有例外，成人有时会专门教年幼幼儿学习如何说话、如何与人打交道。例如，琼·伯科·格利森（Jean Berko Gleason）研究了父母如何教孩子学习社交规则，如说"你好""再见"，收到礼物时如何应答等（Berko

Gleason and Weintraub，1976； Blank Grief and Berko Gleason，1980）。这项研究结果强化了如下观点：成人对他们要孩子学习和运用的与特殊社会群体规范相吻合的语言技能有很清楚的认识，这些规范通常要求幼儿在很小的年纪就要遵守。成人开始教孩子一些特殊的词汇，如颜色、形状、数字等，也重视让孩子获得这种标志性的语言技能。与此相似，父母通常还会教他们的孩子一些歌曲和儿歌。的确，正如我们将在第5章讨论的那样，通过父母为孩子创设的"家庭学习环境"（Home Learning Environment，HLE），包括幼儿参与的互动和交谈的质量、数量和类型，来预测幼儿未来的整体学业成绩是有可能的（Melhuish，2010）。

语言"习得"、语言"发展"与语言"学习"

幼儿从与成人谈话的过程中获得了大量有关语言的信息。为了有效地发展语言，幼儿需要成人做到的是，在他们积极参与的交往过程中与他们一起分享经验。如果成人将谈话方式调整到一个适宜的水平，并使用相关的词汇，那么幼儿就会记住别人对自己说的话中包含的足够信息，还会使用这些语言帮助自己学习其他知识。经验主义者认为，与其说幼儿拥有一种纯粹用于帮助自己获得语法规则的特殊语言习得装置，不如说幼儿语言的发展是整体学习的组成部分，即语言发展是大脑发育与成熟、生理发展以及与成人或同伴之间分享有意义的经验等共同作用的结果。

语言技能习得和语言加工过程的发展之间的区别非常重要。如果我们使用"习得"这一概念，那么我们就会同意幼儿是伴随成长的过程自然而然地获得技能的观点；如果我们使用"发展"这一概念，那么我们的理论假定就是，随着幼儿的成长，通过幼儿与同伴或成人之间的互动，语言开始逐渐萌发。"学习"这一概念不仅包括语言发展，还指同样有可能受到与成人或同伴互动影响的整体认知的发展。如果有人说幼儿"学习"语言，这就意味着幼儿学习的过程包含了相当多的有意识的思考。就像案例1.1中的埃米那样，她在学习语言时就伴随了思考语言的特征和如何学习语言等问题。本书重点讨论交往和语言的"发展"问题，我们的基本假设是：发展是一个积极的心理加工过程，这一过程包含了幼儿与他人之间的共同互动。当互动过程适宜和有意义的时候，互动就会促进或者说支持交往所需要的技能的习得，包括幼儿所在家庭、社区独有的语法、语音等知识和技能的习得。这些知识和技能通常会随着时间的推移而自然而然地发生。幼儿如何使用这些技能依赖于他们通过交往获得的经验的类型。同样，先在家获得一种语言然后又不得不学习另外一种语言的双语幼儿将会"发展"第一语言，然后"学习"另外一种语言。他们"习得"一种语言的语法规则，然后有意识地"学习"第二语言的语法规则。

小　结

本章有关语言发展"方式"和"缘由"的简短讨论让我们获得以下结论：成人持有的有关语言发展的观点对他们如何与幼儿谈话的影响最大，他们与幼儿谈话的方式又反过来直接影响幼儿作为交谈者发展的方式。这些信念受到成人自己以往经验的影响，包括儿时的经验、养育子女的经验、带别家孩子的经验和通过学习获得的经验。

整本书我们探讨的是，要回答"幼儿是如何发展语言的？为什么要发展语言？"等问题，最有效的方法是在社会情境中观察幼儿的言语和语言发展，并提出"幼儿和成人在一起做什么才能帮助幼儿学会有效谈话"这种问题。"幼儿是交谈者、谈话者和学习者，他们通过互动和会话等方式获得发展"这种观点基于以下原则。

- 幼儿出生时就拥有理解外部世界的内驱力，促使幼儿发展语言和运用语言进行学习；
- 幼儿参与的与成人或同伴之间的互动可以促进也可以阻碍幼儿的语言发展；
- 模仿（即使在很大程度上是无意识的模仿）和奖励（即使在本质上这些奖励是内在的，如获得幸福感）在促进语言发展方面起到一定的作用；
- 互动一定要让所有参与者从中获得乐趣；
- 幼儿内在的遗传决定因素和在敏感成人互动支持下的外部经验之间相互作用，共同促进幼儿的语言发展，促进他们学习有关语言的知识，使他们成为家庭、社区和社会中的一员；

- 语言发展是一种整体经验的获得，语言理解能力与表达能力是幼儿不断增长的交往能力和运用语言进行学习的能力的有机组成部分。

下面几章阐述的内容可以概括为一句话。

会话是幼儿发展的场所和情境。在这个情境中，幼儿通过学习有关语言、有关他们自己以及有关外部世界和他们在这个世界中所处位置等方面的知识逐步发展成为交谈者。

反思与讨论

有一个大问题，而且还是一个很大的问题，涉及可能由于某些方面的原因发现语言学习特别困难的幼儿。我们可以期望他们仅仅通过社交获得语言知识呢，还是应当设计专门的活动有步骤地教会他们获得语法规则呢？

关于这个问题，需要与研究或治疗有特殊语言学习需要的幼儿的心理学家或语言与言语治疗师进行严肃的讨论。

延伸阅读

Conkbayir, M. and Pascal, C. （2014）*Early Childhood Theories and Contemporary Issues*：*An Introduction.* London：Bloomsbury.

Crystal, D. （2007）*How Language Works*：*How Babies Babble, Words Change Meaning and Languages Live or Die.* Harmondsworth：Penguin.

Levine, L.E. and Munsch, J. （2010）*Child Development*：*An Active Learning Approach.* London：Sage, particularly Chapter 9, 'Language development'.

McDonagh, J. and McDonagh, S. （2008）'Learning to talk, talking to learn', in J. Marsh and E. Hallet （eds）, *Desirable Literacies*：*Approaches to Language and Literacy in the Early Years.* London：Sage, pp. 1–17.

Saxton, M. （2010）*Child Language Acquisition and Development.* London：Sage.

Stilwell Peccei, J. （2006）*Child Language*：*A Resource Book for Students.* Abingdon：Routledge.

第 2 章

婴儿的亲子互动和共同学习

> **内容提要**
> - 概述婴儿的情感发展、社会性发展、交往发展和认知发展之间是如何相互作用的;
> - 探讨0—9个月的婴儿是如何为未来学会谈话奠定基础的;
> - 举例说明应当如何设计方案以支持家长、教师与婴儿之间建立直觉的关系。

本章的标题是经过精心推敲的。其中"共同"概念的使用表明,如同其他关系一样,婴儿与父母以及日后与其他养育者之间不断增进的关系是双向的过程,其中包含双方开始相互认识,认识对方的喜好和讨厌之物,以及如何交谈效果最好。父母和教师的重要作用就是调整回应方式以满足婴儿快速增长的社会交往和认知的需要,鼓励婴儿逐步成长为自信的和有能力的交谈者与学习者。

我曾经多次拜访了一个非常熟悉的家庭,本章的案例多来自对这个家庭的观察。这些案例正好证明婴儿的发展到底有多快,以及父母如何调整策略以应对婴儿快速变化的交往能力。这些案例尽管篇幅很短,但是包含了大量本章将要探讨的信息。

【案例2.1】刚出生2天的纳塔莎：婴儿对妈妈的脸着迷

纳塔莎（Natasha）已经3岁了，她的爸爸、妈妈正在观看他们在纳塔莎出生不久拍下的录像片段。

录像显示，纳塔莎在医院出生后回家的第一周大部分时间在睡觉中度过，醒来也只是为了吃奶，偶尔快速地向四周看一看。就是这么一看，就被录像机捕捉到了。有大约1分钟的时间，纳塔莎将目光锁定在妈妈的脸上。妈妈说："你在看我，是不是啊？你知道我是谁，对不对？"妈妈说话时语气非常平静。（从这个片段中）可以看到，小纳塔莎动了动嘴，甚至也稍微动了一下小手。妈妈不说话时，小纳塔莎的动作也停止了。不在镜头前的爸爸对妈妈说："亲爱的，你在跟我说话吗？"妈妈简洁地回应道："我在和宝宝说话呢，大笨蛋！"

爸爸的插话好像使时间突然停止了。很快两人又同时笑了起来，笑声吓了宝宝一跳。于是，"爱的时刻"持续了5分钟，宝宝睡着了。小纳塔莎哭闹的时候骄傲的父母自然不会录下来，从少量的相关片段，我们已经能够看出妈妈是如何给宝宝喂奶、让宝宝不哭的。

回头看这些录像片段时，妈妈非常肯定地说，她能够认出纳塔莎使用的不同类型的哭声。她还说，纳塔莎一出生就能够直接认出她来，包括辨认她的声音。"认出""使用"？难道妈妈真的认为，出生才2天的小宝宝就能有意识地做事情，还能准确知道妈妈是谁吗？就像所有初次晋升为父母的人一样，在小纳塔莎出生时，她的父母还没有做好"为人父母"的准备。他们参加一些胎教课程班，也读了一些有关婴儿早期表现的书，但是这个短小的录像片段却表明，妈妈凭的就是直觉。直觉让她准确地捕捉到宝宝如何行动，宝宝成为一个（合格的）谈话者、一个健康快乐的孩子需要什么样的帮助和支持。宝宝需要有人对她说话、对她的"话"做出回应等想法在纳塔莎妈妈的头脑中自然而然地产生，成为妈妈有关童年的知识系统的一部分。

看着对方："交互主体性"和交谈

20世纪70年代以来，研究者已经开始对母亲与婴儿之间面对面互动的录像进行了微观的分析。例如，安德鲁·梅尔佐夫（Andrew Meltzoff）、丹尼尔·斯特恩（Daniel Stern）和科尔文·特里瓦森（Colwyn Trevarthen）都对幼儿从出生之日起与父母之间的亲子互动的重要性进行了广泛的讨论（Beebe et al., 2003）。梅尔佐夫将婴儿模仿母亲的面部表情动作看作婴儿获得的一种新能力，即能够理解父母是独立客体，但又有与自己相似的情感状态（Meltzoff, 1999）。婴儿逐渐意识到在他们自己之外还存在一种环境，在这个环境中"妈妈像自己一样"。在通过帮助婴儿形成上述意识、促进婴儿认知发展的早期阶段，父母起到了重要的作用（Meltzoff and Gopnik, 1993）。梅尔佐夫认为，这是幼儿心理理论（Theory of Mind）能力发展的开始，即开始意识到"其他人有和我一样的想法和情感"。

有关自闭症（ASD）幼儿的研究对心理理论的概念进行了广泛的探讨。研究认为，自闭症幼儿在站在他人角度看待世界等方面存在明显的困难。或者在一些案例中，他们很难意识到其他人也有自己的想法，更意识不到这些想法会影响他们说什么、做什么。由于存在这些方面的问题，所以在他们看来，人们的行为很像是随意的、不可预测的，容易使他们产生高度焦虑（Baron-Cohen, 1995；Attwood, 2008）。

【案例2.2】4个月大的纳塔莎：在交谈之舞中迈出的第一步

妈妈的一个朋友来看她，这个朋友怀有孩子。纳塔莎坐在电视前地板上的音乐震动摇椅上，盯着快速变化的画面。妈妈和她的朋友开始聊天，纳塔莎马上转过头向她们看过来，并开始在摇椅上上下蹬腿，让摇椅滚动起来。这是妈妈给纳塔莎的机会，让她炫耀最新的"聪明伎俩"。

妈妈（将摇椅和宝贝从电视前移开）：你喜欢这样对不对？你喜欢听我们说话吧！

（对朋友）：看这里！我知道怎么样让她笑起来。

妈妈（抓了抓纳塔莎的小肚子，挠痒痒逗着她）：胳……胳……胳肢！

（纳塔莎没有笑，却哭了起来。）

妈妈（声音和缓下来）：哦，对不起！妈妈太笨了！挠得太快了，吓着你了！我们再来试试吧！（继续挠纳塔莎的肚皮，边挠边说"胳肢！

> 胳肢！胳肢！"，直到纳塔莎大笑起来。）
>
> 妈妈（对朋友）：这次要好一点了，你看！
>
> （妈妈没再挠痒了）
>
> 纳塔莎（专注地看着妈妈）：啊！
>
> 妈妈：胳肢！胳肢！胳肢！
>
> 纳塔莎（继续盯着妈妈）：啊！
>
> 妈妈：啊，啊！（又挠了挠纳塔莎）你真是个聪明的小姑娘！谁是妈妈的小宝贝呀？真聪明，你知道妈妈要干什么，对吧！
>
> 〔小纳塔莎笑了笑）

丹尼尔·斯特恩认为，在案例2.1和案例2.2中，纳塔莎和妈妈之间的对话存在两种不同功能的交谈：第一种是"同时交流"。婴儿出生以后和妈妈之间的即时模仿导致情感依赖和"单一性"（即"我是独立的个体"意识）产生。第二种是"继时"和"交替"交流。在案例2.2其他的交往片段中，妈妈鼓励宝贝与人交流，并告诉她妈妈又要挠她了，就是这种"继时交流"。这种类型的交流有利于语言的发展（Stern，1985，1998）。

在这些类型的游戏环节中，宝宝发起的行为或发出的声音引发了成人的反应，继而宝宝又对成人的反应做出应答。有人将这样的游戏环节称为原型会话（proto-conversation）（Snow，1977；Trevarthen，1977；Bruner，1983）。原型会话借用了"原型车"的说法。原型车指的是在轿车正式批量生产前专门为了试验如何操作或是否需要做进一步改进而造出的轿车。与此相似，原型会话就是为后来真正会话做准备的"道路试验车"。纳塔莎和妈妈参与的包括婴儿指向语言（IDS）在内的原型会话已具备了成熟对话的特征，如目光接触、等待、倾听和轮流等。

特里瓦森将婴儿的这种模仿行为看作先天的（innate）。例如，当爸爸向刚出生的女儿伸出舌头时，女儿自动地做出反应。这种行为被认为在幼儿建立作为语言发展基础的情感纽带的初期起着重要作用，也有利于幼儿逐渐意识到自己是家庭以及更大文化群体中的一员。在描述初级交互主体性（primary intersubjectivity）这一概念时，特里瓦森提出，当幼儿与成人相互看着对方时，他们关注的焦点就是交谈，这代表了交往基础的一级水平，包括专注的目光接触、模仿面部表情和对方声音等。婴儿模仿面部表情并不是随意的动作，而是服务于特定功能，即吸引父母与他们交往（Trevarthen et al., 2003）。

次级交互主体性：共同看着其他东西

【案例2.3】5个月大的纳塔莎：一碰到就笑

有一样东西纳塔莎非常喜欢，但她知道不可以碰。这个东西就是氦气球。气球挂在一根木棍上，而木棍插在窗台上一盆盆栽的土里。气球是妈妈的。几个月来，纳塔莎特别喜欢让人抱起来靠近气球，这样她可以看清气球。今天爷爷抱起了纳塔莎，他们走过去向窗外张望。纳塔莎抓住了挂气球的木棍，想放到嘴里。

爷爷：啊，你有个气球啊！来给爷爷！（纳塔莎紧紧抓住木棍）

爷爷：来吧，小塔什！给爷爷吧！爷爷想要！

（纳塔莎把小木棍掉到了地上，于是向后仰，表示要爷爷把她放到地板上去。）

爷爷（弯下腰捡起木棍）：我们拿到了。我们把它放回盆里去吧！

（纳塔莎要拿小木棍，而爷爷又将它放回盆栽里去了。爷爷要离开窗户时，小纳塔莎开始哭了起来。爷爷拿起纳塔莎的小水壶给她，纳塔莎转过脸不看水壶，开始扭来扭去。爷爷又找来一个拨浪鼓，纳塔莎抓起拨浪鼓，摇了摇，打到了爷爷的鼻子。这时妈妈进来了，抱起纳塔莎。）

妈妈（笑着对纳塔莎说话，声音有点大）：怎么了？你知道，你是不能碰气球的。爷爷不知道啊？你是想糊弄爷爷吗？你这个调皮鬼，可怜的爷爷已经管不住你了，也不知道你的小伎俩了！

纳塔莎的行为和交往方式已经开始发生了重要的变化。纳塔莎开始意识到周围环境中有其他东西存在，她还可以去玩这些东西。这种意识已经促成了大家熟知的**次级交互主体性**（secondary intersubjectivity）（Trevarthen and Hubley，1978）或"共同关注"（Baldwin，1995）概念的出现。这样，婴儿与成人就能够一起看着某一物品，这为婴儿创造了与成人分享注意的重要机会，为成人创造了谈论他们共同感兴趣的物品的重要机会，构成了特里瓦森称之为"注意三角"的框架（Trevarthen，1979）。这个发展阶段的出现有赖于生理、神经心理的成熟以及认知发展的共同作用。纳塔莎现在就可以清楚地看到她确定感兴趣的对象。她伸手就可以拿到它，握住它放到嘴里，也可以确定不想让它离开（自己的视线）。成人的参与为纳塔莎在有趣的情境中听到真实使用的语言提供了大量的机会。

【案例 2.4】9 个月大的纳塔莎：用手指一指表示她想要

在厨房里，纳塔莎坐在高脚椅上，爸爸刚为她热好她喜欢的西兰花和胡萝卜糊。

纳塔莎（大声喊叫）：唔，唔！

爸爸（没朝纳塔莎的方向看）：是的，我知道。你想吃午饭吧！

纳塔莎：呃，呃！！

爸爸（看着纳塔莎）：这是什么？是什么？你饿了吗？

纳塔莎（指着爸爸身旁柜子上的婴儿饼干）：呃，呃，呃！！！

爸爸：我知道，那儿是放婴儿饼干的地方！但是，只有这些可爱的西兰花和胡萝卜糊都消失在你胖胖的肚子里，你才能吃一块饼干。（纳塔莎还是不停地扭动，手一直指着，爸爸挠了挠纳塔莎，开始喂一勺菜糊，纳塔莎吐了出来，转过头。）

爸爸（指了指香蕉）：看，这根大大的香蕉可是我给你准备的呦！

（纳塔莎看都没看香蕉一眼，继续盯着饼干盒。）

爸爸：不可以的，小塔什！不能吃饼干。妈妈如果发现你已经吃了两块饼干，会非常生气的。

纳塔莎（上下蹬脚，两个嘴角开始向下，还闭上了眼睛）：啊，啊！！

爸爸（冲向冰箱，取了一瓶草莓酸奶，举起放在自己脸边，指着酸奶瓶）：纳塔莎你看，这是你最喜欢喝的酸奶！（纳塔莎看了看酸奶，又看了看爸爸的脸，不再吭声了。）

命令性的指示动作

纳塔莎指向想要的东西,即她的命令性的指示动作(imperative pointing)向我们表明,她已经知道如何用一种很复杂的方式和爸爸交往了。她的思考过程大致是这样的。

> 我知道盒子里有什么,也清楚爸爸也知道。如果我伸出手,用食指或整只手指着,那么爸爸不会看我的手指,而会看我手指向的方向。如果他不理睬,我就用嘴发出声音;如果他不把我想要的东西拿给我,我就用嘴发出更大的声音,开始扭来扭去,直到我得到想要的东西,或者得到和它一样好的东西为止。

这种类型的指示动作起源于多次重复的上面提到的共同关注或次级交互主体性经验。朱迪斯·库普-奥凯恩(Judith Coupe-O'Kane)和朱丽叶·戈尔德巴特(Juliet Goldbart)写过有关患重度学习障碍幼儿的论文。他们认为,指示动作先于谈话出现,而且是交往发展的重要里程碑(Coupe-O'Kane and Goldbart,1998)。纳塔莎能够使用指示动作,表明她明确知道成人的行为,知道如何影响成人的行为。从她的言语表达角度看,她处在交往的前言语期,但如果从语言理解的角度看,她的语言理解能力正在快速提升。至关重要的是,她越来越清楚地意识到,她可以使用一些非言语的符号,如指一指,用绷着脸表示愤怒或拒绝,用哭喊或笑一笑表示不高兴或高兴。交往可以是非言语的。但是,过了几个月后,她的指示动作可能只能成为言语交往的补充,甚至完全被言语交往代替。此外,指示行为还表明,父母只有对此感兴趣,才会教她学习如何使用手语,如马卡通手语(Makaton signs)①或英国手语(British Sign Language,BSL)成功进行交往,小孩的交往能力才有可能得到真正的提高(Jones,2014)。

---

① 马卡通手语是20世纪70年代发明的专为无法使用言语进行有效交流的人设计的手语符号系统,得名于三位发明人、语言治疗师Margaret Walker,and Katharine Johnston and Tony Cornforth的名字中的部分字母。——译者注

非言语交往

显而易见，处在前言语阶段的幼儿将要发展到非言语技能，毕竟他们还无法使用语言进行表达。对其他人的非言语符号的理解对于所有的成功交往来说都至关重要，这个过程始于出生之时。西沃恩·博伊斯（Sioban Boyce）从事言语和语言咨询许多年，对非言语交往进行了详细的描述（Boyce，2012）。婴儿对表情和声调的理解特别重要。博伊斯描述了幼儿如何获得以下经验：对人们交谈过程中的表情进行成百上千次的观察，并将这些表情与他们发出的声调联系起来。这为幼儿提供了有关说了什么话的关键信息，包括理解信息本身，也包括理解融入信息中的通过声调和表情传递的情感内容。博伊斯区分了"注视"和"目光接触"两个概念。婴儿刚出生时就会盯着妈妈的脸，不久就开始注视亮着的灯、气球以及悬在婴儿床上的小风铃。目光接触则要轻微一些，包括看一个人的眼睛，他们目光相遇时接触一会儿，然后在合适的时候将目光移开。

当其他人谈话时，婴儿特别需要看着他们的脸。不仅在他们对婴儿说话时婴儿需要看着脸，而且他们之间谈话时婴儿看着他们的脸也具有不同的重要性。正是这个原因，博伊斯赋予家人进餐环节特别重要的价值。她认为，家人共同进餐时，婴儿可以观察人与人之间相互注视，走进来和递东西，为别人盛饭添菜，有礼貌地拒绝，别人为自己盛饭添菜，更加坚决地婉拒，放弃，讨论，赞同或不赞同，保持安静和观察，被人训斥与受到表扬，把东西弄洒及其后果，收拾餐桌，拿东西来，高兴、失望，感到无聊，问问题……这份清单可以一直列下去，这种经历恰恰是婴儿所需要的。如果年幼的幼儿能经常和大人一起吃饭，那么他们就能观察大人相互做的所有事。最初，他们对听到的所有语言都不懂，但是由于吃饭是常规性的活动，吃饭时说的话又是多次重复的，具有可预测性，所以他们听到的话开始逐渐变得有意义了。

婴儿以非常常规化的方式参与游戏和交谈等活动，这些活动成为婴儿生活非常重要的部分，一旦失去就会引起不小的震动。"面无表情实验"（Still Face Paradigm experiments）非常详细地为这一观点做了注解（Tronick et al.，1979）。爱德华·特罗尼克（Edward Tronick）和研究团队开展了一项实验，要求妈妈先使用婴儿指向语言与她们的宝贝说话，说话的方式非常自然，是婴儿已经习惯了的，然后实验者给妈妈发出一个明确的信号，妈妈收到信号后迅速板起脸，不再说话。结果发现，7个月以下的婴儿变得迷惑不解，原本一直在发出声音与妈妈进行互动，也很快停了下来。当实验对象换成7个月以后的婴儿时，这些婴儿却能主动尝试通过发出声音和做出动作，如拍拍手或碰一碰妈妈等方式，吸引妈妈的注意。事实上，过去几个月内，他们在参与游戏或与妈妈进行亲子互动的过程中学会了很多方法，这些方法和招数在这里被用上了。也有些婴儿开始哭起来，而这个时候妈妈再也不愿意板着脸，马上去安慰孩子。当然，妈妈的选择是非常正确的。这一实验结果表明，亲子之间的亲密关系牢固地建立在互动的基础之上，这种互动要求妈妈使用夸张的发声游戏（vocal play）来完成。婴儿用发声对这些刺激做出积极的应答，妈妈随后也给出反馈。许多这种互动过程都是可预测的，因为多是围绕拍手，躲猫猫，用无意义的声音或用小动物给孩子起名等游戏内容。对这些熟悉互动的临时剥夺可能引发幼儿产生不快的感觉，这一结果表明，早期游戏性的互动对幼儿心理健康已经产生了如此重要的影响。

爱、依恋等情感的发展与婴儿大脑的发育

从注视父母的脸到与他们分享共同的兴趣，交互主体性增强是幼儿认知能力发展和交往与语言基础更加牢固的重要标志。这些能力提高的前提是父母与子女之间的关系融洽。到目前为止，我们讨论问题时都设定了一个前提条件，即父母双方都能够理解宝宝的需求和要求，还非常乐意分享帮助宝宝萌发各种技能和能力的过程，从这个意义上说，他们都能够完全跟上宝宝的思路或"步调"（in tune）。这种共同的意愿来源于宝宝与父母共享的幸福与快乐。父母与子女之间关系发展的基础是父母能够理解婴儿是需要有人陪他玩的，是需要有人陪他说话的，以及这些游戏和谈话还要随着婴儿能力的快速发展而不断变化。对于许多父母而言，这个过程是对婴儿的直觉反应。正是通过建立纽带（bonding）和依恋（attachment），上面论及的深入交往能力才得以发展和提高。

休·格哈特（Sue Gerhardt）是一位心理分析师和心理咨询师，著有《爱的意义重大：情感如何影响宝宝大脑的发育》（*Why Love Matters：How Affection Shapes a Baby's Brain*，2015）。这本书以依恋理论（Attachment Theory）为基础，对日托中心等幼教机构中照料幼儿方法的改进产生了很大的影响。英国心理学

家、精神病学家和心理分析师约翰·鲍尔比（John Bowlby）提出，婴儿的妈妈或婴儿特别亲近且主要负责照料婴儿的人需要依恋其子女，从而在他们之间形成一种亲密关系（Bowlby，1953）。鲍尔比让依恋理论在国际上得到了注意。格哈特认为，正式形成的依恋关系不仅是婴儿心理健康的基础，而且可以对婴儿大脑的发育起到重要的促进作用。她引用的研究证据表明，婴儿大脑中的神经元（neurons）之间的联系得以产生和加强是因为婴儿参与了游戏和语言使用活动。研究还发现，婴儿在早期游戏和社会交往中获得的积极经验对大脑发育，特别是对加强和优化神经元之间的联系产生了重要的作用。

格哈特特别强调，父母应当努力"了解"孩子的需要。她认为，绝大多数家长能够本能地意识到孩子的需要。例如，在新生儿期，父母知道孩子使用不同哭声表达的不同信息，然后开始对孩子的需求敏感，并能够帮助孩子管理自己的情绪。换句话说，孩子学会了"我可以通过发出一些声音获得食物，引起父母的注意。但是，因为我的父母理解我并做出应答，所以我不需要大吵大闹。这样我就可以平静下来，而且还能得到父母的爱抚"。这种自我管理能力对孩子来说非常重要，因为它可以帮助孩子学会保持平静，不会因为外界压力而变得不知所措。格哈特还认为，婴儿需要照料人能够对他们的需要非常敏感，愿意"投入情感"，也就是说，照料婴儿的人应当相当成熟，还能够很好地管理自己的情感，所以才可能有时间和精力照料孩子（Gerhardt，2015）。孩子与父母之间建立亲密且积极的关系有利于他们对其他家人（如祖辈）产生依恋情感，之后才能够形成对幼儿教育机构中的老师的依恋，并与其他幼儿建立友谊关系。

围产期和婴儿期心理健康专家玛吉·哈里斯（Maggie Harris）在与本人的交流过程中这样描述早期互动和情感依恋对于婴儿发展的重要性。

现在人们已经认识到，婴儿期在早期游戏和社会交往中获得的积极的且经过精心安排的经验能够促进婴儿大脑中的最佳神经通路得到发展。此外，如果抚养人前后一致地在情感上适应婴儿（满足婴儿的情感需要），那么情感联系就会得到加强。这种情感联系可以促进安全依恋关系的建立和发展。

真实世界中的爱与交流

到目前为止,在描述婴儿及其父母的生活时,我可能给大家留下了一些错误的印象:父母和婴儿之间有花不完的时间进行平和的互动,丝毫不受外界的干扰和压力的影响。其实这是一副不真实的景象。内奥米·斯塔德伦(Naomi Stadlen)在名为《母亲做的事:特别是当看上去什么也没做的时候》(*What Mothers Do: Especially When it Looks Like Nothing*,2004)的书中提到,为人父母有时会非常忙,压力也非常大,有时甚至会一团糟。但是,斯塔德伦还是强调她的观点,她认为,在幼儿早期,妈妈与宝宝建立的早期关系非常重要,这种关系可以在大家庭的日常生活中得以加强。斯塔德伦再次强调,使用"为人母"(mothering)这一概念而不是"为人父母"(parenting)表明,母亲在婴儿的生活和成长过程中扮演着重要的角色。这并不是想抹去父亲的价值,而只是想表达母亲与婴儿之间的关系在人的生命初期最重要。

家庭会发生结构和规模的变化。在养育第一个孩子时,父母有能力投入大量的时间。但是当第二个或后面的孩子出生后,或者孩子进入幼教机构后,这种可能性就变小了。格哈特提出了"情感易获得性"(being emotionally available)概念。在我们讨论和分析父母与孩子互动时使用的不同交往风格的过程中,这一概念特别重要。从案例2.1和案例2.2中我们可以看到,纳塔莎的妈妈使用了大量的婴儿指向语言(IDS),给我们的整体印象是她对孩子的回应一直是充满情感的。我们还可以感觉到,成人和幼儿从一起共处中获得了极大的快乐。妈妈凭直觉判断她的孩子是一个主动的交往者,也凭借直觉了解如何做可以让孩子兴奋和放松。从案例2.3和案例2.4中我们可以看到,爷爷和爸爸只是了解纳塔莎并积极回应纳塔莎,但并没有使用婴儿指向语言(IDS),这样也可以与纳塔莎进行有效的交往,但和妈妈使用的语言不同。当然,爷爷和爸爸都试图通过表现出愿意并能够和孩子一起玩、一起交往等让他们具有"情感易获得性"。这也让我们明白,成人与孩子交往的方式实际上会因人而异。重要的是成人试图对孩子交往的意图做出反应,并以积极的方式与孩子共度时光。

早期教育专家戴比·布雷斯(Debbi Brace)也认识到,每天的家庭生活都是忙碌的。她提出的"在此时"(Being in the Moment)概念已经被证明是帮助父母了解孩子、与孩子保持"步调一致"(tune into)的重要方面(Jones,

2013)。"在此时"是一种心理状态,处在这种心理状态的父母会感到他们即使只有片刻时间也能全身心地关注孩子。这种心理状态出现的典型情境是成人与幼儿共同度过换尿布、洗澡、吃饭、把孩子放下来睡觉以及孩子醒来这些温馨时刻。在婴儿的一日生活环节中,这些常规活动加起来的时间也相当可观。如果父母和孩子能够共同度过安静的时刻,那么孩子就可能学会自我管理,就不会感觉到渴望得到他人的关注。婴儿将会知道,在这特别的几分钟里,即使是在换尿布的时间里,她的父母也一定会关注她的感受。这些时刻之所以重要,是因为可以传达建立情感纽带所需的信息。交往和行动协调一致的模式与儿科医生兼心理分析师唐纳德·温尼科特(Donald Winnicott)的观点相似。温尼科特认为,在忙碌的家庭生活中,早期经验对于幼儿以后的心理健康会产生长期的影响(BBC Radio 4,2013)。戴比·布雷斯强调,这种早期的情感联系和交往对语言基础的建立具有重要意义(Jones,2013)。

对早期关系和交流的挑战

到目前为止,我们都假定婴儿有探索外部世界的愿望,并积极地与他人建立联系。但是,也会出现一些情况使婴儿出生后并不能马上实现这些愿望。这也许是由于对婴儿特别护理的需要,限制了父母与婴儿之间的互动。在某些出现发展性困难的案例中,有些婴儿尽管与父母之间有互动,但可能无法对父母发起的建立关系的期待做出反应,比如患唐氏综合征(Down syndrome)的婴儿(Slonims et al.,2006)。后来被确诊患有自闭症的幼儿在还是婴儿时对父母的交往意图的反应也许就不寻常(Trevarthen and Daniel,2005;Apicella et al.,2013)。在这些情况下,父母也许能够得到外界的支持,以帮助他们和孩子建立早期的关系,为依恋与纽带的建立和早期交往奠定基础。

从婴儿的角度看,一些父母有可能出现看起来难以与人互动的现象。这也许是因为母亲在生产后身体依然不佳,患有产后抑郁症,这可能影响与孩子之间的所有交往(Cummings and Kouros,2009)。对婴儿而言,最关键的似乎是父母或其他抚养者的情感易获得程度、与他们在一起的程度,以及是否能够帮助他管理自己的生气情绪、疼痛和渴望建立关系的情绪状态(Emde and Easterbrooks,1985)。埃姆德(Emde)还进一步指出,一些父母在帮助婴儿方面存在困难，这是因为他们在管理自己的情绪方面出现了问题。

T. 贝里·布鲁泽尔顿（T. Berry Brazelton）及其同事的研究成果在发展新生儿健康护理专业人员的知识和能力方面起到了重要的作用。拥有了这些知识和能力，他们就可以为在建立早期亲子关系方面出现问题的父母及其子女提供支持。布鲁泽尔顿研究所的新生儿行为评价量表（The Brazelton Institute's Neonatal Behavioral Assessment Scale）就是用来帮助新生儿父母、健康护理人员和研究者理解新生儿行为所传递的信息的。该量表可以帮助成人了解如何养育或看护好新生儿，使其能够健康成长，顺利发展（Brazelton and Nugent，1995）。

在宝贝教室中支持依恋关系的建立

埃莉诺·戈德施米德（Elinor Goldschmied）和索里亚·杰克逊（Sonia Jackson）曾经出版了《3岁前：日托机构里的幼小孩童》（*People under Three: Young Children in Day Care*，2004）一书，这本书对如何高质量地照料幼小幼儿等影响很大。这本书描述了幼儿对与一些成人建立亲密关系的需要。在参考戈德施米德和杰克逊的建议及随后有关优质机构托儿保教的相关研究成果的基础上，许多托儿机构现在开始采纳"关键人"（Key Person）保教模式。托儿机构让每位教师担当几个宝宝的"关键人"，如一位教师负责教室中的三个宝宝。这位教师不仅需要负起照看这几个"关键孩子"（key children）的主要责任，而且需要负责详细观察这些"关键孩子"，记录他们的进步，与他们的父母进行交流。

有一种方法可以帮助年幼孩童发展与照顾他们的教师的依恋关系，那就是在一天的某一特殊时间段共度著名的"亲密岛"（Islands of Intimacy）时间[①]。"关键人"找到一个相对安静的时间单独和孩子在一起玩，例如用孩子能抓住的有趣的物件当作工具，探索篮子里装了什么。"关键人"也可能做一个口袋，里

[①] "亲密岛"活动是英国优质日托机构中经常开展的一种特殊活动，它主要针对成人与3岁前幼儿之间亲密关系的建立，通常在午饭前进行。在这类活动过程中，孩子分享自己做过的事，说一说随后想参与的活动等，成人的主要任务就是鼓励和表扬。这里的"岛"指的是专门为此活动准备的一块小地毯。——译者注

面装一些成人的个人物品，如一本自己从儿时就喜欢看的书和喜欢玩的小玩具、汽车钥匙、喜欢的袜子、小猫的压膜照片等。和孩子一起玩、一起聊这些喜欢的物品能够帮助孩子认识他的"关键人"，这是相互依恋关系形成的重要组成部分（Goldschmied and Jackson，2004）。

凯瑟琳·克罗夫特（Catherine Croft）和她在埃塞克斯郡瑟罗克选区工作的同事一起将这一概念进行了扩展。"关键人"做的袋子里还可以装一些婴儿个人的物品，如从婴儿家里拿来的他们最喜欢的玩具和家人的照片等（Croft，2009）。婴儿在安静时间（即"亲密时间"）使用这些个人物品，这样就可以和成人一起看一看照片、玩一玩玩具等。一次我去参观一个宝贝教室，看见一名婴儿高兴地指着挂着她的"亲密袋"（Island Time Bag）的挂钩。这实际上是一个积极的信号，意味着这名婴儿想和大人一起探索袋子里面的东西。她最喜欢的一样东西是一张她爸爸和妈妈的照片，她喜欢对着这张照片笑，在照片上指指点点。

宝贝教室里的情感纽带：对托儿机构中的孩子的启示

依恋理论以及布鲁泽尔顿、格哈特和其他学者的著作对托儿教养这个领域已经产生了重要的影响，目前已经开展的项目包括北安普敦郡宝贝教室项目（Northamptonshire Baby Room Project）（Lawrence and Stevenson，2011a，2011b）和卢顿宝贝疙瘩项目（Luton's Baby Matters）（Jones，2012a）等。下面这个观点对这些保教项目已经产生了影响：早期能够与父母建立安全依恋关系的幼儿也将会与其他人，包括亲戚或保教机构中照料他们的人建立依恋关系。

此外，保教机构中的教师还需要对幼儿的情感需求保持敏感。玛丽亚·罗宾逊（Maria Robinson）提出，教师需要"友爱之情、理解力和一定程度的自我意识"（Robinson，2003）。特里瓦森等人则认为，"婴儿需要成人始终如一的近距离关注，从而获得足够的休息、保护和喂养机会，并从有趣的交往中获益"（Trevarthen et al.，2003：41-42）。萨莉·费瑟斯通（Sally Featherstone）非常清楚地阐述了她的观点：照料3岁前孩子的保教机构，最重要的特点应当是工作人员优先发展依恋和合拍（Featherstone，2011）。

个案研究 2.1

卢顿市卢赛保育院（Lewsey Nursery）的宝贝教室："我们就是知道"

　　作为本人开展的优质看护和优质互动研究的一部分，我曾经利用几个假期多次参观了卢顿市的这间宝贝教室，了解卢顿区理事会（Luton Borough Council）的宝贝疙瘩保教项目产生的效果。

　　这次参观有些特别，我看到的幼儿年龄在9个月到2岁之间。上午有4名保教人员和10名幼儿，活动内容包括常规安排的早餐、点心和中餐，幼儿参加一些自由游戏，可以自己一人玩，也可以和小伙伴一起玩，或者与老师一对一地玩。在自由的过渡环节，教师还对他们的探索性游戏做出必要的反应。随后进入临时安排的击鼓活动环节。一个孩子对大圆鼓产生了兴趣，其他几个也想和他一起玩，于是教师来到他们旁边。一个叫迪伦（Dylan）的小朋友来晚了，进来后多数时间在哭。一位教师（迪伦的关键人）一直和他在一起，并试图鼓励他参与不同的活动。但是，他一直处在似哭非哭的状态，好像并不愿意参加任何一项活动。

　　击鼓活动接近尾声，马上就要进入下一项已经计划好的活动，是由教师主导的"小脚画画"活动。在这个环节，小朋友要换上连体的防水服，脱去鞋子和袜子。迪伦还是不愿意参加，于是就坐在他的关键人的腿上，看其他小朋友欢快地玩耍。

　　在关键人腿上坐了15分钟之后，迪伦开始打起哈欠。几名教师开始讨论起迪伦今天的表现。讨论的结果是，大家认为他今天有些"反常"，关键人还应当继续观察半个小时。接下来又进行了一次讨论。经过讨论，大家认为迪伦可能"感觉不舒服"。迪伦吃了一点点心，之后不久就开始生病。他的关键人电话通知了他的妈妈，妈妈很快就来将他接走了。

　　后来，我问过教师，她们是怎么知道迪伦是不舒服，而不是累了、要小性子或生气。她们的回答是"我们就是知道"。当我问"就是知道"是什么意思时，她们给出了如下解释。

- 过去几个月，我们通过与他交流和对他的观察已经知道了他的个性特点；

- 我们知道他什么时候会觉得累;
- 作为教师,我们能够根据经验判断孩子什么时候会感觉不舒服;
- 我们花大量时间与孩子的父母交流,就是要弄清楚孩子出现哭闹或烦躁不安等负面反应是父母离开后的必然反应,还是因为受到如前一天晚上没有睡好、要出牙等其他因素的影响;
- 我们对幼儿的情绪情感变化、学习和生理需求比较敏感,也尽量去满足他们的所有需要;
- 我们就是凭经验知道的,当然还需要继续学习。

这里的教师有强烈的愿望,希望尽可能为孩子提供最好的保教服务,包括反思环境和课程资源,也包括思考如何利用这些环境和资源可以最大限度地让幼儿从中获益。从这个意义上讲,对幼儿的情感、社会性和学习需要做出的上述这些反应专业性很强。让我印象最深的是,这里所有的保教人员都愿意与孩子建立情感联系。这些情感纽带是对幼儿已经与父母建立的情感联系的补充,为幼儿在离开家庭进入一个新环境的语言发展和语言学习奠定了坚实的基础。

本能、直觉和"就是知道"

我们在上面提到,格哈特将母亲在依恋过程中的许多行为看作是"本能"(instinctive)的反应(Gerhardt,2015)。这意味着这种互动能力在某种意义上说是由先天生物因素决定的,就像婴儿学走路的能力是我们人类的本能行为一样。也许这只是一个个案。但是,我们如果将"本能"这个词使用在父母和保教人员的身上,例如"依恋宝贝和与宝贝一起玩耍、谈话是人类本能的一部分",那么我们可能需要承担将疏远一些家长的风险,因为某些原因,这些家长在与宝宝建立积极关系的过程中遇到了困难。戴比·布雷斯的"宝贝说宝贝玩"(Baby Talk and Play)和北安普敦郡宝贝教室项目多聚焦于鼓励父母、保教人员与幼儿共同参与活动,以帮助成人和幼儿体验渗透在成功的共同游戏和相互交往之中的积极情感。在积极互动中体验这些情感可以帮助父母理解什么时候或在什么情况下互动是积极的、成功的。这会帮助父母形成情感直觉和理性认识,了解为了帮助孩子成为早期的成功交往者成人需要做的事。

正是由于这些原因，用"直觉"和"直觉的"两个词来描述旨在成功交往的成人互动类型更加合适。这两个词的使用意味着有些知识是在实践中学会的，或者说只有通过实践才能体验到一种情感状态，这又与"本能"和"本能的"两个词相反，因为这两个词意味着某一行为是由先天的生物特性确定的。例如，在个案研究 2.1 中，宝贝教室中的保教人员已经获得了大部分技能，其途径包括接受专业培训，以及入职后在工作团队中有经验的同事的监督和帮助下照看孩子的实践。这些保教人员都热爱她们的工作，她们的工作实践和对职业的认同导致她们能够达到这一水平，能够对幼儿情感的需要、交往和学习等需求做出直觉的判断。

小　结

婴儿早期与母亲建立的亲密而积极的关系对幼儿的情感发展及与其他人建立积极关系的能力至关重要。通过这些早期关系，婴儿可以发展对非言语交往中的关键因素的理解，包括理解表情和声调等方面的能力，也可以发展影响以后语言发展的早期交往能力。婴儿也意识到，其他人有自己的想法，这些人的行为会受到一些因素的影响，如婴儿指着某件物品。婴儿还学会了对成功交往起到关键作用的一些技能，包括在交流过程中轮流的能力。关于这些能力的发展我们将在第 3 章详细阐述。

反思与讨论

由于在保教机构中婴儿的早期关系非常重要，我们能够采取哪些实践步骤来确保婴儿建立对机构中保教人员的依恋？

不是所有的父母都认识到使用"婴儿指向语言"是一种与幼儿交往的有效形式。我们如何能够影响那些不熟悉"婴儿指向语言"和与宝宝进行亲密游戏的父母，这样他们才能：

- 真正领会你赋予的依恋和早期交往的重要性；

- 在家运用这些互动技巧。

如果有些父母在与孩子建立积极关系时遇到困难，我们该怎样支持他们？

如果我们的同事想获得我们的帮助，想要在保教机构与宝宝互动的过程中感觉更加直观，我们该如何支持她们？

练习实践

当父母或抚养人与婴儿在一起时，观察一下他们的行为。其中有互动吗？如果有的话，这些互动能让父母和婴儿双方都感受到快乐吗？

（为了对父母公平起见，观察的地点需设在父母和孩子能够相对放松的地方，而不应当设在牙科诊所的候诊室内或推着童车上下车还买了许多东西的时候，可以是父母来保育院接孩子的时候，或者坐在公园里、一起坐在火车上等时刻。）

你怎么判断父母或照料人对孩子表现出情感了呢？

如果进展不顺利，你打算采用哪些不同的方式来处理这件事呢？你会给父母或照料者什么建议？

这类活动有利于我们领会为人父母（如果我们自己没有做父母的经验）与在保教机构中照料孩子并不一样，在保教机构中有固定的程序、资源，不需要乘坐公共交通或购物等。绝大多数父母在养育第一个孩子之前都没有照料孩子的经验，所以他们需要获得支持和指导，也渴望为他们的孩子提供最好的经验。

延伸阅读

Conkbayir, M. and Pascal C.（2014）*Early Childhood Theories and Contemporary Issues: An Introduction.* London: Bloomsbury.

Gopnik, A.（2009）*The Philosophical Baby.* London: Bodley Head.

Gopnik, A., Meltzoff, A.N. and Kuhl, P.（1999）*How Babies Think.* London: Weidenfeld & Nicolson.

Saxton, M.（2010）*Child Language Acquisition and Development.* London: Sage.

有用的网站

Baby Talk and Play

www.babytalkandplay.co.uk （accessed 25 May 2015）

The website of educational consultant Debbie Brace, supporting positive relationships between parents and their very young children.

Makaton

www.makaton.org/aboutMakaton/ （accessed 25 May 2015）

A UK charity promoting the use of selected signs from British Sign Language to enhance children's communication, including those with additional learning needs.

The Northamptonshire Baby Room Project

www.northamptonshirebabyroom.org （accessed 25 May 2015）

A national training project for practitioners working with young children and professionals working with parents.

Siren Films

Providing training films and accompanying notes on many aspects of early child development, e.g. on attachment: http://sirenfilms.co.uk/product/attachment-in-practice/and on early communication: http://sirenfilms.co.uk/product/born-to-talk/ （accessed 25 May 2015）

For a discussion about babies' and toddlers' early learning and the significance of their responses to the 'Still Face Paradigm' experiments, visit: www.youtube.com/watch?v=bG89Qxw30BM （accessed 25 May 2015）

Talk to Your Baby

www.literacytrust.org.uk/talk_to_your_baby （accessed 25 May 2015）

A useful website with information about early communication. Although it is primarily aimed at parents, there is a wealth of information and practical ideas for practitioners.

第 3 章

帮助幼儿说出第一句话

内容提要

- 概述婴儿在咿呀学语前经历的过程,以及之后如何逐渐过渡到使用第一组单词说话;
- 介绍解释咿呀学语重要性的两种主要的理论观点;
- 探讨成人与婴儿、学步儿之间的互动如何帮助婴儿、学步儿实现从咿呀学语向开口说话过渡。

从咕咕到咿呀再到"含糊不清的谈话":各类事实

第一个阶段:从单调的声音到咕咕作声

从出生到大约 8 周,婴儿能够发出一些声音,就是非常著名的"单调的声音"(vegetative sounds)或"反射性的发声"(reflexive vocalisations)。这两个概念的含义意味着,婴儿发出的声音通常是身体功能性反应的结果,如打嗝。在这个年龄阶段,吮吸、吞咽等身体功能性反应都有嘴唇和舌头的参与。婴儿大约 2 个月开始"咕咕作声",此时他们用嘴发出一些声音,主要包含"i"和"u"等元音。空气通过声带(vocal cords)引发震动,产生嗓音(voice),所以婴儿张开嘴巴就能发出元音。正在发育的神经系统使婴儿对这些发声器官的有意识控制能力更强,这反过来又促进了神经细胞和身体器官的发育,使之快速趋向成熟。同时，婴儿的喉部（即"音箱"）等身体器官和结构逐渐发育，改变形状，肌肉也变得更加有力，结果原来无意识的肌肉运动快速变成意识控制下的肌肉运动。

随着声道和呼吸肌、嘴唇和舌头的发育，婴儿开始发出更多声音。对婴儿来说这是一件快乐的事，当他躺下时，这样的事经常发生。这就使婴儿能够自然地将舌头放到口腔后部，发出 /g/、/k/ 这样的"后腔音"。许多父母报告说，睡了一个好觉后的清晨，在放松的状态下，也没有意识到成人在场，婴儿多数情况下会发出咕咕的声音。有些婴儿在躺下来休息时也会发出这样的声音，这好像具有自我安抚的作用。

第二阶段：声音游戏（sound play）

琼·史迪威·佩克切尔（Jean Stilwell Peccei）将 4—6 个月描述为"发声游戏"期，认为此时幼儿"开始测试他们的发声器官"（2006）。在这个阶段，婴儿发出的声音中开始出现音高的变化，我们也可以听到婴儿发出一些成人说话时出现的声音。这是婴儿发展新阶段的开始。在这个阶段，婴儿能够有效控制自己的嘴唇、舌头动作和发出的声音等。"控制"是一个非常重要的词，这是因为它突出了婴儿在利用生理发展的最新成果（就像他们先尝试用手之后才开始用脚进行探索一样）中扮演的积极角色。生理发展的任何成果都是成熟和身体成长的结果。

第三阶段：咿呀学语（babbling）

6—8 个月期间，我们的宝贝就能够坐起来，开始发出一些新的语音。例如，他们可以完成一系列复杂的动作，发出鼻音 /m/：闭上嘴，仅仅让空气通过声带引发震动，然后从鼻腔出来。这个阶段通常被认定为咿呀学语期，因为婴儿正在使用更宽的音域，包括全世界所有妈妈都在期待听到的 /ma-ma/ 这样的音符串。如果你是一个父亲，而在你的国家小孩称父亲为"papa"，那么你无须等待过长的时间（就能听到你的宝贝叫你）。但是，生活在英国的父亲则需要有耐心，这是因为"dada"和"tata"这两组音符串会来得晚一些，只有在婴儿能够使用一些需要将舌头顶住上颚并张口才能发出的音时才能出现。

一旦婴儿在 10—11 个月时能够直立行走，我们就能明确地感觉到他的音域更宽，还能发出少量的单个音节和由几个音节构成的音节串，如"aba-aba"和"dad-dad-dad"等。婴儿的"音调"，即成人说话时的升降调和音节重读等也开始听起来像是在谈话。对于成人来说，特别惊讶的一件事就是，我们根据他们发出的声音判断，婴儿正在试图以某种方式与我们进行交谈，我们做出了反应，就好像他们发出的声音意思明确一样。在这个阶段，婴儿正在与他想一起交流的人进行"谈话"，而不是试图准确地说出一个个的"字或词"。许多父母会重复孩子发出的声音，这些会成为亲子之间互动的重要组成部分。

第四阶段：互动式的咿呀学语（interactive babbling）和"含糊不清的谈话"

在这一阶段，我可以看到咿呀学语出现了戏剧性的变化。婴儿不仅可以使用越来越多的语音组合，并且从仅仅发声而已过渡到开始（从发声中）获得乐趣，以及使用这样的声音与其他人交谈（同时也会与宠物交谈）。婴儿也开始尝试模仿父母发出的声音，特别是当婴儿听到父母使用夸张的婴儿指向语言（IDS）对他说话时，这种现象尤其明显。在这一阶段，婴儿与父母之间的互动变得更加复杂，看起来就好像婴儿能够使用交谈的许多规则与成人进行"谈话"。例如，他可能会使用合适的音调、看着说话人、轮流和尝试重复前面说过的话等。YouTube 网站上一段著名的滑稽视频"双胞胎兄弟的一天"里，两兄弟大约 15 个月大，在这个片段中，尽管他俩使用的仅仅是咿咿呀呀的声音，但好像他们的交谈涉及的内容却非常复杂（www.youtube.com/watch?v=_JmA2ClUvUY，accessed 25 May 2015）。戴维·克里斯特尔（David Crystal）认为，这一阶段明显超出了开口说话阶段。他将这一阶段称为"含糊不清的谈话"阶段（scribble talk）（1998），他们使用这种形式与自己交谈或作为第 2 章讨论过的会话原型（proto-conversations）的一部分（p.26）。

世界各地的咿咿呀呀：国际语言或仅仅是身体的功能？

法国音乐家蒂里·蒂蒂·罗宾（Thierry Titi Robin）演奏的一首歌曲《斋浦尔玫瑰》（*La Rose de Jaipur*）讲述了一位说北印度语的歌手边唱着摇篮曲边和婴儿说话的故事（Robin，2000）。这名婴儿可能大约 6 个月大，能够发出一些类似"啊吧""啊哈"等音，这是这个年龄的婴儿典型的发音。可以大致确定这名婴儿生长在北印度语社区。我发现，值得注意的内容是，我在法国、西班牙、泰国、柬埔寨、希腊和英国听到过相同年龄的婴儿发出几乎一样的声音。语言学家熟知的"连续性假设"（Continuity Hypothesis）是一种得到广泛认可的理论。这一理论的基本观点是，世界各地的婴儿在咿呀学语时发出的声音几乎完全相同，然后才逐渐发出某些特定的语音，这些语音往往具有其他人对他们说话时使用的语言中的典型特征。这一假设认为，随着生理的成熟，婴儿在咿呀学语时使用的语音库将逐渐扩展，同时认为幼儿的社会交往环境在婴儿发音变化的过程中起到了重要作用。婴儿特别细心地关注父母给予的反馈信息，他们会继续使用成人喜欢的语音，包括在游戏中使用的一些声音。当处于咿呀学语后期的婴儿开始使用 mama/papa/amma/abba/dada 等音节串的时候，全世界所有的父母都会非常高兴地赋予这些音节串特定的含义，并判定此为孩子说出的第一组单词。我们如果接受这个假设，那么就应当认识到，父母在婴儿从只能发出反射性声音过渡到有意义地使用语音或语言的过程中扮演着重要的角色（Yule，2014）。

另外一种理论——"非连续性假设"理论（Discontinuity Hypothesis）则认为，咿呀学语与语言发展绝对没有任何关系。根据这一假设，婴儿发出的声音并没有特定顺序。随着婴儿年龄的增长，他们不再发某些特定的声音，但过了几个月后又再次拾起这些音。随着时间的推移，婴儿还会重新学习一些声音，并习得某些特定语言的单词，而这些声音与他们在咿呀学语时发出的声音无关。这一观点认为，当最后到达能够获得母语的年龄时，婴儿就会以一定的有序的方式发展语音（Locke，1989）。

婴儿能够以差不多相同的方式从咕咕作声发展到咿呀学语，原因可能在于上述两种理论之间的灰色地带。由于神经系统的不断成熟和声道及肌肉组织的发育，婴儿开始获得发音能力。随着年龄的增长，婴儿从学会爬行、扶着家具蹒跚学步到逐渐学会行走，这些身体技能方面的发展为婴儿练习口语技能提供了条件。由于世界范围内不同国家幼儿的身体发展过程几乎完全一致，所以婴儿能够发出相似的音是可以理解的。然而，成人对于婴儿行为的认识以及对婴儿做出反应的方式特别有价值。如果父母对婴儿咿呀学语的行为做出好像是有意义的反应，那么婴儿就会将这样的发声行为与积极的反应建立联系，也很有可能会继续这样发声。这是否会直接导致幼儿说出第一批词涉及的是理论观点问题，但是在前语言期，父母与婴儿之间的亲子互动对婴儿和父母双方而言的确非常有价值。视婴儿的咿呀学语为有意义，并对其做出反应的重要原因是，一旦婴儿开始发展口头语言，这些早期互动经历可以帮助婴儿掌握一些交往规则，即发展对成功交往起关键作用的非言语线索的理解能力。正如第 2 章描述的那样，这些规则包括如何通过谈话引起他人的注意，如何发起与保持目光接触，如何通过表情和语调等识别说话人的情感态度，如何轮流交谈。

咿呀学语阶段的学习困难

并不是所有婴儿都以同一方式经过咿呀学语这一阶段。有证据显示，有听力障碍的婴儿也会咿呀学语，但是，他们发出的声音也许比听力正常的婴儿要少。这也许是因为婴儿的听觉反馈（auditory feedback）出现了问题，也就是说，这样的婴儿无法听到自己发出的声音。有人认为，婴儿如果无法听到自己的声音，就无法从听到自己的咿呀学语中获得乐趣（Oller and Eilers，1988）。一些有严重听力障碍的幼儿佩戴人工耳蜗（cochlear implants）时，与他们同龄的听力正常的幼儿已经完全越过了咿呀学语阶段。对这些幼儿的细致观察表明，只要这些幼儿的听力得到了改善，他们就又开始咿呀学语（Robinshaw，1996）。我的工作经历验证了这一现象。我曾经遇到过一名 3 岁的男孩，他有严重的听力障碍，也面临特别的学习困难。他是在 6 个月以前佩戴人工耳蜗的，那个时候，他只能发出少量的语音。但是，一旦戴上人工耳蜗，他就开始咿呀学语了。在每天晚上睡觉前父母为他摘下人工耳蜗时，咿呀学语的现象就立即停止了。这也许可以证明，这个时候他又听不到自己的发音，或者说他又无法获得听觉反馈了，他从咿咿呀呀中获得的乐趣也就戛然而止了。

后期被诊断为自闭症（ASD）的幼儿早期可能会有咿呀学语的行为，但是他们却无法运用这些声音与他人进行互动。也有可能是因为患自闭症的婴儿不愿使用咿咿呀呀与人交往，或者是因较晚学会发音而导致咿呀学语现象推迟。近期有关咿呀学语行为的研究结果表明，患有自闭症的幼儿事实上会使用与语言发展正常的幼儿不同的咿呀声音（Warren et al.，2010）。有些语言发展迟缓的幼儿经历咿呀学语阶段的时间比其他幼儿长，或者在转至接受语言治疗时依然处在"含糊不清的谈话"阶段。咿呀学语阶段的缺失或依然处在某一特定发声阶段是认知发展迟缓（如唐氏综合征）、交往困难（如自闭症）或语言发展迟缓的一个标志。保教人员在看护那些有发展迟缓危险的婴儿时，应当通过重点鼓励婴儿的早期互动和咿呀发声等方式刺激婴儿。同样，保教人员引发婴儿参与发声游戏，并鼓励他们使用咿呀发声作为一种婴儿指向语言，能够为幼儿的语言发展奠定基础。

反思与讨论

你如何看待咿呀学语对幼儿日后的语言发展的重要价值？

你和你的同事如何回应婴儿的咿呀学语？

你如何与（婴儿的）父母交流咿呀学语对交往的重要性？

练习实践

观察一名婴儿的咿呀学语。如果你的工作是看护婴儿，那么录下婴儿咿呀学语的声音并保存下来。过几个星期或几个月之后，将这些录音和婴儿发出的语音进行比较，有变化吗？

如果你是作为一个陌生人在公共场所观察婴儿，你能够确认他们的发音处于哪个阶段吗？

这些婴儿在这一阶段也会使用手势或其他非语言方式进行交往吗？你觉得他们是在用咿咿呀呀的声音与你或他们的抚养人进行交往吗？

如果你重复他们的咿咿呀呀或模糊不清的语言，这些孩子怎么回应你？他们会模仿你的声音吗？例如，他们将之看成是互动游戏的一部分？

说明性指示动作：从"我要那个"到"我们一起说一说"

【案例 3.1】11 个月大的艾萨克看着鸽子，指着鸽子

艾萨克（Isaac）处在咿呀学语后期，能够使用语音或音节串，好像是在与人交谈。到现在为止，他使用的手势依然具有"命令性"，意思是"我想要"。此时，他的身体动作的发展水平是能够爬行，并对扶着家具和其他人站起来的动作乐此不疲。

艾萨克一家人一起住在一幢公寓的二层，艾萨克非常喜欢鸽子。经常有鸽子栖息在他卧房外的阳台上，他每天早晨醒来听到的第一个声音就是鸽子的咕咕声。无论妈妈什么时候看见这些鸽子在那儿咕咕叫都会嘘它们，赶它们走。她手一挥，还大喊："去，去！鸽子，快走！"于是，鸽子飞走了，翅膀发出噗噗的声音。因此，艾萨克成了小小的鸽子专家。由于这些鸽子长得大，非常活跃，还会叽叽喳喳，所以艾萨克一见到鸽子就特别兴奋。他通常会将鸽子与妈妈非常激动、大声说话和挥手等系列动作联系在一起。妈妈经常抱起艾萨克，和他一起向窗外看，说一说空中飞的、落在阳台上和从树上飞走的鸽子。

一天，艾萨克在托儿所和另一名小朋友碰到头了，开始哭起来。一位名叫克里斯汀娜（Kristina）的教师抱起他，试着通过看向窗外来安慰他，希望外面发生的某些有趣的事能让他忘掉当时的不快。在托儿所围墙外面的一棵树上停了一只鸽子，艾萨克马上忘记了头上碰的包，开始指着鸽子喊起来："嗯，嗯！"克里斯汀娜老师回应道："对，看那些鸽子。这只鸽子很大，是不是啊？"这可是艾萨克交往能力发展的关键时刻！

这是发现艾萨克使用"说明性指示动作"（declarative pointing）的第一个实例。这类"说明性指示动作"暗含了以下信息："看看，这很有趣。我知道这是什么，请和我一起说说吧。"

克里斯汀娜老师和艾萨克一起看着窗外的鸽子，一直到 2 分钟后鸽子飞走为止。这时老师说："艾萨克，你看，鸽子现在飞走了。跟它说'鸽子，再见'。挥挥手跟它再见。"艾萨克挥挥手跟鸽子再见，这时他又看到另外

> 一位老师正在准备餐间点心。于是，他就向餐桌方向挥挥手，（在老师身上）扭来扭去，嘴里还咿咿呀呀说个不停，想告诉老师他已经非常满意了，现在要坐在餐桌旁看看今天早上会吃什么点心了。

艾萨克对克里斯汀娜老师使用的手势动作与命令性的指示动作具有非常大的差异。"原型说明性"或"说明性"指示动作（declarative pointing）的使用表明，婴儿希望与他人分享自己感兴趣的事情。通过这类手势，幼儿认识到成人是有想法的，也就是说，他们能够看到同样的东西，也能够思考幼儿感兴趣的东西（Camaioni et al.，2004）。正如第2章讨论的那样，这种心智理论能力对于有效交往具有重要的价值。如果幼儿意识到别人也能够和他自己一样想到同一件事，他就会尽其所能与别人分享他感兴趣的内容。艾萨克现在还不能说出能被辨别的单词，但可以使用"嗼，嗼！"这种说明性指示动作，也可以使用激动的面部表情和声调引发成人参与他希望看到的、能够让他兴奋的互动之中。

克里斯汀娜老师对艾萨克的应答为如何充分利用幼儿的理解、表达能力和情绪状态做了很好的示范。如果成人能够用语言回应孩子使用的说明性指示动作，那么这样的互动就是有意义的，并且有可能使幼儿从成功交谈的过程中获得乐趣。当他们开始使用手势时，婴儿就主导了他们之间的互动，使他有可能理解老师接下来对他说的多数话。艾萨克没有用手指向鸽子所在的树上方飞过的飞机，他感兴趣的是鸽子，因为鸽子是他熟悉的一种生物，只有鸽子吸引了他的注意。克里斯汀娜老师已经将艾萨克抱起来，艾萨克的脸靠在老师的身上，他俩看到的几乎一样。当艾萨克用手一指，并说出"嗼，嗼！"的时候，克里斯汀娜老师很容易就猜出艾萨克指的是什么。

因此，这个例子中，成人和幼儿之间在语言和情感上都相互合拍。成人能够对幼儿手指之物做出必要的反应；克里斯汀娜老师说的话也是完美的：她使用"鸽子"一词来回应艾萨克的手势。这是"搭建支架"的典型案例，即成人意识到要在幼儿学习的过程中提供支持，帮助幼儿向下一目标迈进。在这一案例中，就是提供他需要的单词，表达他的新想法。

说明性指示动作是幼儿通过交往建立社会关系的重要指标。确诊为自闭症的幼儿也许可以使用命令式指示动作来获得想要的东西，但是无法使用说明性手势引发成人关注某事并谈论该事（Baron-Cohen，1989； Baron-Cohen et al., 1992；Loveland and Landry，1986；Dawson et al.，2004；Clements and Chawarska，2010）。对于发展严重迟缓的幼儿，可以教他们学习如何使用手势表达想要什么，但是要想教他们学会使用手势或运用表情、眼球运动、激烈的身体运动等方式来分享对感兴趣对象的想法，则需要相当长的一段时间。

> **反思与讨论**
>
> 前语言期的发展可能很快，但也可能在学会说出第一批词之前经历几个月的时间。
>
> 在观察、记录幼儿的命令性和说明性指示动作等非语言发展的过程中，你使用的是哪些检测工具？
>
> 你会和幼儿进行如案例 3.1 中克里斯汀娜老师和艾萨克那样的自然互动吗？

> **练习实践**
>
> 联合注意能力（joint attention）是通过交谈发展语言的先兆，对交往能力发展迟缓的婴儿进行干预的重要方面之一就是帮助婴儿发展联合注意能力。
>
> 如果你意识到你所照顾的婴儿有可能发展迟滞，请仔细观察他们是如何使用手势动作的。如果有专门的语言治疗师为孩子提供特别支持，请向这些语言治疗师了解一些能够促进联合注意能力发展、引发婴儿使用命令性和说明性指示动作的活动或方法。

"特别之事"和与婴儿一起唱歌、谈话及使用手语的增多

2003 年，英国广播公司（BBC）开始播放一档电视节目，以帮助那些在交

往和学习方面有特殊需要的幼儿。特别之事（Something Special）①已经成为英国最受 18 个月到 3 岁的幼儿以及有特殊学习需要的稍大幼儿欢迎的电视节目之一。这档电视节目源自这样一种理念：年幼儿童可以从经常听别人用同样的语言谈论自己熟悉的经历，可以从中受益；成人在和幼儿交往的过程中同时使用语言和手势有利于幼儿理解能力和表达能力的发展。贾斯廷·弗莱彻（Justin Fletcher）及其扮演的小丑塔姆布尔先生（Mister Tumble）这两名节目主持人每次在说出和（或）唱出节目选择的关键词的同时使用了马克通手语（Makaton signs）。结果，使用马克通手语或英国手语等已经成为大多数年幼儿童及其家人的一部分重要经验。

  英国的许多托幼机构通常会安排幼儿参与常规的手指歌活动，在这类活动中，他们演唱熟悉的歌曲，通常在唱到关键词时伴随手指动作。此外，教师在游戏和点心时间等日常生活环节与幼儿交谈时还经常使用一些关键手势。这样，像"更多"（more）、"完成了"（finished）等单词以及事物的名称就可以在有意义的情境中被自然引入。手势和言语同时呈现在年幼幼儿的面前，在情境中突出关键单词，是在幼儿语言发展早期促进幼儿发展的重要手段之一。对年龄稍大的幼儿使用手势语介绍数学概念、情感词汇和读写概念等具有积极的意义（Jones，2010，2012b）。手势语也可以成为帮助年龄稍大的有特殊语言学习需要的幼儿发展理解能力和语言表达能力的一种方法。

  在艾萨克所在的托儿所中，婴儿班的教师通常会使用手势语来强化婴儿的理解能力，帮助婴儿学习表达自己。当艾萨克能够自发地使用手势表达自己的请求和需要，热衷于模仿成人使用的手势语时，他的说明性指示动作的使用能力就发展到了一个新的阶段。"更多"是他使用次数最多的手势之一，他经常用这种手势指代他喜欢吃的香蕉。无论什么时候他用这个表示"更多"的手势来表示"我再要一个香蕉"，成人都会重复做相同的手势，并说："哦，你还想要吗（伴随"更多"的手势语）？你还想再要一个香蕉吗（同时使用表示"香蕉"的手势语）？"经常参与这种类型的互动对艾萨克的交往能力和语言能力的发展都具有特别重要的意义。成人通过对艾萨克的手语、发声和指示动作等

---

① "特别之事"是英国广播公司（BBC）在 2003—2004 年播放的一档幼儿电视节目，是由一位名叫艾伦·约翰顿（Allan Johnston）的教师制作的，主要针对那些有交往和学习困难的幼儿，向他们介绍一种马克通手语。——译者注

交往意图做出反应，实现和艾萨克之间的有意义的言语和非言语互动。这种成功的互动会给成人和幼儿双方都带来快乐和积极的情感体验。而且，这种经历也使艾萨克的交往进入一个新的阶段——开始开口说话。但是，正如我们下面要讨论的，这一过程还要花费一定的时间。

> **反思与讨论**
>
> 许多托幼机构都在组织幼儿唱歌的环节使用手语，这些手语通常来源于马克通手语系统。在幼儿的语言出现之前，当所有工作人员与孩子日常交往时都愿意使用精选的手语，那么手语和语言同时使用，以及使用关键手语就特别有效。你是如何使用手语的？效果如何？你是怎样鼓励家长在家使用语言和手语的？

帮助幼儿开口说出第一句话

> **【案例3.2】18个月大的艾萨克：前语言期会持续多长时间？**
>
> 艾萨克18个月大。由于还不能说话，所以他的父母非常着急。艾萨克的表姐丽贝卡（Rebecca）刚到2岁。她13个月大时开始说话，之后就没有停止过。艾萨克的妈妈觉得，艾萨克开始说话时还是非常令人期待的，但很快他的语言发展好像停了下来。
>
> 艾萨克的妈妈以为，所有的孩子都以同样的方式开始说话，就像艾萨克的表姐丽贝卡一样。一天，丽贝卡指着她喜欢的软软的玩具说"青蛙"。艾萨克的妈妈也听到许多朋友和亲戚说过，女孩的语言发展比男孩快。这些信息会使她认为艾萨克要花更多时间才能学会开口说话，因为他是个男孩。她还想知道，教师是否可以停止同时使用言语和手语，因为艾萨克可能会因可以使用基本的手语就能获得他想要的东西而变得"懒惰"。她应当感到担心吗？有什么证据可以证明艾萨克获得进步了呢？为什么他还不会说话？有什么办法可以帮助他开口说话呢？
>
> 艾萨克能够指自己或其他人的鼻子、耳朵、嘴巴、眼睛、肚子和身体其

他部位。他对图画书感兴趣,特别是对科普类图画书感兴趣,这些书的每一页都有他熟悉的物品或动物的彩色照片。他能认出自己的照片,也能认出亲近家人的照片,包括表姐丽贝卡的照片。妈妈问艾萨克:"丽贝卡在哪儿?"他就正确地指出丽贝卡的照片。如果妈妈说:"丽贝卡,这是丽贝卡。"他会说:"哦!"在妈妈看来,这仅仅是模仿,而不能看作是真正的"词"。妈妈认为"第一个词"指的是能够明确辨别的语音串,而且幼儿通常用以正确地表示一个人或一样东西。例如,丽贝卡说"doh doh"指的是"青蛙",这个发音用了几个月,直到有一天被"dot"代替,后来变成了"foh"。现在她2岁了,称青蛙为"fod"。

在宝贝教室的观察记录结果表明,连续6个月,别人问艾萨克问题时,艾萨克一直用点头表示同意;别人给他东西时,他始终使用摇头表示拒绝。他能够向他人挥手"拜拜"。如果有人要他将(玩具)火车和公共汽车递给自己,他能照做。(他是一个非常着迷的火车和汽车迷,住在铁路旁边,家的旁边还有一条繁忙的公交线路。)他非常喜欢听音乐、唱歌。有几首手指歌他特别喜欢,他也喜欢跟唱。跟唱时,艾萨克还会随着音乐边唱着"dah,dah,dah"边拍手,还能在正确的位置做出正确动作。当其他人谈话时,他看着这些人的时间更长,听他们说话的时间也更长。

【案例3.3】和爸爸一起从公园走回家时伴随出现的谈话

艾萨克的爸爸完成了研究,休假8周。家庭的第一个决定就是缩短艾萨克每天上托儿所的时间,只上午去,这是因为爸爸有大把的时间。这样,妈妈上班,爸爸为艾萨克安排一日活动。每天早晨,爸爸做好早饭,帮艾萨克穿好衣服,送他到托儿所。中午,他们慢慢走回家吃午饭。午饭后艾萨克稍许午休,然后他俩通常出去开始小小的旅行。他们最喜欢去的目的地是当地的公园,因为艾萨克对那里的秋千和滑梯特别感兴趣。有时他们也会坐公共汽车去兜风或者去当地的商店购物。有一条去公园的路线要穿过一条河,他们会在桥上停下来,看下面的火车。他们通常会带上小童车,但爸爸一直鼓励艾萨克尽量自己走路。当时是初夏,天气还比较暖和。

下面是爸爸对艾萨克说的话。

抓紧爸爸的手。我们走到路那边去吧。有车来吗？

不要（捡）。很脏，把它放下。

起来。

（他们遇到邻居）你好！那是谁呀？快说"你好"。（对邻居）你昨晚看了马刺队的比赛了吗？真糟糕！裁判完全弄错了！

（对艾萨克）挥挥手，再见。

你看那只狗。那儿有只麻雀。在干什么？起来。小心！

你去看看那些鸽子。

起来。你手脏了吗？

我们买瓶饮料好吗？

把球传过来。

别脱鞋。

怎么了？我的天哪！

你听到火车的声音了吗？我们去看看怎么样？

抓紧爸爸的手。

我们走楼梯上去吧。还是我们坐电梯？

显然，爸爸对艾萨克说的话并没有严密的结构。事实上，爸爸也没有真正想和艾萨克谈话的想法，只是在做平时做的事情：说出艾萨克感兴趣的东西，告诉艾萨克该怎么从 A 处到 B 处，并且不出意外状况。尽管爸爸始终没有和艾萨克谈话，但是他说的话与艾萨克做的事有关。艾萨克看着鸽子，爸爸就说鸽子；艾萨克摔倒了，爸爸就让他自己爬起来；艾萨克停下来听警车的警笛声，爸爸就说"怎么了"。的确，爸爸的语言内容主要是对艾萨克做的事进行点评，大多数时候是告诉艾萨克怎么做。然而，他的所有语言都是偶发的，也就是说，他说的每一句话都与孩子当时做的事有关。这为艾萨克理解爸爸说的话提供了非常重要的参考信息。此外，艾萨克的生活是有规律的，可以预测的，因此，相关的经验和偶发性的语言也是可以多次重复的。

在案例 3.3 中，我们只记录了爸爸说的话，实际上艾萨克也有机会对爸爸提的问题和解释性语言做出回应。下面是另外一个案例，其中包含了艾萨克实际谈话的过程，几个月以来他一直这样说话。他也许没有使用父母一直期待的那些易忘的"第一句话"，但实际上也差不多了。让我们来看看在另一次外出时他们说的话，这一次艾萨克说的话也包括在里面。

【案例 3.4】艾萨克和爸爸在雨中散步

爸爸：看着脚下的小水坑！（艾萨克摔倒在地）自己起来！

艾萨克：嘚！

爸爸：你全身都湿了吗？

艾萨克：嘚！

爸爸：来让我看看！在哪儿？

艾萨克：嘚！

爸爸：没关系。回家我们就换。

艾萨克（同时指着草地上的一群鸽子）：嘚！

爸爸：嗯，你想去看鸽子吗？

爸爸：（和邻居）没问题吧？（对艾萨克）说"你好"。（艾萨克对邻居笑了笑）

爸爸：（和邻居）马刺队真倒霉。我们看了一半就关了（电视）。我不能再聊了，得带艾萨克回家。（对艾萨克）挥挥手，说"再见"。过来。

艾萨克（指着一只鸽子）：嘚！

爸爸：什么？你看到鸽子了？把棍子放下，上面有点脏。

艾萨克（抗议）：呸，呸！

爸爸：嗯，那好吧，我们拿回家。（艾萨克摔倒在地，哭了起来。）你摔倒了？自己起来。你想要爸爸帮你吗？爸爸牵你起来。

艾萨克（伸出双臂）：嗯！嗯！

爸爸：你想要爸爸抱你呀？那快一点，我们一起起来！

偶发事件、理解意思和认知发展

每天从公园走回家看起来好像仅仅是件平常事，但（对艾萨克来说）却是一种非常重要的学习经历。爸爸对艾萨克说的每一句话都是意思明确的。艾萨克指着鸽子说"嗲！"，爸爸答道："什么？你看到鸽子了？"这是重述（recasting）的一个案例。重述是许多成人在和孩子谈话的过程中使用的一种策略，使用这种策略时通常会不假思索。这种策略之所以非常有效，主要的原因如下。

- 让孩子确信成人在听他说话，并对他的话感兴趣；
- 告诉孩子，成人已经听懂了；
- 为孩子提供了如何谈话的精确范例；
- 让孩子获得成就感，表明他已经能够成功与人交谈了；
- 鼓励孩子将来谈得更多。

爸爸说的话随艾萨克的谈话而变，回应艾萨克想表达的意思，通过向他提供表达想法的词来促进孩子的发展。当走进他们住的公寓大楼时，爸爸让艾萨克选择走楼梯还是坐电梯上楼。进了电梯，艾萨克想按楼层按键，并已经知道按哪个按键能到二层。他们日复一日的每一次经历为艾萨克提供了语言形式，用以表达有关周围环境的日益增长的知识和在环境中如何表现的想法。例如，艾萨克将按一个特殊按键这一动作和他的家联系起来。爸爸不停地说："艾萨克按按键吗？对，按 2 号键。"于是，艾萨克就将"按"这个词和在电梯上按下按键电梯就动这个想法联系起来。如果以后我们得知"按按键""2""电梯"等词在艾萨克随后经常使用的 50 个词或词组之中的话，我们不会感到惊讶。

艾萨克的爸爸和妈妈一直认为，艾萨克应当和他的表姐丽贝卡一样，能够清楚地用一个词表示一件物品，所以，他们并没有注意到艾萨克这些交往行为的戏剧性变化。艾萨克谈话的方式有一点不同。托儿所的老师开始观察艾萨克，结果发现，艾萨克参与边唱边做手势的活动时已经更加专心了。当他的关键人唱一句歌词并留下最后一个词不唱时，艾萨克就和其他伙伴一起哼出最后一个词来。他的关键人注意到他比以前更爱笑，也能无须提醒就与他人挥手说"再见"。至关重要的是，艾萨克开始自然模仿出别人对他说的几乎所有的话，这是他的互动的新特征。

自从艾萨克的爸爸中午接他以来，所有这些发生在托儿所中的事情是个巧合吗？一段时间以来，艾萨克的身体技能有了明显的进步，包括走路不摔跤、会爬上沙发、在床上跳、爬上托儿所的滑梯、捡起地上的一根小棍子、用小石子装满小桶等。他非常喜欢走路。每天走回家，下午走到公园为他提供了机会，他需要这样的机会真正尝试走路。当他这样做的时候，他就有时间看看周围，发现许多喜欢的事物，如小鸟、小棍和火车等。他也有机会去滑滑梯、荡秋千。最重要的是，还有一个成人陪着他一起走，能非常自然地对他做的动作和看到的东西进行"现场直播"。艾萨克拥有用于谈话的所有非语言技能：他能够理解谈话时的一些基本规则，也知道在大人对他说话时应当做出反应、看着说话的人等。在艾萨克集中精力练习走路时，他的表达能力的早期发展可能有一点耽误。但是，一旦掌握了这些身体运动技能，他就能够集中精力学习别人对他说的话。同样，他的言语理解能力也因为在托儿所、在家的丰富经历而得到快速的发展，包括使用手语的经历。和爸爸一起持续且从容不迫的相互分享的经历对艾萨克从咿呀学语阶段过渡到开口说出第一句话阶段起到了催化剂的作用。

只表达一种含义还是两种？艾萨克说出的第一个词是什么？

重新审视案例3.4中的亲子对话，"嘚"好像是艾萨克说出的第一个词。他用"嘚"表示不同的意思，也用它模仿爸爸说的最后一个词。在下面这几轮对话中，"嘚"不仅表示"看那儿""告诉我那是什么"，也表示"对/是的"。

爸爸：你全身都湿了吗？
艾萨克：嘚。
爸爸：来让我看看！在哪儿？
艾萨克：嘚。

艾萨克也说了其他词，如"嗯！嗯！"（与成人目光接触并伸出双臂）等，表示"抱我起来"。他用"呸!"表示抗议。艾萨克经常用于表达某些特殊含义的词是"原型词"(proto-words),用来替换具体的词。这些原型词通常不是用来传达一种含义,而是多种含义。但是,从这个时候开始,闸门打开了。现在,在和爸爸一起进行常规分享阅读时,艾萨克开始不断模仿爸爸说的话。他不再使用"嗲"这样的原型词了,清晰可辨的单个词开始出现在他模糊不清的谈话之中。无论什么时候用命令性指示动作表达自己想要什么东西,他总能伴随说出一个词"大个"(那个)。现在艾萨克和爸爸之间的谈话变成下面这样。

艾萨克(指着一盒果汁):大个。
爸爸:你想要果汁?
艾萨克:耶!
爸爸:你想要果汁?
艾萨克:嘟。
爸爸:真聪明!给你。

迄今为止,在艾萨克的生活中发生的所有事都对他学会使用第一句话产生着积极的促进作用。他逐渐学会使用的这些词仅仅是他社会性、认知和交往发展的冰山一角,在这些表象背后隐藏着以下本质特征。

- 理解谈话是有意思的;
- 对生活中的事和物产生了浓厚的兴趣;
- 知道一张画代表一个人或一件物品(符号理解);
- 知道词能够用来代表物、动作或人;
- 听懂一些问话是什么意思(如"你的鼻子在哪?");
- 理解指示动作;
- 看懂表情;
- 理解声调。

成人的行为和态度

艾萨克的父母都很忙。妈妈有全职工作，爸爸是个学生。也就是说，他们不得不以尽可能好的方式集中用好他们的精力和时间。托儿所的老师做了大量的工作，但是从根本上说，父母是孩子的第一任和主要的老师。父母和教师相互合作已经对艾萨克非语言技能和语言理解能力的形成与发展产生了促进作用。想象一下，如果我们能够请艾萨克反思一下，到底是什么帮助他成为一个幸福而成功的交谈者的话，也许以下就是他的答案。

- 大人和我在一起，有时间和我谈话；
- 大人积极回应我；
- 大人为我白天的玩耍设计路线；
- 大人说出我做的事情；
- 大人允许我按照自己的速度学习；
- 大人允许我用一串声音"谈话"，知道我这是在尝试和别人交流，也在尝试扮演一个谈话的人；
- 大人知道我"还差一点点"（就会说话了）。

小 结

除了学会迈出第一步，学会说出第一句话也是年幼儿童发展过程中最令人期待的里程碑之一。幼儿学会使用第一批词所经历的过程不完全相同，有些幼儿比其他幼儿经历的时间更长。教师能够了解婴儿非语言发展的趋势，清楚婴儿发出与使用的不同类型的声音，这一点非常重要。看护这一阶段婴儿的教师应当利用能够利用的每一次机会，鼓励幼儿使用声音参与交往。父母有可能从积极回应孩子逐渐萌发的交往行为的过程和对该行为的示范中获益，这样他们就能够支持孩子向说出第一批词以及日后说出更多话等方向发展。如果教育机构打算推广手语的使用，如进行培训和引入边唱边做手指动作活动，那么重要的一点就是要保证所有教师经常、连续不断地使用手语。这将会鼓励家长在家也同时使用手语和言语。

🗨 反思与讨论

你记录和监控幼儿使用第一个词之前这一阶段的发展有多详细？

你与家长深入讨论时能够做到内容详细、细节清晰吗？

想一想艾萨克的爸爸对他说话时使用的语言，你会使用相同的方法（出现大量对艾萨克做事过程的点评和"随机的"聊天）吗？或者说你会使用其他方法（如采用成人主导的活动，促进他的词汇发展）吗？

练习实践

想象一下，如果艾萨克的爸爸向你咨询促进他儿子语言发展的方法，你会提出什么建议？

📖 延伸阅读

Crystal, D.（1989）*Listen to Your Child: A Parents' Guide to Children's Language*. London: Penguin.

Yule, G.（2014）*The Study of Language*, 5th edn. Cambridge: Cambridge University Press.

第4章

与两岁儿童的有效交流

内容提要
- 描述了儿童口语、语言及表述复杂意思的能力的快速发展;
- 介绍了能够解释这种快速发展的三种理论;
- 探讨了成人该怎样有效地介入幼儿的谈话。

长到两岁

24—36个月这一阶段是身体技能和社会性快速发展的时期。在这一阶段,幼儿探索、学习有关自己、他人和所生活世界的驱动力与口语理解、语言表达和发音等方面能力的快速发展联系紧密。这种驱动力因要亲近的成人提供支持、引导和安慰而得到加强。两岁儿童"发脾气"是一个极具争议性的话题,争论的焦点在于是什么导致他们发脾气的,如何避免发脾气,是否真实存在发脾气等。对于那些发脾气的两岁儿童来说,一个关键的问题就是他们很难充分表达自己的意图和感受,结果使其产生强烈的挫折感。12个月之后,许多幼儿在语言交往所有方面的能力将会有一个爆发式的增长。随着语言能力的发展,幼儿会对与成人交往以及与其他幼儿发展关系的能力更加自信(Lindon,2012)。在这一时期内,在幼儿习得的语言足以表达他们的感受之前,成人需要扮演一个重要的角色。他们要支持幼儿社会性和语言能力的发展,尤其是帮助幼儿顺利度过情绪波动期。

这一发展阶段的突出特点是幼儿迷恋于重复的游戏和动作。对幼儿图式（schema）游戏（即象征性游戏）的研究强调幼儿重复使用物品的方式：探索这些物品可以如何使用，将其看作他们日益增长的认知发展能力的反映（Louis et al.，2008；Nutbrown，2011）。幼儿经常对这样的事情非常着迷：快速旋转一些物体，把它们抛出去，把它们扔到箱子里，然后再把它们拿出来。幼儿同样被重复性的身体动作吸引，包括荡秋千、快速旋转和攀爬，以及从低矮的物体（如室内的沙发、室外的木棍和石头）上跳下来（White，2014）。这些活动为幼儿的语言发展提供了大量机会，特别是如果成人能够参与幼儿的游戏，并与他们进行相对较长时间的交谈（例如，当幼儿在游乐场或花园里荡秋千和滑滑梯时，谈话的时间就会较长），那么幼儿获得的语言交往机会就会更多。

利用自然发生的谈话促进语言发展

【案例 4.1】两岁的康纳：说飞机、小鸟、蜘蛛

康纳（Connor）刚过完两岁生日。他正坐在他家后门口的台阶上向外看着花园，同时与父亲说着话。他的妹妹劳伦（Lauren）只有六个月大，正在附近的毯子上和妈妈一起玩。在这个案例中，"ubudubuduba"表示康纳用在单词之间的"含糊不清的谈话"中的各种声音。这时，正好有一架飞机从头顶飞过。

（1）康纳（兴奋地指着）：看，Bei!（飞机！）

爸爸：是的，这是飞机。

康纳：Bei!（Ubudubuduba）Updeh!（在天上！）Bei!（Ubudubuduba）Updeh!

（爸爸在看劳伦，所以没有说话。）

康纳：Bei!（Ubudubuduba）Updeh!（在爸爸说话前一直重复了四次）

爸爸：是的，天上有架飞机。

康纳：Bei! Updeh! Dai!!（Ubudubuduba）

（这次交流持续了两分钟。直到一只鸟飞过来落在鸟食台上，交谈才停下来。）

（2）康纳（兴奋地指着）：看，Bed!（鸟！）

爸爸：是的，有只鸟。它正在吃东西。

康纳：Bed! Deh!

爸爸：是的，那儿有只鸟。它正在吃种子。

康纳（听到一只鸽子在树上，兴奋地指着）：看，Bed! Updeh!

爸爸：是的，那儿有只鸽子，它在那边的树上。

康纳：Bed! Deh! Dee!（树）

（这次交流持续了两分钟，直到康纳看到一只蝴蝶为止。）

（3）康纳：看，Baida!!!（蜘蛛！）

爸爸：那是只蝴蝶，不是蜘蛛。这是只蝴蝶，康纳，你说"蝴蝶"（Butterfly）。

康纳：Baida! Bai!

（4）康纳的妈妈把小劳伦抱给爸爸。劳伦把康纳的玩具兔子放在了嘴里。

康纳（抗议并指着他的妹妹和兔子）：Bebi!! Babi!!! 我的！！！（宝贝，兔子！是我的！）

爸爸：好了，康纳，我把你的兔子从劳伦那儿拿过来。（爸爸想拿走兔子，但劳伦却抓住不放。）

康纳（开始边哭边喊）：Babi!! 我的 !!

（康纳抓住那只玩具兔子，劳伦开始哭了起来。爸爸拿来一片叶子给劳伦玩。劳伦把叶子放在嘴里，停止了哭泣。）

康纳（自言自语）：（Ubudubuduba）Bebi（Ubudubuduba）Babi（Ubudubuduba）我的！

这个年龄的幼儿有自己特别喜欢和特别不喜欢的东西。康纳的最爱有三样：动物、任何能飞的东西和会爬行的昆虫。他总是把最喜欢的玩具兔子叫作"babi"（兔子）。除此之外，其他大多数动物他都是根据它们发出的声音命名的：飞机叫"bei"，蜘蛛是"baida"，鸟是"bed"。在很长的时间内，康纳一直在向天上看，似乎没有他的评说，飞机、鸟和蝴蝶就不能从他头顶飞过。他特别喜欢扔东西，有人就很好奇，他喜欢看石头、松果、木块、苹果和李子在空中飞过，是否就可以解释为什么他对飞机和鸟类感兴趣。

从案例4.1中我们可以看出，幼儿非常任性，非要确认成人承认他们知道这些东西叫什么。康纳好像受到某种内在动力的驱使，眼睛盯着看到或听到的每一架飞机、每一只小鸟、每一只蝴蝶或蜜蜂。同样他似乎喜欢指着每一个飞行物，告诉别人他已经看到了，还知道它叫什么。幸运的是，康纳的父亲具备回应儿子的能力。在被小宝宝打断之前的7分钟时间里，他和康纳一直在一起，一直在回应儿子。结果，幼儿的语言水平前进了一大步。

在案例4.1的第一个交往片段中，爸爸说他听到了康纳说的话，然后重复了儿子的话，但使用的是成人的语言。他很自然地运用了"重述"（recasting）策略，根本没有多想。"重述"是在语言发展的这一特殊阶段爸爸与康纳谈话时使用的策略之一。在案例3.4中，艾萨克的爸爸使用了同样的策略，使用时也是根本没有想过谈话的策略。"重述"是与幼儿谈话的一种特别有效的策略，教师也将之作为特殊的互动风格经常使用。教师对这种策略的掌握要么来源于自己的实践，要么来源于培训。

在案例4.1的第二个交往片段中，爸爸在回应时提到小鸟正在"吃东西"，以此对儿子的话进行补充。康纳没有注意到这一点，而是继续解释这只鸟是"Deh"（在那儿）。这时，爸爸认识到，康纳对谈论小鸟"吃东西"这个话题并不感兴趣，所以当康纳对鸽子咕咕叫做出反应时，爸爸就引入"树"这个词。康纳马上注意到这个新词，并进行了重复"dee"。这表明，他想专门聊鸟在哪里，而不是在做什么。在第三个交往片段中，爸爸准备教康纳学一个新词"蝴蝶"。在此之前，康纳一直把所有的小爬虫和飞虫都叫作"蜘蛛"，但爸爸正确地推断出这时可以教儿子学一个新词了。康纳以把蝴蝶说成"蜘蛛蜘蛛"作为回应。之后的好几天，康纳一直这样叫，直到他自然而然地将所有的蝴蝶说成"bai"为止。但是，在随后的6个星期里，蜘蛛、蚂蚁和蜜蜂等还是被他称为"baida"（蜘蛛蜘蛛）。突然有一天，他开始用不同的名字指称每一种动物了（蚂蚁叫"at"，蜜蜂和黄蜂叫"bee"，只有蜘蛛到现在还叫"baida"）。

这段只有7分钟的互动是自然而然发生的。爸爸对儿子的回答也是脱口而出，没有太多的思考。显然，他从康纳语言能力的发展中收获了喜悦。这位爸爸根本不可能刻意安排专门的时间系统地教儿子学语言——当时，这种方法（系统教学）只是看起来正确。交谈双方都很高兴，结果儿子学会了一个新词"树"，还产生了一个新想法：蜘蛛叫小爬虫，但是其他的小爬虫（就不再叫小爬虫）也有它们自己的名字。与此同时，在这短短的几分钟内，爸爸想看看是否可以引入一个新词"树"，让这个词成为儿子经常使用的词。从这个意义上说，爸爸一直在"教"儿子。与幼儿成功交流的人有能力辨别何时使用这种互动方法是适宜的，并能够最大限度地利用这种随机活动发展幼儿的词汇，支持幼儿的学习。

广义上说，语言治疗师和其他学前教育专家都遵循"一岁单词句，两岁双词句"的原则，即我们希望幼儿在 12 个月时开始说话，两岁时能连词成句。从表面上看，有人可能会认为康纳的语言发展比较缓慢。然而，从康纳每天生活的上述片段中可以看出，他已经积累了大量有关交流、语言理解和语言表达等的知识。这个案例以及本章的其他案例阐明了三个重要概念："命名能力"（Naming Insight）、"词汇爆炸"（Word Explosion）、"词汇导图"（Word Mapping）。这三个概念有助于解释幼儿在这一阶段语言快速发展的原因。

对词汇快速发展的分析

康纳正在向大家展示，他知道所有的物体都是可以命名的。在 10 个月大时，他就开始对妈妈要他指出身体各个部位的要求做出反应。至少从那时开始，他就已经具备了这种命名能力（Barry，2008；Bloom，2000）。同时，他也能理解并试图使用"完成"和"更多"这种简单的手势动作。有了这种意识，幼儿才开始逐步理解人们的名字、一些名词和简单的动词。当参与谈话或听周围其他人交谈时，他们才去注意这些词汇。例如，康纳 11 个月大的时候就知道"鞋子"和"袜子"这些词指的是套在脚上的东西。所以，一天早上，他妈妈向爸爸抱怨说："我好像到处都找不到康纳的袜子！"这个时候，康纳马上开始大喊大叫，把他的另一只袜子脱了下来。有了命名能力，康纳就可以从母亲说的话里辨认出"袜子"这个词。因为妈妈对康纳说的大部分话都是重复的，而且谈话的内容涉及的都是和康纳一起进行的日常活动，如吃饭、换衣服、穿衣服、脱衣服、准备出门等，所以康纳能够注意到与那些关键物体和动作有关的每一个词。起初，他的这些知识和能力表现为他理解了别人对他说的话。到两岁时，他很快就能通过模仿自发地使用这些词了。

许多幼儿在三岁时已经经历了语言表达能力的快速发展期。他们从最初只会使用单词句，试探性地使用双词或多词句，逐渐发展到拥有可观的词汇量，开始表达复杂的想法。例如，在三岁时，康纳说："妈妈，我的不再宝贝。我的现在大男孩。多南（Donnen，康纳对妹妹劳伦的昵称）她现在宝贝。她尿在尿布上，我的现在尿在马桶里。"（"妈妈，我已经不是小宝贝了，而是大男孩了。劳伦仍然是小宝贝，因为她在尿布上小便。我已经开始用马桶了。"）在幼儿大约 18 个月之前（以及在康纳案例中的 24 个月），成人需要一直使用重复频率特别高的语言，无数次围绕他们感兴趣的话题进行谈话。最后的结果是，幼儿逐渐建立起一个可以自发使用的词汇库。一开始，每一个新词都必须通过互动、重复和模仿等才能学会。在幼儿开始自发使用一个词之前，这个词他们好像要听上几百遍。10—18 个月的幼儿确实要经历这样一个过程，但随后，到了某一个时间点，一个新词，幼儿好像只听一次，就会成为常用词中的一个了。例如，在案例 4.1 的第三个片段中，康纳就即将到达这个时间点。爸爸成功地让他学会使用"蝴蝶"这个新词就是最好的例证。

从使用新词的缓慢过程到词汇量快速增长的转变现象可被称为"词汇飞跃"（Word Spurt）或"词汇爆炸"（Bloom，2000）。这种现象是如何出现的？为什么会出现这种现象？是不是一定会出现这种现象？对这些问题，目前还存在争议（Bloom，2004）。有人提出，幼儿得益于使用了"词汇导图"。这是对概念的一种理解，即相似的物体可以归类，某一类中的每一个物体都可以命名。例如，康纳认识到有一类生物叫"昆虫"（尽管他不需要知道"昆虫"一词）。最初，他把这一类中的一切都称为"蜘蛛"。但随后，他在爸爸的帮助下逐渐认识到，每一种昆虫的外形、动作都是不一样的，因此可以叫不同的名字。这样的理解使他能够快速、轻松地学会"蝴蝶"的名称，然后又学会小小的、四处爬行的、会飞的、既会爬又会飞的其他生物的名称。

这个案例说明，"词汇导图"是影响他词汇量快速增长的重要因素。

🗨️ 反思与讨论

在参与谈话时,像案例 4.1 中的康纳一样,这一年龄的许多幼儿表现愿望非常强烈,好像他们说的每一个词都特别重要。同样,如果我们没能理解他们所说的话,他们也会情绪失控。

什么是"发脾气"?幼儿发脾气在多大程度上是因为他们没能有效与人交往而产生了挫败感?还有其他因素导致他们情绪失控吗?

🔲 练习实践

我们应如何利用幼儿对图式游戏的迷恋来丰富其词汇量,促进其语言运用能力的发展?

和幼儿一起玩图式游戏,如把石子放到桶里,一直到桶装满为止,然后再将桶里的石子取出来,一直到全部取完。在游戏过程中,每放一次石子时就说一个词或一个词组,如"进去了",然后观察幼儿的反应。你说的话分散他的注意力了吗?或者,他开始模仿你说的话了吗?

【案例 4.2】两岁六个月的康纳:和爷爷在花园聊飞机

康纳说话时会在单个词或由两个词构成的词串之间加一些无法理解的音,使他说的话听起来像是"变长了的谈话"。下面对话中出现的"Ubudubuduba"就表示所有夹杂在中间的音。

康纳:爷爷,爷爷,Pane(想说"plane",即飞机)。

爷爷:是的,是架飞机。

康纳:爷爷,Pane(Ubudubuduba)Upinagai(在天上)。

爷爷:是的,那是架飞机。它在天上飞。

康纳:爷爷,爷爷,Tonnor(Ubudubuduba) pane(Ubudubuduba)

> updere.Upinagai.
>
> 爷爷：是的，那是架飞机，在天上。
>
> 康纳：不，Tonnor（Ubudubuduba）pane（Ubudubuduba）updere.
>
> 爷爷：那是架飞机在天上，对吗？康纳可以看到天上的飞机吗？
>
> 康纳：不，Tonnor，妈妈、爸爸。（Ubudubuduba）pane，（Ubudubuduba）Updere! Upingai！
>
> 爷爷：我不知道你在说什么，让我们问问妈妈吧！
>
> 爷爷向康纳的妈妈寻求帮助，后来才知道，康纳当时说的是："当我长成一个大男孩的时候，我要和妈妈、爸爸一起坐飞机。"之所以这么肯定，是因为两周之前康纳和爸爸一起分享了一本有关飞机的书，还一起聊了聊飞机。

现在已经是我和康纳第一次见面的六个月之后了，他还在想着飞机，也和别人一起谈论着飞机。表面看来，他的语言水平好像没有什么明显的进步，他在说话时仍然会在单个词或由两个词构成的词串之间加一些"含糊不清"的音，他的词汇量以及谈话的主题好像与之前差不多一样。爷爷根本不知道康纳说的是什么话，所以（在谈话时）一直处在非常被动的状态。康纳的话仍然很难理解，所以在和不太熟悉的人谈话时，他只好加倍努力，试图让别人理解自己的话。显然，他仍然在不停地说飞机（对话停在这里无法继续下去）。

于是，爷爷通过点评和"重述"回应康纳，但是，这样的回应对康纳来说远远不够。他想和爷爷分享一个特别复杂的想法，即"我现在不能坐飞机，但是有一天等我长大了就要去坐飞机"。这表明，这个30个月大的幼儿有一些非常复杂的思维过程。他知道天上那个此刻看上去非常小的金属物其实是巨大的，大到可以载人。他能够想象这样一个情景：将来的某一天，自己长大了，可以坐上飞机了。他之所以获得了这些复杂的概念性知识，是因为他的父母知道他对飞机非常感兴趣，就带他去当地的图书馆借了一些有关飞机的知识类图画书，书里面有大量的插图，内容包括停在机场的飞机、人们携带行李上飞机、飞机在天空中飞翔等。康纳还注意到一页上的一个小细节，就是这个细节触发了他的想象：一个小孩抱着泰迪熊坐在手推车上，排着队等待登机。这也引发了他和父母围绕小孩能否上飞机这一话题展开讨论。讨论的结论是，当康纳提出一些还不适合的要求时，他会多次听到这一答案："等你长成大男孩的时候。"

和两岁儿童谈话

在案例 4.2 中，如果康纳的爷爷已经知道孙子想要传达的信息，那么他们之间的对话可能会朝着完全不同的方向发展。他可能会同意孙子说的话：是的，你的年龄还是有点小，现在还不能坐飞机，当然，总有一天一定是可以的。也许爷爷会给他讲一个简短的故事，内容可能是：他什么时候上飞机，什么时候吃正餐（米饭、蔬菜和橙子汁）。爷爷讲的故事可能会引发康纳的讲述，他有可能会解释，当有一天他能上飞机时可能喜欢吃什么。毫无疑问，尽管可能还会有其他机会进行这样的对话，但当时这一切并没有发生。

这个错失了机会的案例反映了与两岁儿童谈话是具有挑战性的。他们经常有很多事情想谈，但有时与他们谈话的成人跟他们不是很熟悉，或者在谈话提到的一些事情发生时成人不在现场。这时，成人会发现很难理解幼儿在说什么。对于很多幼儿来说，当他们长到三岁时，由于他们的单词和句子的发音更加清晰，因此上面的这些问题就会少很多。

他们的词汇量迅速增长，他们有更复杂的语法结构可用，这两个方面的知识都可以帮助他们表达想表达的意思。与此同时，对于教师来说，了解幼儿谈论内容涉及的情境，即教师不在身边时幼儿参与活动的过程和内容，是很有帮助的。在幼儿园，教师了解幼儿经验的途径包括问幼儿的父母周末他们做了什么，或要求父母简短记录家里发生的事情等。

改善成人的互动风格，促进幼儿交往能力的发展

当我们不能理解幼儿正在说的话时，成人的自然反应就是试图"控制"对话过程：一种方法是确保成人总是知道将要讨论的内容，还有一种典型的策略——通常会成为习惯的策略——是以问问题为主，所问的问题只有一个唯一正确的答案，要么是"是"，要么是"不"。这种"封闭型问题"（closed questions）对有趣、有效对话的开展并没有特别的帮助。下面这段对话里，我们感觉到这名幼儿好像在接受审讯。

成人（指着一张公交车的画）：蒂娜（Tina），这是什么？
蒂娜：公交车。
成人：真棒。它是什么颜色的呀？
蒂娜：红色。
成人：答对了。这是红色的。那它是大的还是小的呀？
蒂娜：大的。
成人：真厉害。这是一辆又大又红的公交车。

成人的目的是通过教学提高幼儿的语言技能。当幼儿和成人都能够互相理解对方的时候，成人引导幼儿参与对话的方式或会话风格（conversational style）是完全受到控制的。如上述成人那样掌控会话过程，幼儿就没有任何空间去发表个人意见、问问题或以其他自然的方式运用语言。如果在与幼儿互动时成人以这种会话风格为主的话，那么幼儿从这种谈话中获得的收益就会非常有限。成人有很多方法可以鼓励幼儿参与对话，这是随后几章我们要重点探讨的问题。

有一项重要的研究在20世纪80年代就已经开始，研究对象为有语言障碍（包括听力损伤和语言交流困难）的幼儿，研究的重点是分析成人与幼儿之间的对话。该研究有利于我们深入了解成人如何才能有效地与难以沟通的幼儿进行交流（Wood and Wood，1984）。

这些研究者认识到，成人与幼儿的交流对于幼儿语言理解与表达、语言运用等能力的发展具有重要意义。他们也意识到，绝大多数有严重听力损伤的幼儿主要被两个劣势妨碍了他们参与有效的交流，即无法听清别人说的话和自己发音特别困难。导致的结果是，他们说的话经常会被人误解，交谈双方都需要通过频繁要求对方澄清自己的话来尝试"修复"对话。

研究者将会话看作两个人共同聚焦于同样话题展开相互交流的过程。在这项研究中，衡量是否"成功"的指标是每个人在会话中轮流发言的次数。在一段会话中，每个人参与谈话的次数越多，会话越长，那么会话就越"成功"。但是，当每一个参与者不断地停下来澄清自己观点的时候，就很难将注意力锁定在一个目标对象（话题）上。当幼儿在谈论一些脱离情境的事情（如只有幼儿经历了而成人没有参与的一件事）时，这样的问题就会经常发生。尽管这项研究涉及的研究对象是听力障碍幼儿，但是成人与两岁儿童谈话时也有相似的经历，所以这项研究的发现具有重要价值。在这项特殊的研究中，研究者想看看他们能不能影响成人与幼儿谈话时使用的会话风格类型，（如果能影响，那么）这种影响是否会对会话的有效性起作用。

　　与和两岁儿童谈话有密切关联的一项研究发现了当幼儿向成人发起有关脱离当前情境的话题时成人是如何做出反应的。例如，周一早上，一名幼儿走进教室，也许说："我商店！"教师的回应（幼儿）方式存在几种可能，具体包括：（1）直接告诉幼儿该如何"好好说话"，如，"我们可以说'我去逛商店了'。"（2）询问幼儿，如，"妈妈和你一起去的吗？""谁和你一起去的？"（3）对幼儿的话做出点评，如，"我也喜欢逛商店。""哇，逛商店了，真好！"

　　如果只告诉幼儿如何"好好说话"而不需要幼儿做出回应的话，那么最有可能的结果是，幼儿会回避与经常这样对她说话的老师说话。"妈妈和你一起去的吗？"这样的提问很可能仅仅得到一个词的回应，要么是"是"，要么是"不"。同样，"谁和你一起去的？"，这类问题得到的回答也很可能只是一个词。但是，实际情况可能并非如此。他可能想表达 "我要去逛商店"或"放学后我准备去逛商店"，甚至是"我看了一个有关逛商店的电视节目"。幼儿的语言技能比较差，他还无法准确解释自己想表达的意思，所以如果对话出了问题，在很多情况下甚至无法补救。

　　事实证明，在这种情况下，使用点评比问问题更加有效。如果教师发表意见、做出点评，如"我也喜欢商店"，那么就说明教师个人对此感兴趣，并且他至少已经部分理解了幼儿说的话。教师的点评也给幼儿留有足够的空间，他可以以任何一种自己喜欢的方式做出回应。例如，他可以说"我喜欢商店"。幼儿的回答反过来又为教师提供了机会进行下一轮的点评。例如，教师可以说"我昨天去逛商店了"。这反过来（表面上如此）又给幼儿留下了说话的空间，他可以接着表达自己的看法，也有可能仅仅在自己前面说的话里用上"昨天"这个词，说成"我商店，昨天"。

　　使用"寒暄式点评"（phatic comments）是另一种有可能引发幼儿应答的方法。能够进行"寒暄式点评"，说明你已经听懂了（幼儿的话），还表现出了一些情绪反应，如你可能会说"真的吗？好像是蛮有意思的！"，或者"商店，棒极了！"。有些成人的点评是充满激情的，如他们会说："商店啊，哇，我就喜欢购物！"或者甚至会说："哦，商店啊，真好！"成人热情的点评很有可能会引发幼儿热情的回应。有些幼儿尽管非常努力，但仍然无法让别人理解他们的话。久而久之，他们就不愿意继续和别人谈话了。在回应幼儿的话时使用寒暄式点评，向这些"犹豫的交谈者"（reluctant talkers）传递了以下重要信息。

- 我理解你不得不说的话；
- 你说的话令我感动；
- 我对你不得不说的话很感兴趣；
- 请再跟我说点什么！

根据我的个人经验，使用点评，特别是热情洋溢地使用寒暄式点评，是迄今为止引发幼儿参与交往的最有效的方法。这种方法的有效性既适合连话还说不清楚的两岁儿童，也适合有特别交往需要的年龄稍大的幼儿。

伍德等人（Wood and Wood, 1984）的研究结果表明，成人可以改变与幼儿谈话的方式，这极大地影响了幼儿参与会话的能力的发展。与成人谈话的经验既可以促进幼儿的语言学习，也可以提升幼儿与谈话有关的自尊心（这是成为成功的交谈者的重要因素）。（在这里我们假设成人有时间和幼儿进行这样的对话。事实证明，如果成人不能挤出时间与年幼儿童进行不间断的交流的话，那么这将成为幼儿有效沟通和学习的很大障碍。第7章将要探讨成人在忙碌的幼教机构中与幼儿进行谈话的具体方法。）

发展口语与语言，发展自信心，促进学习

【案例4.3】两岁十一个月大的康纳：在教室的图书区和科利特老师一起分享图书

《红色大巴士》（*The Big Red Bus*）（Hindley and Benedict，1996）是康纳最喜欢的书之一。它讲述了一辆巴士的故事：当前轮被卡在一个洞里时，巴士阻塞了道路上的交通。各种车辆和乘客纷纷到达，但是他们不得不在那儿等着，直到一辆自动倾卸车过来把那个洞填平为止。在最后一页，我们看到一只兔子在填好的洞里奔跑。

（1）康纳和科利特（Colette）老师正在看这本书的封面。

  康纳：我的 lite 这 boot.（我喜欢这本书。）

  科利特：这是你最喜欢的吗？是你最好的书吗？

  康纳：不，这不我的 bestest boot.（这不我的最最好书。）

  科利特：哦，我以为这是你最喜欢的书。妈妈说你最喜欢它。

  康纳：不，托利特（科利特）。我的 bestest boot 是关于 panes。（我最喜的书是关于飞机的。）

  科利特：那么，你为什么不喜欢这本书呢？

  康纳：Betos ... Betos 它 dot 不 no panes in.（因为它里面没有飞机。）

（2）老师和康纳已经逐页看完了这本书，也讨论过了，现在正在看最后一页上的兔子。

  康纳：我的不 dot a wabbit. Tolette，你 dot a wabbit?（我没有兔子，科利特，你有兔子吗？）

  科利特：没有，但我看到过一只。

  康纳：我的也看一只 wabbit. 我的 twoatid 它. 我的 twoatit it on hes tummy.（我也看到过一只兔子，我摸过，我摸过它的肚子。）

  科利特：它的肚子吗？太好了！我也摸了一只兔子。我摸了它的背。

> 康纳：我的 twoatid a dod on hes 肚子。托利特，你 twoatid a dod？（我摸过狗的肚子。科利特，你摸过狗吗？）
>
> 科利特：我抚摸过狗吗？嗯，我摸过。我姐姐家里养了条狗，我经常摸她。
>
> 康纳：你 twote 你 diter？（你摸你的姐姐？）
>
> 科利特：没有，但我抚摸她的狗！我姐姐的狗是一条母狗！我摸我姐姐的狗！
>
> 这引起了一段简短对话，他们说到科利特老师姐姐的狗，以及科利特老师有多少兄弟姐妹。

康纳学会了什么？我们能了解有关他的什么信息？从表面上看，我们知道了他的语音发展很快。但是，他还发不出［k］或［g］的音，所以只好用［t］和［d］代替。（这就是著名的发音"前置"现象，对这个年龄的幼儿来说非常普遍。康纳将继续这样发音，一直到五岁才会在说话时自然地使用成熟的英语语音模式发出大部分的语音。）他使用的语法形式也同样迅速增多。他使用一般过去时态（"我摸过兔子了"），也会区分"他的"和"她的"。他说的"最好"（bestest）正好是过度泛化的典型案例。这表明他正在试图将英语形容词词形的规则变化（在形容词后加 -er 或 -est 变成比较级和最高级）应用到不规则变化的形容词身上（如"更好/最好"就不是 good-er/good-est 而是 better/best）。

随着语言表达能力的发展，康纳已经可以与人交流信息了，也可以使用语言探索想法，进行学习。与人分享一本熟悉的图画书实际上就为进行有关康纳喜欢什么等话题的讨论提供了具体情境，也让科利特有可能问一个复杂但相关的问题，如："那么，你为什么不太喜欢这本书呢？"由此，康纳获得机会认真想出一个准确的答案。在案例 4.3 的第二个片段中，教师和幼儿能够探索与故事情境没有直接关联的经验，而这一经验涉及的话题是"他俩中的任何一个人是否摸过狗"。从这个会话片段中，我们还可以明显看出康纳使用语言的复杂程度。例如，当科利特老师说她摸过她姐姐的狗时，康纳误解了科利特老师的意思。此时康纳能够准确使用与科利特老师之前使用过的完全相同的策略来确定科利特老师说的话的意思。他使用的策略是直接将科利特老师的陈述句"我经常摸她"转化成疑问句："你摸你的姐姐？"成人在相互交谈时经常使用这种策略，科利特老师在与幼儿谈话时也不假思索地运用了这种策略。我们可以做出这样的推测：康纳在与成人谈话过程中自然习得了这种策略。这不仅证明了幼儿能够使用复杂的语言，而且也证明了幼儿使用这种策略与成人谈话已经对他传达复杂含义的能力的发展产生了重大而积极的影响。

小　结

我们已经感觉到，在过去的六个月里，康纳变化得很快。起初，他发音不清晰，所以他能交谈的内容也受到了限制，特别是当和他谈话的成人发现很难跟上他的思路，或者他谈话的内容脱离了当时情境时，情况尤为明显。现在他差不多三岁了，已经能够使用复杂的语言技巧和方法探索思想，也可以谈论脱离情境的内容了。

从案例4.3中我们可以看到，康纳已经是一个自信的交谈者，我们还可以看到，教师运用了一些能够引发幼儿参与有效交谈的技能。案例中的谈话过程不仅是有效的，而且是自然而然、有实际意义的。

通过谈话分享想法的能力，或者说以一种"去情境化"的方式进行谈话的能力，将成为康纳最重要的素质之一，能够使他作为交谈者和学习者在幼儿园、小学及以后的学习生涯中受益无穷。关于这一主题的内容，我们将在第9章进行深入探讨。

练习实践

引发幼儿谈论你不在场时他们做过的事情。尝试使用伍德等人的研究中描述的不同的回应方式。向幼儿问一些封闭型的问题，如："好看吗？""爸爸和你一起去的吗？"或者热情地对他们的话进行点评，如："哦，你看到了青蛙，真好！"然后观察幼儿的反应。

当你误解了他们的意思时，语言能力强的稍大的幼儿也许有能力通过纠正你的话来"修补"谈话。你的反应对这样的幼儿重要吗？

热情的点评在帮助小小孩与你谈话方面能产生哪些积极的影响呢？

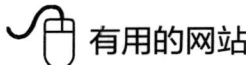 有用的网站

Raising Children Network

www.raisingchildren.net.au （accessed 25 May 2015）

An excellent Australian website aiming to empower parents by increasing their understanding of children's development, including language development. It also describes theoretical issues and writes about research into language development in an accessible way, e.g.: http：//raisingchildren.net.au/articles/language_development.html/context/1149 （accessed 25 May 2015）

第 5 章

家庭中亲子交流的经验

> **内容提要**
> - 探索成人的"互动风格"这一概念；
> - 呈现一些探讨幼儿在家的谈话经验和学习经验之间差异的研究；
> - 介绍有效学前教育项目（EPPE）以及"积极家庭学习环境"的影响；
> - 探索教师如何支持"语言贫乏"的幼儿。

自 20 世纪 60 年代以来就有研究指出，不同幼儿之间的家庭谈话经验存在巨大差异，并且这种差异对幼儿的在校成绩以及日后获得的成就可能产生影响。有几项研究比较了来自不同社会经济阶层的幼儿在谈话数量和质量上的差异，这些研究已经对相关看法和政策产生了巨大影响，其中包括为因早期家庭语言经验不足而难以在校获得好成绩的幼儿提供方法和资源帮助。

定义"社会阶层"

本章主要关注三类不同家庭中语言使用差异的研究，这三类家庭分别是"社会经济地位高"（High Socio-Economic Status，也称为"中产阶层"或"白领"）、"社会经济地位低"（Low Socio-Economic Status，也称为"工薪阶层"或"蓝领"）和接受社会救济的家庭。在"中产阶层"家庭中，父母多从事专业或管理性的工作，可能接受过高等教育。在"工薪阶层"家庭中，父母多从事体力劳动，可能会因读书期间的成绩比来自"中产阶层"家庭的学生差而更早地离开学校。"接受社会救济"意味着父母接受的教育比"工薪阶层"家庭的父母更少，被公认为生活在贫困之中——至少很多研究提到这类家庭时指的就是这个意思。无论人们如何看待根据工作状况进行的阶层划分，一些影响比较大的家庭语言与交往研究仍然使用这几个主要类别。

在家学习语言

"自然的"研究使用的数据来源于对幼儿在家、在幼儿园或在学校参与活动时与成人谈话过程的录音。对谈话的数量进行评价相对简单，如何界定谈话"质量"却更加复杂。绝大多数有关谈话"质量"的研究关注的是从任一特定的交流行为或"言语行为"（speech act）层面上看，成人和幼儿为什么要与对方说话。由于早期的大部分研究涉及的是母亲与孩子之间的谈话，所以研究使用"亲子互动风格"（Maternal Interactive Style）这一概念来描述母亲与孩子谈话的方式。广义上说，可以将母亲的互动风格分为"幼儿中心"（child-centered）或本质上属于"应答型"（responsive）的方式（Wells and Gutfreund，1987）和"单向式"（directional）或"控制型"（controlling）的方式（McDonald and Pien，1982）。其中大部分是后者。

"幼儿中心互动风格"（Child-Centred Interactional Style）的主要特征包括如下几点。

- 共同关注（joint attention）：成人和幼儿共同注意每个人所做或所说的内容；
- 语义关联性：成人的谈话内容需要有意义，与幼儿所做或所说的内容相关；
- 要想与幼儿有效沟通，成人使用的语言的复杂程度要适宜。

如果成人与幼儿谈话时具有以上特征，便可以称为"应答型"互动。成人根据幼儿的行为和语言做出反应，并对自己的语言做出调整，以确保幼儿能够理解。这会产生"意义冗余"(redundancy of meaning),以便使幼儿充分理解成人的语言(Wells and Gutfreund,1987)。这样会给幼儿足够的"加工空间",使他能够专注于思考如何对成人做出反馈,而不是将大多数时间用来思考成人语言的意义(Lieven,1984)。因此,成人和幼儿能够集中精力通过语言来学习和学习有关语言的知识(Harris et al.,1986; Wells and Gutfreund,1987)。

"单向式"或"控制型"互动风格(directional/ controlling interactional style)包括如下几个主要特征。

- 命令;
- 要求;
- 指令;
- 指导。

这种互动风格也强调"禁令",即告诉幼儿不能做什么,或过度强调"说教",即谈话主要是告诉幼儿如何做(McDonald and Pien,1982)。

以上的描述尽管很宽泛,但却很有用。在本章以及接下来的几章中,这些描述为我们探讨与幼儿之间的谈话提供了基础。对成人与幼儿之间谈话的准确描述能够帮助我们发现其中可能存在的问题,并为改变成人与幼儿的互动方式提供解决方法。然而,需要指出的是,需要根据不同的情境打破上述各种要素之间原有的平衡。在某些情境下更需要用"单向式"互动,如幼儿做很危险的事时需要及时阻止。同样,在教幼儿学习新东西时(如学习如何穿套头外衣),"单向式"互动也很有帮助。拥有丰富经验的成人懂得在适当的时机运用不同的方式与幼儿谈话。

【案例5.1】幼儿中心互动风格:萨拉(2;9)与她的母亲及一只电动小狗

萨拉(Sarah)正在玩她最喜欢的玩具,一只毛茸茸的电动小狗。当打开开关时,小狗会后腿支撑站着汪汪叫。

妈妈:萨拉,怎么了?

> 萨拉：小狗不动，坏了。
>
> 妈妈：你觉得它坏了吗？你摔它了吗？
>
> 萨拉：没有，我的没有摔它。它刚刚坏掉了。
>
> 妈妈：你怎么知道的？你觉得是怎么回事？
>
> 萨拉：它不叫也不跳了。
>
> 妈妈：让我看看能不能修好。我可以试一试吗？
>
> （妈妈开合小狗的开关，它的叫声很弱，很无力地尝试坐起来，然后停下了。）
>
> 妈妈：我认为我们需要换一下它的电池。我找找看有没有，然后我们就能修好它了。
>
> 萨拉：给它换新电池吗？
>
> 妈妈：是的，我认为那样行得通。我想我们还需要一把螺丝刀。
>
> 萨拉：什么？
>
> 妈妈：螺丝刀，用来打开玩具的。
>
> 萨拉：是一把刀吗？
>
> 妈妈：跟小刀有点像。让我们一起去找找螺丝刀吧。

对话一直进行到她们找到螺丝刀，取出旧电池，换上新电池，然后小狗又能正常玩了。母亲和幼儿都能注意手头上的任务，这项任务非常吸引萨拉。妈妈说的话萨拉都能听懂，并且给萨拉留有一定的认知空间去探索新想法：螺丝刀是什么样的，以及如何使用螺丝刀。当妈妈近乎自言自语地说"我认为那样行得通。我想我们还需要一把螺丝刀"时，萨拉并不理解。于是，妈妈进一步简化了她的语言，这也引发萨拉进一步询问"螺丝刀"是什么，这是萨拉学习的又一个新概念。

接下来的一个例子来自之前一位母亲和女儿尤兰达（Yolanda）之间的对话摘录，从中我们可以发现这位母亲是如何与女儿互动的（Jones，1988）。这位母亲并没有例行公事似的参与女儿的游戏和谈话，在这段谈话中，我们可以发现母亲如何通过关于日常事物和活动（如做饭、洗餐具）的聊天来满足尤兰达日渐增长的语言学习需求。

【案例 5.2】控制型 / 单向式互动风格：尤兰达（3；6）与妈妈、玩具、餐具

妈妈（手里拿着盘子）：这是什么呀？

尤兰达：呃，呃，呃，是勺子。

妈妈：不对，不可能是勺子。这是什么呢？

尤兰达：呃。

妈妈：这是一个盘子。念"盘子"。尤兰达，看着我，念"盘子"。

萨拉：盘子。

妈妈（手里拿着炖锅）：这是炖锅。

尤兰达：炖锅。

妈妈（指着尤兰达手边的盖子）：这是什么呢？

尤兰达：是"拿开"。

妈妈：不对，这叫盖子。听妈妈念，"盖子"。（尤兰达看着盖子，妈妈托着尤兰达的脸。）看着我，尤兰达，念"盖子"。

尤兰达：盖子。

妈妈：我可以有一个盘子吗？递给我一个盘子。

尤兰达（将盘子递给妈妈）：好的。

妈妈：你手里的东西是什么？

尤兰达：勺子。

妈妈：对了。

这是成人使用控制型 / 单向式互动风格的极端案例。这段会话中，母亲和女儿并没有一起活动，因此这次会话对她们来说都是极大的挑战。尤兰达在成长过程中很少与成人之间进行言语上的互动，成人在谈话过程中只是告诉尤兰达该做什么、不该做什么。尤兰达有很严重的语言迟缓问题，这与她很少参与言语互动有很大的关系。

伯恩斯坦的限制语码和精制语码

巴兹尔·伯恩斯坦（Basil Bernstein）是英国的社会学家，在20世纪60年代研究了来自工薪阶层和中产阶层家庭的青少年群体使用语言的特点。这些研究对教育思想和政策产生了非常重要的影响。伯恩斯坦使用语码（code）这一术语描述来自特定群体的个体使用语言的方式。伯恩斯坦指出，工薪阶层的青少年使用"受限语码"（Restricted Code），而中产阶层的青少年则使用"精制语码"（Elaborated Code）。两者的重要区别在于词的使用。工薪阶层的个体更多地使用基础词和非特定性的词，比如"这个/那个/那些"；中产阶层的青少年使用的词汇更多，因此他们使用的语言更加丰富、精细。这些研究表明，特定的工薪阶层可能会因为受限制而更多地讨论"此时此地"（here and now）发生的事情（Bernstein，1973）。

伯恩斯坦的研究被很多学者引用并加以扩展，甚至后来他自己提到，有很多观点是别人强加给他的。例如，他并没有提出工薪阶层的幼儿使用的语言是有缺陷的。然而，他的研究使人们开始关注家庭中谈话经验的差异可以部分地解释为什么幼儿谈话的方式不一样，以及这种不一样何以会影响幼儿在学校的学习成绩和未来的工作选择。[伯恩斯坦是一位社会学家，他所使用的术语"语码"（code）区别于语言学中的"编码"（code）。例如，正在学习两门语言的幼儿在由一种语言向另一种语言转换时依赖于所听到的语言是哪一种，这被称作"编码转换"（code switching）。在同一句话中使用两种不同语言中的单词或词组，被称为"语码混合"（code mixing）]。

方言、语域和规范英语

在介绍父母与婴儿游戏时如何使用"妈妈语"或"婴儿指向语言"以及父母与年龄较大的幼儿对话时如何使用"幼儿指向语言"时，我们引入了"语域"（register）概念（p. 13）。"语域"通常被定义为根据谈话的对象或社会情境改变谈话的方式。例如，当与婴儿或学步儿交谈时，我会分别使用"婴儿指向语言"和"幼儿指向语言"；而当与教师谈论这个孩子时，我马上会改用新的语域。我懂得如何在面对稍大的幼儿时使用"幼儿指向语言"，而在教育青少年时改用一种不同的语域。现在我也能够不假思索地完成这种语域的转换。

英语"方言"（dialects）是指英语的各种变式，通常包含不同的词汇和语法变化，并且经常具有某种特殊的口音。方言通常起源于某个特定城市或地区，外地人会觉得很难听懂。伦敦腔（cockney）是伦敦东部的一种方言，而伦敦其他地方的语言听起来比伦敦腔更温和一点。方言通常非常丰富，通常使用更简洁的单词或词组来描述某种观点（见案例5.3）。然而，方言与全国广泛使用的规范语言（包括口语和书面语）存在很大差异。

"规范英语"（Standard English）是英语的一种更加正式的变体，经常被用于官方文书和学校教育中。规范英语在全球范围内有很多不同变式，比如在北美英语中就有很多不同的词汇或其他被接受的语法规范（例如在美国，可以用"gotten"表示"收到"，用"have him come over here"表达"让他来这儿"。但是，在规范英语中，则只能用"got"表示"收到"，用"make him come over here"表示"让他来这儿"）。

对于讨论如何在不同场景中更好地与幼儿交流、支持父母在家庭中发展幼儿的语言能力来说，"方言""语域"和"规范英语"这三个概念有至关重要的作用。但是，有些成人不顾谈话对象，一味地使用方言而不注意转换语域。例如，我认识一个叫约翰尼（Johnny）的言语和语言发展迟缓的小男孩，他的父母在家一直使用伦敦腔的方言对他说话。当我与他妈妈交谈时，她便转换为一种非常不正式的英语语域。她跟我打招呼或跟我电话交流时，会说"好了，Mate"而不是"好了，Mike"。小男孩的爸爸坚持用一种非常不正式的语域跟我对话，其中包含了大量骂骂咧咧的话。他的妻子经常提醒他"不要那样跟Mike说话，他是教授"。

约翰尼的语言发展迟缓并不是由于他的父母都使用伦敦腔这种方言，而是因为他有听力障碍问题。约翰尼和案例5.3中的史蒂文（Steven）一样，他们都直接模仿了父母的对话语言。当我跟他对话时，我使用"幼儿指向语言"，而不是伦敦腔方言，因为"幼儿指向语言"能够更好地帮助他理解我说的话，同时也能丰富他的词汇量。他的父母使用语言的特点之一就是经常使用一些非特指性的词，如"物质的"（thingy）、"玩意儿"（whatsit）和"诸如此类的东西等等"（whatnot）。我从这儿也获得了启示，如果约翰尼的父母努力尝试使用更丰富、更有特指性的词汇与他说话的话，那么约翰尼的语言发展一定会从中获益。于是，我鼓励他的父母与约翰尼一起读故事书，从而扩展他倾听规范英语的经验。

需要强调的是，前文对于不同方言以及非正式语域的描述并不是说它们比规范英语差，而是说随着幼儿不断成熟，他们需要不断被置于或自身参与到使用不同英语形式的环境（如学校）之中。在后面的第 8 章中，我们将进一步探讨教师意识到不同的语域并加以利用以及在不同场景中设置不同的英语规范的重要性。

【案例 5.3】史蒂文和"哼"：受限语码的例子？

史蒂文 4 岁 9 个月，正在上一所小学的学前班。他的姐姐卡罗琳（Caroline）经常与他们的妈妈争吵。史蒂文来自伦敦的一个工薪家庭，说话时带有浓重的北伦敦口音。史蒂文和他的老师刚刚分享完《洗唰唰夫人》（*Mrs Wishy-Washy*）这本书，书中讲到一些农场动物刚在洗唰唰夫人那里清洗干净后，马上又跳回泥堆里的故事（Cowley，1998）。

史蒂文：洗唰唰夫人对这些动物很"哼"（the 'ump）！

教师：哼？

史蒂文：是的，哼。非常的。

教师："哼"是什么？

史蒂文：你知道的。

教师：我想是的。你说的是什么意思？

史蒂文：哦，当卡罗琳不肯起床上学的时候，妈妈总对她非常"哼"。

教师：是不是像我因为班里的小朋友扔沙子而生气的样子？

史蒂文：不对，那是发脾气。

教师：你怎么知道我是发脾气而不是"哼"？

史蒂文：因为你说你是在发脾气。妈妈对卡罗琳说"如果你继续这样，我就会对你非常'哼'"。

教师：听起来是非常生气的样子。我把它叫作"恼怒"。

史蒂文：我想是的。对，"恼怒"，非常的。

史蒂文看上去像是生活在一个使用"受限语码"的环境中吗?"哼"这个词在伦敦的工薪阶层中经常使用,用来表达并不是非常"生气"(get cross),但又与"烦恼"(annlyance)不太一样。当你不得不唠叨地催促孩子起床上学时可以用这个词来描述。即使史蒂文的词汇量并不比班里的其他幼儿多,但他也能够讨论一些词的意义。然而,我们也可以看到,在与史蒂文讨论的过程中这位老师通过引入新的词来引导他学习语言,而不是使用史蒂文原来的语言方式。

反思与讨论

史蒂文的词汇量很有限吗?我们能否认为他的父母使用的是"限制语码"?其实这并不重要。然而,我们了解到在英国,很多幼儿学习成绩不好是因为他们的语言发展赶不上学校的教学。词汇量受限和表达想法需要帮助可能导致读写困难。

对此,你是怎么想的?

在家谈话:"差异"还是"缺陷"?

20世纪70年代,布里斯托尔研究(the Bristol Study)对128名13个月到入学前的幼儿的语言发展进行了追踪,记录并分析了幼儿在家里与家庭成员之间谈话(Wells,1987)。研究发现,幼儿语言发展速度的个体差异非常大,对录音的分析还发现,家庭中的对话不仅内容非常丰富,而且成人和幼儿都从对话中受到很大的鼓励。但是,这项研究并没有考虑家庭和社会经济等背景因素。在20世纪80年代中期的另外一项研究中,研究者比较了一组4岁女孩在家中与母亲的对话和在幼儿园与教师的对话(Tizard and Hughes,2002)。结果发现,不同家庭的对话存在数量和质量的差异,并且这些差异与父母的社会经济地位有关。这与布里斯托尔研究的结果一致。研究者在分析这组女孩在幼儿园与教师的对话录音后发现,在家中与父母的对话数量和质量要明显优于在幼儿园与教师的对话。韦尔斯(Wells,2009)也比较了在家中和在学校中对话的经验,发现了与蒂泽德和休斯(Tizard and Hughes)同样的结论:家庭中的对话内容更加丰富，比在其他环境中的对话更容易满足幼儿的发展需要，最终更加有利于幼儿的学习。

这些研究均发现，父母与孩子的谈话方式存在很大的差异，同时也深入检验了"工薪阶层家庭中幼儿语言发展的环境是否是有'缺陷'"这一观点。戴维·伍德（David Wood）在其很有影响力的专著《幼儿怎样思考和学习》（*How Children Think and Learn*，1998）中重新阐述了这样的观点："与在学校中跟其他成人的学习相比，通过在家中与父母的谈话幼儿能够学到更多的内容。"伍德认为，许多幼儿在学校面临学习困难并不是由语言"缺陷"导致的，而是因为幼儿在向教师解释自己的想法时遇到了更大的难题。

【案例5.4】在家谈话：乔丹的妈妈和洗衣机

乔丹（Jordan）2岁3个月，埃维（Evie）3岁，他们住在同一栋公寓里。乔丹是埃维楼上邻居家的儿子，这两家的关系很好，孩子们也经常一起玩。乔丹的妈妈在当地一家医院的厨房里兼职，埃维的妈妈是一名教师。乔丹的妈妈在厨房里，正把要洗的衣服放进洗衣机。这时候乔丹想吃香蕉，来玩的埃维在厨房里徘徊。

乔丹：妈妈，"蕉蕉"！

妈妈：是"香蕉"。要说"请给我"。人家埃维都说了"请"，亲爱的你会说吗？等我一会儿，我把衣服放进洗衣机。

埃维：我妈妈也有一个这样的机。

妈妈：是吗？那你家的一定比我们这个安静吧！

埃维：我妈妈能听到你家机的声音。

妈妈：是呀，这台洗衣机就像个怪兽。哪，哪，哪！靠边让一下，亲爱的。看看这些衬衫，多脏呀！

乔丹：请给，我的要蕉蕉！

（妈妈无视乔丹的请求，继续往洗衣机里塞衣服。）

乔丹：妈妈！

妈妈：再等一会儿！再等一会儿！看，我只有一双手（说着举起她自己的手给乔丹看）。一只，两只。递给我洗衣粉好吗？如果我不尽快洗衣服，天就要下雨了，我们不得不把这些衣服晾在屋里面了，那会很让人头疼的！

（乔丹从橱柜里取出洗衣粉）

妈妈：量杯也递给我吧。

埃维：我妈妈用的是同样的洗衣粉。

妈妈：是吗？

乔丹：我的放洗衣粉？我的按开关？

妈妈：那埃维呢？她能不能试一下呀？

乔丹：不行。

妈妈：来吧，小气鬼。你把洗衣粉放进来，让埃维放柔顺剂，然后你再按开关吧。

埃维："顺剂"是什么？

妈妈：什么，你妈妈不用吗？是让衣服从洗衣机拿出来的时候变得柔软的东西呀。

整段对话包含了后来的添加洗衣剂、调节按键等，一共持续了10分钟。妈妈虽然很忙，但知道两个孩子是不会让她安心洗衣服的，于是她让两个孩子参与洗衣服的准备活动。同时她也希望儿子能够学会等待，并改善他的发音。妈妈并没有专门给孩子上一节如何促进语言学习的课，但是通过刚才这段简短的互动却达到了这一目标。诚然，妈妈使用的是北伦敦的方言和口音，但这并不影响她与孩子之间的交流。她的洗衣机很"吵"，而埃维家的很"安静"；当天不下雨的时候要将衣服晾到"外面"去；如果在"室内"晾衣服会很"令人头疼"；可以用量杯来"量"洗衣粉；也可以用"柔顺剂"。毫无疑问，埃维已经懂得了洗衣粉和液体柔顺剂之间的区别。当她下次看到妈妈洗衣服的时候，她会尝试跟妈妈说她在楼上看到的这个洗衣服的过程。她甚至还可能问妈妈为什么不用柔顺剂。乔丹在这次对话中参与得并不多，但是他一直在用心地倾听，并跟妈妈谈判。

埃维的妈妈在跟埃维对话的过程中没有很重的伦敦口音，也没有使用方言，她与埃维谈话的内容和乔丹与妈妈的谈话内容很像。埃维的妈妈是一名教师，很可能用另外一种方式告诉埃维自己很忙，但信息的内容是一样的，如："当要求你等待的时候，你必须要安静地等待。只有你能帮上忙的时候才会让你参与我正在做的事，并参与到讨论中来。"

> **反思与讨论**
>
> 案例 5.4 中，乔丹的妈妈使用了一种温和的伦敦方言，说话时带有伦敦口音。例如，她说："你妈妈不用（don't）它吗？"而规范英语中使用"doesn't"作为助动词。然而，这种差异并没有影响埃维理解乔丹妈妈的话。乔丹妈妈是一口标准的伦敦口音，如当她说"是她关掉了吗"的时候就用了"don't"（而不是 doesn't），而埃维的妈妈却不说伦敦方言。
>
> 乔丹妈妈的伦敦方言和口音有没有限制乔丹谈话和语言能力的发展及学习？
>
> 相对埃维妈妈的规范英语，乔丹妈妈的语言和发音是否有"缺陷"？

有效学前教育项目与家庭学习环境

有效学前教育项目（The Effective Provision of Pre-school Education Project，EPPE）是一项涉及 3000 名幼儿、141 个不同教育机构的长期追踪研究，该研究报告描述了早期教育对于 3—4 岁、6—7 岁儿童的影响（Sylva et al., 2010）。该项目的一些早期发现和后期的分析均强调了"家庭学习环境"（Home Learning Environment，HLE）的影响。在"积极的家庭学习环境"中，父母会让幼儿更多参与对话，包含唱歌、学童谣；当幼儿初具能力时，父母就帮助幼儿理解一些简单的数字和字母–发音关系。积极的家庭学习环境对于幼儿早期（在家庭）和后期（在学校）的学习能力产生了长久的影响（同上）。尤其是，这些与父母之间的积极互动经验对幼儿的"自我管理"有重大影响，也就是说，在这些积极互动的过程中，幼儿因得到成人的激励而积极参与并认真思考自己的学习过程（Stewart，2011）。在有效学前教育项目（EPPE）基于实证数据分析的许多发现中，有一段关于幼儿家庭经验的引文与本节讨论的内容十分相关。

对所有幼儿来说，家庭学习环境的质量之于幼儿智力和社会性发展远比父母的职业、受教育程度或经济收入等更为重要。父母如何对待孩子比父母是谁更加重要。（Sylva et al., 2004: 1）

我们会在第 6 章在详细探讨教师和幼儿之间的有效沟通时再回来讨论有效学前教育项目（EPPE）。

行动的必要性

美国的哈特和里斯利（Hart and Risley）进行过一项研究，影响非常大。该项研究追踪了 42 名幼儿从 8 个月到 3 岁的发展情况。其中，13 名幼儿来自中产阶层的家庭，23 名来自工薪阶层的家庭，6 名幼儿的家长接受社会福利（Hart and Risley, 1995）。对收集到的录音数据进行分析发现，来自不同家庭背景的幼儿在所处环境中的谈话数量、幼儿参与的谈话质量等方面存在很大的差异。其中的一项指标"一小时内幼儿所听到的单词数量"在不同家庭之间存在差异：中产阶层家庭中的幼儿平均听到 2100 个单词，工薪阶层家庭的幼儿听到 1200 个，而接受社会福利的家庭只有 600 个。数据还显示，在中产阶层家庭中家长与幼儿对话的时间是接受社会福利家庭的两倍。

英国的一家幼儿慈善机构"我会"（I CAN）在一份在英国影响较大的报告《幼儿缺乏沟通的国家代价》（*The Cost to the Nation of Children's Poor Communication*）中就引用了哈特和里斯利的研究成果。报告将学龄幼儿缺乏沟通与生活贫困和处境不利联系起来（I CAN, 2006）。报告还指出，幼儿正在遭受因在家缺少互动而导致的"语言贫乏"问题的困扰，语言贫乏问题主要与家庭收入低和家庭贫穷相关。在这份报告中我们还可以看到，在英国的一些地区，有将近 50% 的 5 岁以下幼儿存在"短暂的"因语言贫乏而导致的特殊言语和语言障碍危机。这些幼儿出现言语和语言障碍并不是因医疗条件和发展迟缓而造成的，而是由语言经验有限导致的，即互动有限，参与的语言互动或听到的语言数量少、质量低。

这份报告强调，当教育机构能够创设"支持交流的环境"，提供经验丰富且经过一定培训的教师指导时，这种短暂性的语言困难现象就能明显减少。这份报告的结论是，如果不马上行动起来，那么许多幼儿就有可能会出现人际关系困难、在校学习成绩不良等问题，而这些问题将直接导致未来的社交问题和职业前景危机。

《伯考报告》（*The Bercow Report*）（Department for Children，Schools and Families，DCSF，2008a）是一份关于幼儿交流障碍的全国性报告。它与"我会"慈善机构的报告一起使英国政府对此做出了反应。在2009—2011年三年间，英国政府在全国幼儿教育机构中投入5000万英镑的资金，以实施"每名儿童即一个交谈者"（ECaT）项目。该项目旨在通过提升教师与幼儿的有效交流来减少因语言贫乏而导致的语言发展问题，通过政策实施、实践和行动来提升不同教育机构中的交流环境，同时影响家庭中父母与幼儿之间的交流（DCSF，2008b，2009a，2010）。

在教育机构中发展语言，影响家庭谈话

个案研究 5.1

2岁3个月的哈里：从大喊"我的！"到主动说出"接着我！"

哈里（Harry）来自一个"弱势"家庭，在幼儿园经常需要别人的帮助。这个家庭的弱势部分源自哈里的父母在哈里很小的时候没有与他建立很好的关系，这使哈里难以与父母建立积极的依恋关系。哈里的父母曾经出现过药物依赖和酒精依赖问题。母亲与哈里互动时一直使用命令型互动，语言中包含禁止性的词语（经常说一些威胁性的惩罚语言，尽管从来没有真正惩罚过他），这造成了很多争吵。哈里的游戏经验也很少，并表现出比教育机构中其他同龄幼儿更多的言语和语言发展迟缓问题。哈里话很多：他向其他幼儿吼叫，总是希望通过"含糊不清的谈话"和一些单个的词加入别人的对话，使用的主要单词是"我的"。

哈里说"我的"时，可能是想表达以下几种意思。

那是我的！（不许你拿走！）

我想要那个东西！（所以给我那个东西！）

是我。

抱我！（通常会向成人张开双臂。）

哈里开始自发地模仿一些成人对他用过的单词和短语，教师们认为这是进步的表现。哈里与其他幼儿一起玩，但如果其他人从他那拿走某件东西，比如沙盘里的塑料铁锹时，会哭着大喊"我的"。如果那个孩子不把东西还给他，他会拿起这件东西用力攻击那个孩子。在一位言语和语言治疗师的帮助下，教师探讨了如何通过增加哈里的词汇量来帮助他成为一名有效的交谈者，增加他的幸福感，减少他对其他幼儿的攻击行为。

开始的时候，成人会在哈里说"我的"表达被抱起的希望时帮他构建合适的语言模型。如，当哈里向成人张开胳膊并大喊"我的"时，成人会说："你是希望我抱你吗？"

之后哈里会说"我"，然后成人会去抱他。随后哈里想被人抱的时候就会说"我"，慢慢发展为会说"抱"。

同时，他的表达性词汇发展迅速，并开始使用一些策略来达成目的。比如，当有其他孩子拿走他的东西时，他会说："不要，那是我的。"（而不是大哭并攻击别人，较之前这是一个进步。）

这是教师发展哈里交流能力所尝试的多种方法之一。幼儿园园长、哈里的关键人与哈里的父母会面，并描述了他们所使用的策略。哈里的母亲很感激，并在带哈里外出或在家的时候使用这种策略。

干预的下一个阶段是让哈里与父母参与"浸入"环节（指幼儿、父母和当地家庭工作者一起探索游戏活动，并讨论如何在家庭中延续这些活动），以此来影响哈里的家庭学习环境。

哈里表现出的言语和语言发展迟缓以及与其他幼儿的社交问题是由于他在家缺少积极的互动和游戏经验。言语和语言治疗师的参与帮助教师获得了一种行之有效的处置策略。哈里的关键人和他的父母分享了相关的想法，同时社区幼儿中心的家庭工作者帮助实施了具体的活动。这种支持家庭参与的"联合式"方法是"每名儿童即一个交谈者"（ECaT）项目提供的一个培训创举。

个案研究 5.2

手势学习——感情与行为：通过言语和手势表达感情

在卢顿"每名儿童即一个交谈者"（ECaT）项目结识的休·托马斯（Sue Thomas）和卡特娅·奥尼尔（Katja O'Neil）都意识到，发展幼儿的词汇能够帮助他们充分表达自己的想法和探索新观念。卡特娅很熟悉英国手语（British Sign Language，BSL），休有很丰富的早期教育咨询经验，他们共同开发了几个方案，统称为"手势学习"（Sign 4 Learning）项目[①]。这一项目旨在促进幼儿对讲故事、数学、写作和语言发展关键概念的理解与表达。教师在培训中学习英国手语中的一些关键手语，并在组织幼儿学习"手势学习"项目开发的故事、歌曲等活动中使用。

在"手势学习——感情与行为"方案中，幼儿学习一些关键的英国手语，来帮助他们更加准确地表达自己的感受。具体活动包括与方案提供的两个洋娃娃交朋友，通过故事和唱歌等活动帮助洋娃娃做出"正确的选择"，同时挖掘他们自己的真实感情。卢顿市查佩尔街托儿学校和幼儿中心的负责人朱莉娅·米勒（Julia Miller）高度评价了这一项目对幼儿行为和情感的作用。

我们发现，（项目实施后）两岁多的孩子更加放松。这可能是由于"担忧"和"沮丧"之类手势的学习更加准确地描述了他们的情感。所以，根本不用问孩子："你感觉悲伤吗？"你和孩子都可以更加准确而具体地提问。如果有人拿走了你的乐高玩具，你因此很生气，你可以与其他人讨论自己的真实感受。我们都了解"愤怒"的姿态，并能够在合适的场合向孩子表达出来。这种手语表达比仅在语言上谈论"悲伤"的情绪更加准确。这同时也能够促进幼儿的语言发展。感情也有积极的一面，能表达出自己非常"兴高采烈"比仅仅是表达"高兴"要好得多。

[①] "手势学习"项目是借用英国手语中的部分关键手势提高听力正常幼儿词汇学习的一套课程方案和学习材料包，由早期教育专家休·托马斯和手语专家卡特娅·奥尼尔合作开发，包括"故事""数学""书写""情感与行为"和"交往"等几个方面。——译者注

> 朱莉娅将幼儿在机构中较少出现发脾气的现象归因于幼儿能够使用手语并能够谈论自己的感受。言语和手势能够提升幼儿的理解能力和表达能力，这能够进一步增加幼儿的自信心和快乐情感。

"手势学习"项目的开发基于这样的认识：为了在学校和日后获得好成绩和成功，所有幼儿必须掌握十分丰富的词汇。休·托马斯和卡特娅·奥尼尔认为，教师应当得到外界支持，帮助幼儿获得这些词汇。从这一项目的几个方案中收集到的数据显示，这种目标词汇的发展对于幼儿在课程学习和社会性的发展方面有重要的影响。

小　结

无论人们对伯恩斯坦的语码、方言使用以及教育机构中的语言是否比家庭中更加丰富有怎样的看法，所有幼儿都需要学习尽量具体的词汇（对于这一观点大家不会有异议）。只有这样，幼儿才能去探索不同的想法，描述自己的感受，并与成人和同伴进行有效的对话。教师有义务帮助幼儿不断提升他们的语言质量。这可能表现为确保成人使用符合幼儿发展水平的语言、使用本章或下面几章提到的一些相关策略等。

关于幼儿语言经验有限的原因有多种解释。其中的关键因素包括幼儿与父母互动的质量、语言的数量和类型。同时，贫穷、父母的社会地位和教育背景对于成人如何与幼儿对话有很大影响。英国的许多幼儿选择了全天托管，并且大部分幼儿将选择早期教育机构。因此，在教育机构中，幼儿所经历的语言类型对于他们未来在学校及以后的成功有关键性影响。幼儿用语言谈论脱离情境的物体和事件的能力尤为重要。父母有责任、教师有义务为幼儿创设语言环境，以确保幼儿接受到的语言符合他们的现有发展水平，他们参与的交往具有挑战性，并能够促进他们的语言和学习向前发展。在第 6 章中，我们将用实例来探讨高质量的会话究竟是什么样子。

> ## 反思与讨论
>
> "每名儿童即一个交谈者"（ECaT）项目的发起是基于前期关于"不同幼儿家庭语言经验存在重大差异以及'语言贫乏'的潜在影响"的报告。
>
> 你认为语言贫乏是否真的存在？
>
> 经常有人提出父母过度使用手机、让幼儿看过多的电视和电脑、吃饭时不再与孩子一起坐在桌前专心吃饭等原因可能导致了幼儿语言发展的衰退。你的观点呢？
>
> "父母的做法比父母的身份更重要。"（Sylva et al., 2004）你怎么看这一观点？
>
> 作为一名学习者，想象在你的个人经历中，父母的说话方式是否影响了你的成就？

延伸阅读

Clegg, J. and Ginsborg, J.（2006）*Language and Social Disadvantage: Theory into Practice*. Chichester：Wiley.

Wood, D.（1998）*How Children Think and Learn*. Oxford：Blackwell Publishing.

 有用的网站

Sign 4 Learning

www.sign4learning.co.uk （accessed 25 May 2015）

This website gives detailed information on training courses to develop children's use of key signs and talk, to promote wellbeing, positive behaviour, language, literacy and numeracy.

Talk4Meaning

www.talk4meaning.co.uk （accessed 7 August 2015）

My own website, with information about language development and ideas for developing children's communication.

第 6 章

日常活动中的有效师幼交流

内容提要
- 探讨幼儿在不同言语和语言发展阶段进行有效会话的案例；
- 引入"持续的共同思考"（SST）概念；
- 总结如何鉴别有效交流和"持续的共同思考"。

鉴别有质量的互动：持续的共同思考

在对语言及早期学习的影响的相关研究文献进行综述时，莱利和里迪提到幼儿对"真实会话"和"敏感性交互"的需要（Riley and Reedy，2007）。韦尔斯在反思布里斯托尔研究时解释了为什么说是幼儿自己努力构建了自己的语言，而成人则通过对幼儿说话意义的反应以及调整与幼儿谈话的方式来提高幼儿的理解能力（Wells，2009）。这些对年幼儿童和患有听力障碍幼儿的有效交流过程的观察结果与伍德夫妇（Wood and Wood，1984）的相关研究结论一致。伍德夫妇研究了成人的不同会话风格如何促进与有严重听力障碍的幼儿之间的交流效果，相关内容已经在第 4 章做了介绍。这其中包括成人假设幼儿有重要的话要说，需要成人花时间给予回应，并重点关注幼儿试图传递的信息，而不仅仅是他说了什么。一句话，成人对幼儿的回应方式反映了成人"应答型的会话风格"。

有效学前教育项目（EPPE）是一项综合性的长期追踪研究，考察了不同教育机构中幼儿的发展现状。研究结果显示，尽管在研究之初，幼儿在发展水平上存在很大差异，但是一些优秀的教育机构比其他机构能够使幼儿获得更大的进步（Sylva et al.，2004）。学前有效教学研究（Researching Effective Pedagogy in Early Years，REPEY）的重要任务就是探讨为什么一些教育机构比其他教育机构能够更好地促进幼儿的学习，优秀的教育机构是如何做到的等问题。

学前有效教学研究（REPEY）团队对优秀的幼教机构进行了小样本分析。他们注意到，在这些幼教机构中，幼儿的学习氛围非常好，自然发生的师幼之间的会话大量存在，而且会话内容丰富，细节详尽。这样的会话通常源自幼儿的兴趣，旨在让教师和幼儿共同探究幼儿正在做的事情，还会产生一些新信息、新知识。幼儿很容易就在不知不觉中发现并吸收这些新知识、新信息。这样的会话时间较长、内容详细，足以有效地支持幼儿思考和学习。实际上，在这一过程中，成人是在帮助幼儿进行知识探索。维果茨基认为这一过程非常适合学习，布鲁纳称之为"支架式学习"（scaffolding）。正是这些发现激发了研究团队将"持续的共同思考"（Sustained Shared Thinking，SST）这一概念应用到有效促进学习的高质量会话之中（Siraj-Blatchford et al.，2002；Sylva et al.，2010）。目前，"持续的共同思考"（SST）已经被公认为高质量幼教机构最重要的特征之一（Brodie，2014）。

所谓"持续的共同思考"，指的是当"两个或两个以上的个体以一种理智的方式'共同参与'问题的解决、概念的澄清、活动的评估、故事的续编或改编等活动时，参与各方都必须对这一思考过程做出贡献，思考过程本身需要不断发展、不断延伸"（Sylva et al.，2004）。有效学前教育项目（EPPE）重点研究 3 岁以上的幼儿，而到 3 岁时许多幼儿已经成为有效的交谈者，也非常自信。成人和幼儿还会在游戏和其他活动过程中相互交谈。但随后，幼儿逐渐能够用自我对话（自言自语）的方式探索新的想法，如向教师描述刚发生的某件事或家里某人说过的话。如果成人能够理解幼儿的发音，并且幼儿有足够的理解能力和表达想法的能力，那么幼儿就能够比较容易地参与与成人之间的对话。因此，我们不禁提出这样的假设：只有幼儿同时具备熟练的交流技能和较高的语言发展水平，"持续的共同思考"才会出现。

然而，凯西·布罗迪（Kathy Brodie）和詹妮·克拉克（Jenni Clarke）却并

不这样认为。她们提出，"持续的共同思考"这种丰富而有益的参与方式在处于前语言期的婴儿、语言学习初期的幼儿以及有特殊交流需要的年长儿童身上也可能会出现（Clarke，2007； Brodie，2014）。在下面的案例中，我们会阐释教师如何才能帮助不同年龄的幼儿扩展思考范围，提高语言技能。在这些案例中我们还可以看到，在偶发的社会互动——各种由幼儿自主决定干什么的活动中，和由成人指导的活动中，教师怎样才能引发幼儿参与自发的会话。然而，我们需要回答的问题是，这些案例是真正体现了"持续的共同思考"，强调探索知识和扩展幼儿思维，还是这些案例中的会话显示了教师在重点支持幼儿的语言和社会性发展？

重点支持语言发展（如通过扩展幼儿的词汇和语法）和主要体现"持续的共同思考"之间也许并不存在明显的区分。有人甚至可以辩称，通过支持幼儿的语言发展，事实上教师也在不知不觉中提高了他们的思维能力。然而，"持续的共同思考"之所以被确认为一个独特的过程，是因为成人鼓励幼儿参与的会话能够提升幼儿的思维能力。成人与一个或一组幼儿谈话可能会完成如下活动。

- 讨论如何解决问题；
- 讨论他们的问题是否已经解决，或是否还需要想出其他解决方案；
- 共同思考一个观点或想法；
- 共同谈论幼儿和成人都参与的一件事或一项活动；
- 谈论一项活动进展如何，如为什么这项活动很有趣；
- 分享故事，并讨论故事的具体情节。

幼儿和成人都需要感受他们是在平等地谈话，这意味着成人要认真对待幼儿的想法。然而，成人实际上正在扮演的角色有：一个比幼儿知识更加丰富的人，一个能够引发幼儿深入思考的人——引发他们思考一个特殊问题的方式，或引发他们思考并理解外部客观世界和生活在其中的人。

由于"持续的共同思考"涉及谈话的细节，在一定时间内不会受到别人的打扰，因此在教育机构中人们并不会每时每刻都关注它的存在。对此，杰尼·赖利（Jeni Riley）给出如下解释。

即使在一些最有效的教育机构中，"持续的共同思考"也比较少见，原因在于它无法预设或事先规划，需要知识丰富的成人在它出现的时候及时抓住机会与幼儿展开扩展性的会话。

在赖利看来，"知识丰富的成人"应当对作为学习者的幼儿非常敏感，也应懂得如何利用幼儿的兴趣来拓展他们的思维，鼓励他们通过有意义的对话来思考自己的思维过程（Jeni Riley，personal communication，2014）。

基于上述对"持续的共同思考"的内涵的分析，我们可以判断下面这个案例（案例中的教师能够非常娴熟地与幼儿互动，互动过程中对幼儿的需要也非常敏感）展示的主要是在拓展幼儿的语言还是在真正引发幼儿参与"持续的共同思考"。

【案例 6.1】有意义的交谈：窗边的汤姆（1；0）

汤姆（Tom）已经在当地托儿所的宝贝教室学习了 3 个月，他的姐姐凯瑟琳（Kathleen，3；9）在这家托儿所的学前班里。宝贝教室的窗户朝向外边的游乐场地。汤姆正在与他的老师曼迪（Mandy）分享一本故事书。曼迪刚来宝贝教室不久，正在努力学习"跟上"幼儿的思路。

汤姆（兴奋地指着窗户）：嗒嗒！嗒嗒！

曼迪老师：噢，那是什么？外边有什么东西吗？

汤姆：嗒嗒！

曼迪老师：外边是什么？我们一起去看看？

汤姆（从曼迪老师的腿上滑下来，仍然指向窗户）：嗒嗒！

曼迪老师：我们来看看。（抱起汤姆，把他带到窗前。）

（汤姆指着窗外的东西。他们能看到外边有一棵树、几只小鸟，一辆车停在街上，还有孩子在玩耍。）

汤姆：嗒嗒！

曼迪老师：你看到什么了？听到什么了？是小鸟在叫吗？

（汤姆摇着头，敲着窗户。）

> 曼迪老师：是车的声音吗？不是？是树吗？你喜欢树吗？
>
> （汤姆笑着，敲着窗户。）
>
> 曼迪老师：我知道了，你看到凯瑟琳了！她在那儿，快朝她挥手！
>
> 汤姆（敲着窗户）：嗒嗒！
>
> 曼迪老师：你听到凯瑟琳在外边玩了吗？真是个聪明的小男孩。快朝她挥挥手，看看她能不能看到我们。说"凯瑟琳，你好"！
>
> 汤姆（非常兴奋）：嗒嗒！
>
> 汤姆和曼迪老师在窗户边又待了3分钟，直到凯瑟琳离开他们的视线，汤姆听到宝贝教室的门开了。开门声吸引了汤姆的注意力，曼迪老师就带他回来继续一起看书，一直到看完。

我们可以看到，在这个案例中，成人和幼儿都在尝试跟上对方的思路，曼迪老师的举动让汤姆觉得她在努力地了解汤姆要传达的意思。

曼迪老师说的话	曼迪老师要传达的意思
"我们一起去看看？"	我会陪你一起去玩。
"你看到什么了？听到什么了？"	我想了解你，我说的话能让你理解。
"你看到凯瑟琳了！"	我在教你学习一些能够表达想法的单词。
"你听到凯瑟琳在外边玩吗？"	我刚引入了两个新的单词（"外边""玩"）。
"真是个聪明的小男孩。"	我在夸奖你的努力，我喜欢跟你谈话。

（在这个案例中）汤姆想要解决的问题是："我想可能是我的姐姐凯瑟琳在外边玩，我怎样才能确定是不是她在外边呢？我要尝试去说话，看看会发生什么。"当曼迪老师和汤姆走到窗前时，曼迪老师的任务是帮助汤姆解决另外一个问题："我们该如何相互交谈？"曼迪老师非常了解汤姆的姐姐凯瑟琳，也就能够懂得弟弟汤姆的想法。于是，她"根据事实进行推理"，能够又快又准地推测出汤姆想要传达的意思。但是，如果曼迪老师错误地理解了汤姆的想法，我们该对他们之间的交谈做出怎样的评价呢？这是不是一个"失败的交谈"？事实并非如此，即使曼迪老师没有理解"嗒嗒"的意思是"我听到凯瑟琳在外边"，她也能够帮助汤姆学习关于交谈的一些重要知识。

- 如果我尝试说话，那成人会做出回应；
- 成人会竭尽所能理解我想表达的意思；
- 即使我们彼此没有完全理解，虽然有点让人烦心，但这并不是世界末日；
- 这个大人回应了我，她愿意停止我们正在进行的活动去做我更加感兴趣的事情；
- 虽然这次我们没有成功交谈，但是这个大人让我感觉很好，所以下次我会继续尝试跟她对话。

在这个案例中，正是汤姆的惊叹"嗒嗒"使曼迪老师暂时放下正在进行的图书分享活动，而陪着汤姆来到窗前。曼迪老师使用了同样的惊叹词"噢，那是什么？"以回应汤姆的惊叹。这表明曼迪老师直觉地了解到：如果幼儿兴奋地呼叫，那自己应该相应地做出回应。

以上这些信息来自我的一段 5 分钟的随机观察。之所以使用"直觉地"一词描述曼迪老师的举动，是因为她对汤姆的回应是自动化的。但是，曼迪老师是一个经验丰富又尽心尽力的老师，懂得自己的主要任务是提升幼儿的幸福感，发展幼儿的语言和促进幼儿的学习。这些年来，她已经在观察、指导和试误中学到了很多，因此在刚才的情境中她的反应也是专业性的体现。同时，她也非常享受自己的工作。

尽管在这个例子中，幼儿和成人为了实现共同理解而成功地跟上了对方的思路，但这并不是"持续的共同思考"。

【案例 6.2】通过谈话解决问题：普利亚（1；6）、两个成人、水和雨靴

在宝贝教室，普利亚（Priya）刚刚醒来，莉萨（Lisa）抱起她来到室外，其他孩子正在从大水桶往小水桶里装水。普利亚睡觉的时候，莉萨正在室内值班。这天天气很暖和，但由于室外大水桶旁边的地面已经变得泥泞不堪，孩子们都已经穿上了雨靴。

普利亚（兴奋地指着在玩耍的孩子）：水！水！

莉萨老师：是呀！小朋友们都在玩水！

普利亚（挣扎着要下来）：水！普利亚！水！

莉萨老师（将普利亚放下来，蹲下，以便与普利亚保持同一视线）：你想来试试吗？你想去玩水吗？

普利亚：是！是！

莉萨老师：你想去玩吗？好的，那我们先找到你的雨靴。

普利亚：不！不！

莉萨老师：你的鞋子会变得又湿又脏的。我们需要穿上雨靴。

（莉萨老师带着普利亚到室内，但普利亚开始抗议。）

莉萨老师：没关系。我们穿上鞋子就可以出去玩了。

（莉萨老师带着普利亚回过头来，将普利亚的小手递给另外一位教师乔茜。）

莉萨老师：普利亚，你要跟乔茜（Josie）老师待在一起。你跟乔茜一起看看其他的小朋友。莉萨老师去给你拿雨靴。

普利亚（对着乔茜老师）：普利亚！水！鞋子！

当莉萨老师去取普利亚的鞋子时，乔茜老师跟普利亚谈着其他小朋友的活动：去水龙头那儿，往外喷洒水，装满小水桶，看看他们弄得到处都是泥巴。在这段实况转播中，普利亚什么也没说，只是静静地看着其他小朋友并倾听他们发出的声音。（也许她在想，为什么莉萨老师去了那么久，是不是根本就不会回来了！）

莉萨老师把鞋子取回来了，乔茜老师回到其他孩子身边。莉萨老师边给普利亚穿鞋子边对她说："这些鞋子很好，会保护你的小脚丫，使它们保持干燥，你能自己穿鞋子吗？你能这么耐心地等待真是太棒了。"

普利亚非常确定自己要加入玩水的活动，并通过惊叫和一些简单的单词清楚地表达了想法。成人以同样兴奋的声音回应普利亚的呼喊，又一次开启了双方对话的可能。莉萨老师的回应"是呀！小朋友们都在玩水！"是在扩展普利亚的单个词"水"，同时使普利亚明白莉萨老师知道自己在说什么。莉萨老师继续等待普利亚做出回应，普利亚大喊："水！普利亚！水！"于是，莉萨老师明确了普利亚想去玩水。这继而引发了她们关于需要解决的问题的对话，也就是需要穿上雨靴。

莉萨老师将普利亚交给乔茜老师照顾，乔茜老师继续跟普利亚展开以成人和幼儿都能看到的活动为主题的"实况转播"。这一过程为普利亚提供了表达自己想法的语言表达模式，同时也让普利亚非常强烈地感受到"莉萨老师去取雨靴的时候，这个大人非常关心我，并和我在一起"。与案例6.1相似，这一段对话也有可能出现非常不同的结果：普利亚有可能直接拒绝穿雨靴；莉萨老师有可能找不到雨靴；这个幼教机构的负责人有可能刚好走到门口，并跟莉萨老师交谈几分钟，以致耽误她去找雨靴。只要大人能够谈论他们面临的一些问题，这段对话就不算是"失败的交谈"。例如，大人可以说："我想知道莉萨老师到底去了哪里？"也可以说："莉萨老师没找到你的雨靴，但这里有一双备用的。穿这一双吧，靴子看上去很漂亮！看，每只靴子上都有一只小青蛙。你的靴子上有什么图案呢？"

以上案例是不是"持续的共同思考"呢？或者说它只是一段普通的成功互动？成人和幼儿是否在"以一种理智的方式共同解决问题"？"你需要穿上雨靴，不然就不能去玩"是一个非常大的问题，成人通过交谈向幼儿说明问题所在（不穿雨靴不能玩），以及如何解决问题（穿上雨靴）。普利亚表示自己不想去室内，于是两个大人通过交谈向她解释如何解决这一新问题（普利亚不想去室内，于是跟另一位成人在室外等），成人与幼儿当然可以相互合作，使这一问题得以解决。

这段互动中有没有体现出"理智"的方面呢？普利亚不想穿雨靴并提出抗议，于是成人用通俗易懂的语言指出问题并提出解决方案：我们需要穿上雨靴玩耍，这样你的鞋子才不会变得又湿又脏。成人通过语言向幼儿呈现了其中的因果关系：不穿雨靴去玩耍会弄脏鞋子，这使普利亚冷静下来，变得更加理智，也让她更加安心和高兴。这样的会话也进一步提升了普利亚的语言理解能力。她如果再次遇到相似的情况，就可以在成人的指引下再次展开另一段有关穿雨靴的讨论，会话可能会更加深入，那么，我们就可以说这样的会话具有"持续的共同思考"的特征。

然而，从实际情况来看，在刚才讨论的这个案例中，会话主要是用以促进社会情感的发展的。

这段会话从很多方面看都很成功，原因在于在活动过程中，在乔茜放下正在做的事情而与普利亚待在一起时，还有其他成人可以代替她的工作。莉萨老师可以临时将普利亚交给乔茜照顾，这就避免了莉萨老师和普利亚之间可能出现的面对面冲突，同时也可以让乔茜老师与普利亚继续谈论刚才的话题。乔茜非常专业地蹲下来，尽量与普利亚的视线保持一致，同时讨论她和普利亚都能看到的事情，也就是说保证他们谈论的内容与他们共同关注的对象有关。在这段会话中，两位老师的举动是高度专业性的体现，其中包括她俩共同认识到，积极地使用语言有利于幼儿情绪的稳定，能够促进幼儿情感和语言的学习与发展。案例6.1和案例6.2中的会话是实时发生的，因此看上去很偶然，但是由于活动现场有足够的成人，所以这样的会话可以不紧不慢地持续进行。（在第7章中，我们还会就成人的配备及其对幼儿语言、社会性发展以及学习的影响等主题展开进一步的讨论。）

与谈话高手对话

下面几个案例的录音来自一所托儿学校，录音时艾登（Aiden）3岁9个月。15个月以后，艾登在当地小学刚上完一年级就被诊断为阿斯伯格综合征（Asperger's syndrome）。作为一种特殊的自闭症，阿斯伯格综合征的主要症状是难以理解社会关系，尤其是难以理解他人的面部表情、语调等非言语信息。但是，阿斯伯格综合征患儿可能在其他方面表现正常或突出，如他们可能对特定话题有强迫性兴趣，言语和语言水平较高，并可能表现出超出一般水平的认知能力（Attwood，2008）。在进行这段录音时，艾登表现出了很显著的特征。

【案例6.3a】艾登、弗朗西斯卡和一大罐马麦酱

艾登与今早值班的老师萨姆（Sam）一起坐在餐桌旁，在接下来的30分钟内，萨姆的任务就是在孩子自己制作三明治的同时跟他们说话。桌上有很多馅料，如黄瓜片、番茄和芝士，还有一罐艾登非常喜欢的马麦酱。特别注意：没有花生酱。

艾登：我很讨厌花生酱，它黏糊糊的，还是褐色的，看上去像大便。

萨姆：但我非常喜欢花生酱。

艾登：我非常讨厌它。很多人讨厌它，它有很多细菌。

萨姆：细菌？那你要不要来点黄瓜片？
艾登：细菌能杀人，细菌是到处都是的微生物，但有些是有害的，有些是无害的。细菌到处都有，但大多数都在人们的手上和没有消毒的抹布上。
萨姆：消毒？你给你的手消毒了吗？就像漂白剂一样？
艾登：漂白剂很危险。你得稀释一下（才能用）。
萨姆：但你可以用香皂和水认真地洗手……
艾登：用香皂和水洗手，那……
〔弗朗西斯卡（Francesca）走进来，坐到萨姆的膝盖上。弗朗西斯卡4岁4个月，穿着一身雪白的裙子。〕
萨姆：你好，弗朗西斯卡。你饿了吗？还是你只需要抱一抱？
（弗朗西斯卡将拇指放在嘴里）我和艾登正在讨论他想要往三明治里放什么材料，是吗，艾登？我能猜到他想要什么。
艾登：弗朗西斯卡要去洗手。
萨姆：弗朗西斯卡？是的，她如果想做一个三明治，那必须要去洗手。让我们来问问她好吗？
艾登：不行。他必须洗手。
萨姆：让我们问问她是不是想做三明治。艾登，你问问弗朗西斯卡是不是想做三明治。
艾登：我需要马麦酱。马麦酱是用酵母做的。
萨姆：艾登，问弗朗西斯卡，"你要不要做个三明治？"如果她说"要"，那么她就要去洗手了。
艾登：弗朗西斯卡，洗一下你的手，做个三明治。
弗朗西斯卡：我不想做三明治，会弄脏我的裙子，我不想脱裙子。
艾登（提高音量）：洗手去。马麦酱在哪儿？洗手去。马麦酱在哪儿？
萨姆（跟弗朗西斯卡讲话，无视艾登）：我明白你的想法了，你是担心其他人会来拿走你的裙子吗？我们可以给你一件围裙。
弗朗西斯卡：好主意。艾登，你能给我一件围裙吗？
艾登：好的。
弗朗西斯卡（看着萨姆老师）：噢？

萨姆老师非常清楚地意识到，艾登喜欢详细讨论自己的特殊兴趣，及这种兴趣如何影响他与其他小朋友建立友谊的能力。与自闭症患儿相处的挑战之一就是是否能够进行双方都满意的交谈，也就是"基于共同利益话题的两个思想之间的会谈"（Brown，1973）。艾登的表达性语言发展得非常好，发音、语音、语法精准，也有很多高级词汇。对于艾登这么大的孩子来说，他确实深入掌握了关于不同事物的知识。他说的内容开始都十分有趣，但是当几次重复同样的话题之后，便不再有趣。萨姆老师已经多次经历这样的对话，对话中艾登总是试图上演关于自己喜欢的话题（如花生酱、马麦酱和细菌等）的独角戏。教师面临的挑战在于如何在帮助艾登与成人、同伴开展真正的对话的同时，防止他过分主导谈话，并使其滑向一个人冗长的独白。

通过了解艾登已经说过的内容，萨姆老师熟练地将话题带回到与艾登应该做的事情相关的主题上来。例如，当艾登开始自言自语说一些关于细菌的事情时，萨姆老师就将话题转到洗手上来，而洗手是制作快餐的基本流程。同时，萨姆也知道，与其他的自闭症幼儿一样，艾登经常会混淆代词的使用，如将"她的手"说成"他的手"，将"她不得不"说成"他不得不"，于是萨姆老师告诉艾登如何向弗朗西斯卡提问。但是，这部分谈话的录音摘录是"持续的共同思考"的案例吗？其实并不尽然，萨姆老师正在帮助艾登跟弗朗西斯卡说话（尽管艾登非常抵触）。艾登确实是在以一种理智的方式澄清概念，他遇到的问题是他能以理智的方式去接触一切事物，但却无法感知他人通过面部表情和音调表达出来的情绪信息。然而，艾登也在进行一些很重要的学习。

- 萨姆老师想要倾听我感兴趣的内容并会做出回应；
- 萨姆老师能够对我所说的东西设下界限；
- 我可以跟其他小朋友谈话，但有时我可能需要大人帮助。

那萨姆老师对弗朗西斯卡的回应呢？萨姆老师的回应让人觉得她能够自动地调整自己的交谈风格。她由刚开始需要去掌控艾登的谈话（以避免艾登的自言自语很快对他自己和其他人变得毫无意义）转换为对弗朗西斯卡做出较多的回应。换句话说，她可以在同一段交谈过程中将自己的互动风格由控制型转换为应答型。

但是,案例 6.3a 主要呈现了语言使用如何促进幼儿社会性的发展,而不是"持续的共同思考"过程。下面这个案例是上一段会话的继续,呈现的是萨姆老师在帮助艾登学习如何与弗朗西斯卡交谈的同时,如何帮助幼儿进行简短的知识探索。

【案例 6.3b】 艾登、弗朗西斯卡和有关马麦酱的讨论

现在弗朗西斯卡穿上了围裙,坐在艾登身边的椅子上。
艾登:我打不开瓶子!我摘不下盖子!
萨姆:艾登,你想让我帮你吗?
艾登:帮忙,是的,帮忙。
萨姆(拧开一半盖子):艾登,剩下的你自己打开。
弗朗西斯卡:那味道真臭!我讨厌那个味道!
艾登:我喜欢马麦酱,我不讨厌它。它是酵母做的,对你有好处……
弗朗西斯卡:它闻上去真的很恶心。我一点也不要。
艾登:马麦酱非常好吃。
弗朗西斯卡:我爸爸喜欢马麦酱。萨姆,你喜欢吗?
萨姆:是的,我很喜欢。我喜欢把它抹在吐司面包上。
弗朗西斯卡:但是,它太可怕了,会烧坏我的舌头的。
萨姆:是的,很奇怪,不是吗?有些人喜欢的食物味道,其他人却难以接受。
艾登:我妈妈很厌恶(detest)牛奶。
弗朗西斯卡:"distist"是什么意思?(实际为 destest,"厌恶"的意思,弗朗西斯卡听错了它的发音。)
萨姆:如果你厌恶某个东西,也就是说你非常非常非常不喜欢它。
弗朗西斯卡:每个人都喜欢牛奶,我喜欢牛奶。
萨姆:并不是每个人都喜欢牛奶,艾登的妈妈讨厌牛奶。
弗朗西斯卡:噢。
(此时会话中断,萨姆老师帮助小朋友选择加在三明治中的东西。)
弗朗西斯卡:我哥哥讨厌芝士,但我和妈妈喜欢。

> 萨姆：我很好奇，为什么会这样呢？
> 弗朗西斯卡：哥哥说吃芝士会让他拉肚子。
> 艾登：花生酱看上去像大便一样。
> 萨姆：也许，只是因为我们不喜欢它的味道呢？我们来问问鲁思（Ruth）对马麦酱有什么感觉。（鲁思校长正从旁边走过）
> 萨姆（朝着弗朗西斯卡和艾登）：给鲁思看下马麦酱，问问她喜不喜欢。
> 弗朗西斯卡：鲁思，你闻一下，你觉得它可怕吗？
> 鲁思校长：它的气味很冲，味道很强烈，但我喜欢它。只要往面包上抹一点就行了，我的外婆过去经常用它做肉汁。
> 弗朗西斯卡：噢。

在案例6.3b中，两个小朋友的发音都很清晰，弗朗西斯卡能够向萨姆老师和艾登说出复杂的想法，因而不需要让她停下来重复其中的任何内容，这对会话流畅度（conversational flow）很有帮助。这个案例展示了"持续的共同思考"的开始，弗朗西斯卡、萨姆开始理解"有人喜欢马麦酱的气味和味道，但也有人会非常排斥马麦酱"这一观点。艾登也能够在一定程度上理解这一观点。萨姆老师说了"是的，很奇怪，不是吗？"，表达了她对出现这种状况的原因也很好奇。她的表现非常专业。在会话自然中断之后，弗朗西斯卡又回到了困扰她的这个想法上。她告诉萨姆老师，她的哥哥不喜欢芝士，于是对于这个想法的思考虽然简短但还是得以延续。萨姆老师的回应是："我很好奇，为什么会这样呢？"这种"出声的思考"再一次展示了成人真的对此感兴趣，同时也为幼儿示范了思考思维过程的方法，如可以自言自语地问自己"我很好奇为什么……"等。

在对话的最后，弗朗西斯卡说"噢"。我们无法详细地了解她说这个词时大脑是如何思考的，但第一个"噢"似乎显示她在努力寻找问题的答案。在做好三明治之后，她又回来继续观察，讨论最后以"噢"结束。这表明这个小女孩可能会继续思考这件引起她好奇心的事情。成人的任务在于记录会话过程并思考以后如何再回到这个话题上，这样成人和幼儿就可以继续共同思考了。

现实中持续的共同思考

从案例 6.3a 和案例 6.3b 中我们可以了解到，成人可以花时间去回应幼儿的兴趣，与幼儿较长时间地深入交谈，这为幼儿提供了使用语言与人交往、拓展自己的想法所需要的时间。这些会话发生在一间非常忙碌的敞开式教室里，许多幼儿在其中进行着不同的活动，因此非常难得，这段对话没有其他幼儿的打扰，成人的注意力也没有被周围发生的其他事所干扰。在真实的情境中，所有的教育机构都非常忙碌，对教师的时间和注意力的要求也很多，这样很多有价值的会话并不能真正展开。但是，在这个幼教机构中，非正式的点心时间是常规日程的一部分，有几位教师通常站在餐桌旁。此时，除了看着幼儿吃点心和与他们交谈之外，她们并没有其他明确的任务。

我们无法得知第二天会发生什么，但是，同一位教师可以做出如下计划安排，以使这种探索得以延伸和持续。

- 在当天活动结束后跟弗朗西斯卡的父母谈一谈，介绍今天与孩子关于食物偏好的有趣谈话，这样可能会引发父母与孩子在家谈论这个话题；
- 在第二天的点心时间，跟弗朗西斯卡谈谈她喜欢和讨厌的东西。谈话可以这样开始："弗朗西斯卡，你还记得昨天我们谈过你讨厌马麦酱而艾登喜欢的事吗？你和妈妈喜欢芝士而你哥哥却无法忍受，对吗？我很好奇……"
- 让弗朗西斯卡做一个关于马麦酱的小调查，调查一下班里的小朋友和老师怎样看待马麦酱的气味和味道——对这些东西，人们似乎要么喜欢，要么讨厌。这样，可以让弗朗西斯卡有机会继续探索，同时也许还可以邀请其他小朋友参与讨论。（参考第 7 章的个案研究 7.4 中通过全班调查开展"持续的共同思考"的实践探究的相关内容。）

对弗朗西斯卡来说，案例 6.3b 仅仅是开始共同思考的一个案例，这种思考是否能够"持续"取决于萨姆老师和她的同事（某种程度上说还包括弗朗西斯卡的父母）在接下来的几天里如何跟弗朗西斯卡继续讨论这个话题。

幼儿的不同语言发展和持续的共同思考

案例 6.3a 和案例 6.3b 中的弗朗西斯卡和艾登所在的家庭都很重视谈话的价值，因此，这两个孩子都能够借助语言来探索新想法并拓展自己的思考，尽管其中一个小朋友是严重的有特殊学习需要的幼儿。这并不是说，来自不同家庭背景、有特殊学习需要或以英语为第二语言的孩子无法拥有这种类型的对话，而是说，对这类幼儿，可能需要教师花更长的时间支持和帮助他们发展交谈技巧，丰富其词汇量，进而达到足以参与令交谈双方都满意且详细的对话水平。这使我们回想起第 5 章案例 5.3 中的史蒂文。他具有探索新想法的能力，但是由于家庭环境中过多使用方言，因此还需要学习能够正确表达自己想法的词汇。结果，教师敏锐的参与为史蒂文提供了参与讨论的机会，也激励他去探索想法，同时给予他探究自己想法的语言工具。

小 结

能够辨别与幼儿之间的互动的质量非常重要，管理部门设定的成人与幼儿谈话方式的标准是判断教育机构中的学习是否有效的重要指标之一。在英国，对教育机构的评价依据的就是成人和幼儿之间谈话和互动的质量（Ofsted，2013）。教师需要了解他们与幼儿交谈的有效性，更需要了解他们与幼儿交谈的有效方法，以促进所有幼儿的语言发展，引发他们的有效学习。与幼儿有效交谈的技能是可以学习的，它来自培训、观察以及对幼儿需求保持敏感的意愿，这种敏感性体现在成人愿意不断尝试调整自己的语言，以确保幼儿能够理解听到的所有的话。这种敏感性还表现在，教师愿意花时间（给幼儿提供帮助）确保幼儿能够完整表达自己的想法。教师是否能够真正地花费时间这样做是探讨语言和学习的培训课程所激烈争论的话题。因此，第 7 章会详细地讨论成人如何通过组织设计引发有效谈话的方案，以确保在忙碌的教育机构中也能产生扩展式的会话。

反思与讨论

与幼儿进行有效谈话的能力是天生的还是后天学习的？

我们只能跟那些拥有丰富语言的孩子开展"持续的共同思考"吗？

这些案例中的幼儿基于不同的原因而使用语言，并且有成人在身边。你如何判断是应该鼓励幼儿参与会话还是让他们自己在游戏中学习？

练习实践

回忆一下你最近和某一名幼儿或某组幼儿之间的交谈，思考令你满意的一次交谈过程中幼儿的学习。

幼儿是如何参与交谈的？他们对这次交谈满意吗？

幼儿在这次交谈中有什么收获？

想一想，下次再出现类似的有意思的交谈时，你可以想什么办法，使这类交谈能够延续到第二天？尝试找一个你能自由与幼儿交谈且不受过多打扰的时间。你可以这样发起谈话："你昨天提到三只羊故事里有个大怪物，我一直在想你说的话。我们可以再看一下这个故事，然后讨论一下如何？"你们聊过之后也许还可以邀请其他幼儿参加讨论，如："我们去问问罗西尼（Roshni）是怎么看这个大怪物的，怎么样？"

延伸阅读

Dowling, M.（2006）*Supporting Young Children's Sustained Shared Thinking*. London：Early Education.

Siraj, I., Kingston, D. and Melhuish, E.（2015）*Assessing Quality in Early Childhood Education and Care：Sustained Shared Thinking and Emotional Well-Being（SSTEW）Scale for 2–5-year-olds Provision*. London：IOE Press/Trentham Books.

第 7 章
集体活动中的有效师幼交流

> **内容提要**
> - 探索有效方法,激发幼儿与成人、同伴谈话的兴趣("共享教师");
> - 介绍一些可行的方法,使成人能够留在一处长时间参与谈话活动;
> - 介绍一些有效方法,创造机会,使幼儿能够积极投入集体活动。

在第 6 章中,我们详细地讨论了幼教机构中成人与幼儿之间有效会话的特征。有些有效会话指向促进幼儿语言和社会交往能力的发展,有些涉及"持续的共同思考"(SST)。能够帮助幼儿获得这些发展成果的对话通常是在幼儿的一日生活、常规活动、自发游戏和成人发起的活动过程中自然发生的,也产生于成人能敏锐地发现幼儿个体的需求,并给予积极回应等情景。

许多幼儿因为自信,所以经常会主动接近成人,自然地与他们进行交谈。但是,还有一些幼儿由于生性害羞、言语与语言发展迟缓或英语是他们的第二语言(EAL),所以不愿意主动接近成人,或者在交流方面需要特殊帮助,教师需要主动邀请这样的幼儿参与交往。由于后一类幼儿没有办法准确地表达自己的感受或使用语言调节自己所处的环境,所以我将他们称为"弱势"群体。例如,3 岁的卢克(Luke)语言发展迟缓,在玩沙盘游戏时,他不希望自己刚完成的城堡被其他小朋友毁掉,但却无法用语言表达自己的想法,于是只好用暴力或眼泪来表达自己。这已经成为卢克的一种习惯反应,因此小伙伴们都不愿意和他一起玩。

第6章的很多案例显示了成人在一段时间内持续与幼儿进行沟通、了解他们的想法所产生的效果。但是，在现实生活中，无论是在忙碌的幼儿园，还是在不止一个孩子的家庭，成人与幼儿之间的交流经常会被打断，成人在交流时也经常会分心，其结果是，成人与幼儿之间的交流时间相对较短，也不够连贯，通常好像会出现还没有说完就结束了的现象。韦尔斯通过分析布里斯托尔项目搜集到的亲子谈话数据，做出如下总结。

想要交流变得更有成效，需要一对一地与幼儿进行谈话，谈话的主题也必须是他们感兴趣的或是与他们自身经验相关的，例如，他（她）此时正在做什么，已经有了什么成果，之后还打算做些什么，或是聊一聊家长与幼儿一起参与过的活动等。（Wells，1987：44）

同时，韦尔斯还认为，在"小组集中工作"（即"集体活动"）的过程中，只有当幼儿单独与一名成人或一名同伴谈话时，有效的谈话才更容易出现。

最理想的状态是，我们能够一次只与一名幼儿进行交谈，但是这在现实生活中往往很难实现。虽然如此，即使有多名幼儿想要交流，我们还是有可能与幼儿进行一些有趣且时间相对较长、包含认知挑战并能使成人和幼儿双方都受益的谈话。当然，要实现这样的目标，我们就需要改变态度，掌握必要的技能，并精心设计方法和活动，让幼儿享受与同伴互动、一起谈话的乐趣。

共享教师（Sharing adults）[①]

处于弱势地位的幼儿常常会发现自己很难引起并维持成人的关注，尤其是当更加自信的幼儿主动发起谈话并不经意间主导着谈话过程时，这种困难更大（Johnson and Jones，2012）。在这种情况下，成人会不知不觉地把注意力从那些年龄更小或不够自信的幼儿身上移开，而用全部的精力关注那些新加入（擅

---

① "共享教师"就是我们平时所说的主班教师或带班教师，"共享"的意思是一位教师和一组或一个班的幼儿共同活动时，应当面向全体幼儿，与所有幼儿互动，而不仅仅只与个别幼儿互动。——译者注

长主动表现）的幼儿。这样一来，原本弱势的幼儿就更加不自信，通常会默默地走开。为了避免让幼儿感觉到他们需要通过竞争才能获得他人的注意，我们需要让所有幼儿能够从善于分享的成人那里获得帮助。案例7.1和案例7.2是我去访问一所幼儿园时与幼儿的若干次交流中的两个例子。在这两个案例中，我们谈话的对象是弱势幼儿。我们同时也共同探讨了如何与更加自信的幼儿谈话，才能让他们不会感觉到需要积极争取才能获得话语权。这两个案例很好地展示了成人对那些经常插话的自信幼儿的不同回应，要么会削弱幼儿的自信，要么会使班上的所有小朋友受益。

【案例7.1】阿尔玛、雷诺兹老师和"泥巴厨房"①

镜头一

阿尔玛（Alma，3；9）转到这家新幼儿园已经5个月了，正在学习第二语言英语。阿尔玛和她最好的朋友德尔芬（Delphine）正在泥巴厨房里做"馅饼"。她们把油、水、青草和大大小小的石头混合在一个小桶中，然后小心地将其倒在一个个"饼托"上。他们烤馅饼用的烤箱是用空心的木头做的，烤箱门是一块从旁边找到的被丢弃的木片边角料。

教师发现阿尔玛和德尔芬很少主动接近成人，参与成人的谈话，所以就利用每一次机会主动和她们说话。雷诺兹（Reynolds）老师走过来，开始和幼儿交谈起来。

阿尔玛：看，我们是馅饼（We is pies）。
雷诺兹：啊，你们在烤馅饼呀。我闻到了！闻起来很香！
阿尔玛：它们是馅饼（They is pies）。

---

① "泥巴厨房"（Mud Kitchen）是英国幼儿园常见的一种室外活动空间，也被称为"室外厨房"（Outdoor Kitchen）或"泥巴饼厨房"（Mud Pie Kitchen）。泥巴厨房是为幼儿的室外活动提供的一个自由玩泥巴的场所，在这个空间里有一个操作台以及一些常见的厨房用品玩具，幼儿可以就地取泥、沙等制作任意一种他们喜欢的食物。在泥巴厨房参与游戏不仅可以激发幼儿探索自然的兴趣，而且有利于发展幼儿的感知觉能力、创造力、想象力。作为一名英语初学者，阿尔玛在这段文字中实际想表达"我们在烤馅饼"，但由于语法错误，表达成了"We is pies"，雷诺兹老师巧妙地纠正了阿尔玛的语法错误，但是阿尔玛并没有即刻学会，在后续的表达中使用了不当的代词，说成了"They is pies"。——译者注

> 雷诺兹：你做了馅饼，对吗？我可以打开烤箱门看看馅饼烤好了吗？
>
> 阿尔玛：很烫的。
>
> 雷诺兹：哦，是烤箱门很烫吗？饼也很烫吗？我会很小心的！
>
> 阿尔玛：馅饼……
>
> ［这时，马斯塔法（Mustafa）走进来，站在雷诺兹老师身后，不停拍她的肩膀。］
>
> 马斯塔法：我有点东西要给您看。
>
> 雷诺兹（转身背对着阿尔玛）：是什么呀，马斯塔法？
>
> 马斯塔法：我把鞋子弄湿了。我踩在小水坑里，鞋子都湿透了。
>
> 雷诺兹：你怎么弄湿的呀？
>
> （马斯塔法开始讲他的故事，阿尔玛和德尔芬两人说了一会儿，就默默走开了。）
>
> 雷诺兹：哎，那两个小女孩已经走了。过来，马斯塔法，我们看看能不能给你找双干净的鞋。

雷诺兹老师和阿尔玛、德尔芬之间的谈话刚刚开始，就被另外一个小朋友打断了，于是老师的注意力也开始转移。结果，原先参与对话的两个女孩也就只能默默走开。如果有人问雷诺兹老师为什么没有继续与这两个女孩谈话的话，她可能会说，这是老师人数不够的必然结果，导致一些个别交流无法善终。然而，事实是，雷诺兹老师的注意力并不是被马斯塔法转移的，而是她主动选择了关注他。她的这种行为无意之间向两个女孩传递了这样一个信息：与她俩之间的谈话并没有与马斯塔法之间的谈话重要。她俩收到了这条信息，所以选择了离开。案例7.2将展示同一情境下三种其他应对方式。

【案例7.2】雷诺兹老师与泥巴厨房（相同的情境）

> **镜头二**
>
> 马斯塔法：我有点东西要给您看。
>
> 雷诺兹：稍等，马斯塔法。我正在和这两个女孩说话呢。等我一下，我再听你说。

马斯塔法（用更大的力气拍雷诺兹老师的肩膀）：我的鞋子湿了。

雷诺兹：跟你说了嘛，等一下。等我跟她俩说完，再跟你说。

马斯塔法（情绪更加激动）：我鞋湿了！我鞋湿了！

雷诺兹（对两个女孩）：对不起，我需要先处理一下他的问题，待会儿回来再和你们聊！

（雷诺兹老师和马斯塔法一起出去，两个女孩也走开了。）

镜头三

马斯塔法：我有点东西要给您看。

雷诺兹（对阿尔玛和德尔芬）：你俩就在这里等我一下。（她接着转头看向马斯塔法）

雷诺兹：马斯塔法，我正和阿尔玛还有德尔芬说话呢，她们在做馅饼！

马斯塔法：我的鞋子湿了。

雷诺兹（语气坚定）：教室里还有一位老师，你去把情况告诉她，她会帮助你的。

（马斯塔法走进教室，雷诺兹老师转过头继续和两个女孩说话。）

雷诺兹：好了，孩子们，跟我说说你们做的馅饼吧……

（两个女孩显得有点紧张，阿尔玛不再说话了。）

镜头四

马斯塔法：我有点东西要给您看。

雷诺兹：你好，马斯塔法，雷诺兹老师正和阿尔玛还有德尔芬说话呢，她们在做蛋糕！她们正在告诉我怎么做蛋糕！

马斯塔法：我的鞋弄湿了。

雷诺兹：哦，还真是。那你现在是想先听我们讲讲怎么做蛋糕还是进教室找别的老师帮你换一双干净的鞋子呢？

雷诺兹（对女孩）：阿尔玛、德尔芬，快给马斯塔法看看我们的蛋糕。他的鞋子湿了，有点冷，也许我们刚出炉的香喷喷的蛋糕可以让他暖和起来。

> 德尔芬：马斯塔法，让我看看你的鞋。天哪，都湿了，发生什么了？
> 马斯塔法：我刚刚正提着一大桶水，但是却不小心把水泼到脚上，鞋子就全都湿了。
> 阿尔玛：你想吃馅饼吗？
> 雷诺兹（对阿尔玛）：对不起，阿尔玛，我刚刚还以为是蛋糕呢，应该是馅饼对吗？
> 马斯塔法：我有点饿，能吃一个汉堡吗？
> 阿尔玛：当然。（对德尔芬）你做汉堡了吗？
> 德尔芬：我们没有做汉堡，但是我们可以做一些肉饼和薯片。
> 马斯塔法：好。
> 雷诺兹：马斯塔法，你的鞋子也不是那么糟糕嘛。那我们和阿尔玛、德尔芬聊完天再去换鞋好吗？
> （四人之间的对话继续下去）

在"镜头二"中，雷诺兹老师的表现还是不够理想。她让马斯塔法"稍等"（hold on）和"等一下"（wait a minute），提供的信息是含混不清的。结果，马斯塔法既没有"稍等"，也没有"等一下"，所以教师就进一步澄清她的意思："等我跟她俩说完，再跟你说。"但是，这句话说得太晚了，马斯塔法已经变得十分焦躁。于是，雷诺兹老师只好被迫尽快结束和两个女孩的谈话，去"处理"马斯塔法的鞋子问题。这样一来，两个女孩也就产生了焦虑情绪，影响了她俩后续的谈话和互动。

在"镜头三"中，雷诺兹老师的语言更加准确，给马斯塔法传递的信息非常明确，让他清楚应该怎么做。但是，当雷诺兹老师让马斯塔法去找教室里的老师时，这两个女孩（特别是阿尔玛）已经明显从她说话的语气中感觉到，她有些不高兴了。她的这种负面情绪影响到了这两个女孩，结果导致她俩接下来的对话无法在一个轻松的氛围中进行。雷诺兹老师在"镜头四"中的回应最为成功，因为她十分巧妙地让马斯塔法平等地参与了对话，同时也让他明白应该如何参与他人的谈话。因为雷诺兹老师留下来继续和两个女孩谈话，还邀请马斯塔法参与他们的谈话，两个女孩的自尊因此得到了保护和增强。雷诺兹老师邀请马斯塔法加入这个想象游戏，使他也从中获得了快乐。由于马斯塔法和德尔芬的英语能力较强,所以他们为刚开始学英语的阿尔玛提供了很好的示范。

【案例7.3】轮流发言:一位教师和5名幼儿讨论他们的包和鞋

　　迈克尔(Michael)正在参观一家幼儿园。他发现露西(Lucy,3;11)生性害羞、安静。他认为,如果露西能参与一些她感兴趣的话题谈话,那么她也许会从中获益。在外面玩过之后回来,迈克尔帮露西把外套挂在挂钩上,他注意到露西有一个新的"凯蒂猫"(Hello Kitty)双肩包。

　　迈克尔:露西,我喜欢你的书包。
　　露西:……[这时乔希(Josh)进来了]
　　乔希:我买了新的跑鞋。
　　迈克尔:你好呀,乔希。让我们听听露西说了些什么。(转向露西)露西刚刚告诉我她有一个新的凯蒂猫书包。乔希,现在轮到你了,你想说什么呀?
　　乔希:我买了一双新的蜘蛛侠跑鞋和一个蜘蛛侠书包。
　　迈克尔:太棒了,所以露西,你有一个凯蒂猫书包,乔希有一个……
　　露西:蜘蛛侠书包。
　　[哈利德(Khalid)推了一下乔希,进来了。]
　　迈克尔:你好呀,哈利德。我们正在讨论露西和乔希的书包,还有乔希的跑鞋。你想知道他们都说了什么吗?我们先听听他们是怎么说的吧(转向露西),露西有一个……
　　露西:凯蒂猫书包。
　　迈克尔:(转向乔希)乔希有……
　　乔希:一个蜘蛛侠书包和一双蜘蛛侠跑鞋。
　　迈克尔:(转向哈利德)那哈利德有……
　　哈利德:本十号跑鞋和一把新的便携军刀……
　　迈克尔:让我试试我还能记得多少。嗯,露西有一个凯蒂猫书包,乔希有一个蜘蛛侠书包和一双蜘蛛侠跑鞋,哈利德有一双本十号跑鞋。(转向露西)现在又到露西了,你还有什么想说的吗?你的 T 恤衫真好看。

露西：我妈妈给我买的。

迈克尔：露西的妈妈给她买了一件好看的 T 恤衫。乔希，又到你了……

乔希：我有……

之后，又有两名幼儿过来，迈克尔马上就解释给他们听现在正在讨论书包和鞋子。后来，参与的幼儿增加到 5 个。当这两个新来的幼儿轮流说话时，这个交谈的过程就慢慢变成了一个听记游戏。

这个案例显示了我们可以怎样激发幼儿相互交谈、相互倾听。如果露西有能力清楚地描述对这段简短谈话的感受，特别是谈一谈这样的谈话是如何提升她的自尊心的话，她大概会这样说："能和迈克尔谈话，我自我感觉好多了。"这是因为：

- 他和我在一起，引导我说一些我知道的事情；
- 他向我和其他小朋友传递了清晰的信息；
- 他不会让任何一个小朋友打断别人说话或是主导谈话；
- 他和每一个人说话的时候都非常友好，给出了明确的指示；
- 他为我创造了和其他人交流的机会；
- 这让我感觉更加自信；
- 那些比我更自信的小朋友现在知道了，我其实也有很多话想说；
- 我和他们谈话的时候更加自信了。

这个案例还告诉其他小朋友，为什么学会相互倾听比通过说话声音更大、态度更坚定吸引成人注意力的效果更好。

有些时候，在和一名幼儿谈话时，成人会说出"等我一下"这样的话，这样传达的信息不清楚，或直接就将注意力转移到打断对话的那名幼儿身上。这种场景可能让正在与老师谈话的幼儿相信：获得成人关注的唯一方式就是说话声音大、态度更坚定。我称之为"说话声大者生存"（Survival of the loudest talker）。如果没有人引导幼儿积极参与对话，那么那些大喊大叫、习惯性打断别人对话的幼儿可能会主导对话,以此来获得成人的关注。相反,如果有人引导,并给出持续的积极回应,幼儿就有机会轮流发言,倾听他人说话。这样一来,他们的社交能力就会得到增强,焦虑感就会减少,同时语言能力也会得到发展。

> **反思与讨论**
>
> 在和幼儿交谈时,我们经常会在不经意间说"等一下""等一会儿"或"马上就好"。
>
> 当有幼儿打断成人之间的谈话时,你和你的同事会对他说些什么?
>
> 我们是否有可能引入一种既准确又正面的标准化的应答方式供教师们使用呢?(例如:"我现在正在和某某说话。你想和我们一起说话吗?还是你想只是听一听呢?如果都不想的话,你可以去找其他老师来帮助你。")

> **练习实践**
>
> 将案例7.3中教师使用的策略应用到实践之中,看看幼儿有什么样的反应。

机动教师(Planted Adult)

教师在与幼儿交谈或互动时遇到的一个主要障碍就是容易受到附近一些突发事件的影响,如幼儿摔倒,要帮助别的幼儿擤鼻涕,要解决因为一个玩具引发的冲突等,这些都会影响师幼之间的谈话。在这种情况下,正在和某一幼儿谈话的教师不可能忽视其他幼儿。为了帮助他们,他必须停止当前的谈话,这会令教师和幼儿都感到失望。教师会觉得自己没有办法给予幼儿所需要的认真且长时间的关注,而幼儿也会认识到老师对自己的关注有可能只有一小会儿时间。

解决这个问题的方法之一是安排一位教师,确保师幼之间的谈话不被打扰。在一定的时间内,这位教师不安排其他工作任务,只是待在一个地方"待命",准备候补去参与幼儿的谈话。这位机动教师可能出现在教师主导的集体活动之中，也可能出现在餐桌旁或橡皮泥游戏桌边，还有可能出现在户外玩沙区等地。"机动教师"这一概念由戴比·布雷斯（Debbie Brace）和巴哈维娜·阿查里亚（Bhavna Acharya）在担任伦敦西部豪恩斯洛"一起来谈话吧"（Let's Talk Together）项目的顾问时提出（Jones, 2013）。在这个项目活动中，她们观察发现，当幼儿玩游戏时，如果有教师能在一定时间内持续与他们谈话，那么他们参与谈话的比例就会大大提高。她们还注意到，候补参与与幼儿谈话的机动教师很可能将幼儿（特别是相对弱势的幼儿）的注意力吸引到自己身上来。当机动教师有能力使用策略——包括案例7.2镜头四和案例7.3中教师使用的一些策略与多名幼儿进行有效谈话时，师幼双方从谈话中获得双赢的可能性就会最大化。结果，幼儿和教师就更有可能有时间聚焦于高质量的谈话和"持续的共同思考"。

为了使机动教师能够集中精力倾听幼儿，不受他人的打扰，其他教师事先也必须有明确的角色定位。大家必须在活动之前商量好哪些教师负责管理其他幼儿，哪些负责在室内和户外巡视。他们也必须清楚，活动中与幼儿的谈话很可能是相对简洁的。在幼儿与教师的比例较高的情况下，在某些天的某些时候实现这种高水平的师幼互动也许仅仅是一种可能。然而，设置一位机动教师并安排其他教师相互配合是一种重要的方法，可以在一定程度上满足请求帮助的幼儿的需要，也可以确保所有幼儿有机会参与到较为深入的谈话之中。

> **个案研究 7.1**
>
> **机动教师：如何引导男孩参与绘画活动**
>
> 　　我曾经去过一所小学的学前班参观。班上的幼儿人数较多，其中弱势幼儿的比例明显偏高。这个学前班为幼儿提供了材料丰富的美工区，里面有可供绘画、裁剪和粘贴的材料，每名幼儿都可以独自将一张大纸放到画板上独立画画，然后把画放到支架上晾干。
>
> 　　教师们通过之前的观察发现，来美工区的主要是女孩。她们想让更多的男孩来这里参与画画、裁剪、粘贴等活动，于是向我咨询。我的建议主要是，在我和其他教师到其他区域看幼儿活动时，安排一位教师在绘画区待半个小时。一位名叫克里斯廷（Christine）的教师主动担任了机动教师，站在美工区。差不多她刚进入美工区时，就有一个叫拉斐尔（Raphael）的小男孩来请她

> 帮忙把纸挂在画板上。之后克里斯廷老师就待在那里，与拉斐尔谈起他的画：他要选择什么颜色，想画什么以及接下来画什么等。
>
> 　　我问另外一个叫肖恩（Sean）的小男孩是否也想画画。我帮他找好围裙，把画纸挂在画板上，他却不知道接下来该干什么。于是，我建议他把头伸过画架，问问在对面画画的拉斐尔在画什么。这样，在克里斯廷老师的支持下，两个男孩展开了一段对话，对话内容涉及拉斐尔如何用画笔画出彩色的竖线代表他的家人等。但是，肖恩有十分严重的语言障碍，好像不知道应该怎么向拉斐尔正确提问。这时克里斯廷老师就开始教肖恩说话："你对拉斐尔说，'拉斐尔，你在画什么呀'？"肖恩重复了克里斯廷老师的提问，拉斐尔也向他解释了自己画的线条。肖恩也学着画了好些线条，并解释说自己画的都是小猫。
>
> 　　正在和肖恩说话的克里斯廷老师鼓励肖恩向拉斐尔介绍他的画，说："你对拉斐尔说，'拉斐尔，你看我的画'。"拉斐尔在看画的时候，克里斯廷老师又开始鼓励肖恩说话，说："拉斐尔，你来看看刚才肖恩做了什么。肖恩，你给拉斐尔说说你画的猫吧。"这段会话的结果是，两个小男孩又要了新的画纸，在接下来的 10 分钟里继续画画，并在克里斯廷老师的帮助下谈起各自画画的过程。
>
> 　　当他们的谈话走入正轨时，我到旁边重新回到督导巡视的角色（同时也密切关注着他们之间的谈话过程）。

　　在活动后的讨论过程中，克里斯廷老师表示，她清楚地意识到，由于在那 30 分钟内她只是一名机动教师，没有其他任务，所以能够从容地为需要帮助的幼儿提供支持，帮助他们自主参与绘画活动。因为美工区有克里斯廷老师负责，所以我就将一名弱势幼儿送到了美工区，相信他有机会参与高质量的谈话。在克里斯廷老师有效的引导下，两名幼儿能够与他人进行内容较广的谈话。这样他俩都学会了如何独立利用美工区的资源，也会因为在边画画边交谈的过程中体验到成功和快乐而以后可能更愿意再次回到美工区画画。我们讨论的内容还包括，为了增强肖恩参与美工区活动的自信心，培养他的创造性，引导他多与其他幼儿进行交谈，克里斯廷老师可以采取什么方法鼓励肖恩在随后的几天里再次回到美工区。

分享图书，共享教师，交流想法

和幼儿一起分享一本书，实际上就是为成人和幼儿创造了一个在谈话中发现新想法的机会，这是因为图书分享的过程本身就包含了意见和想法的分享。

在贝德福德区（Bedford Borough）和瑟罗克（Thurrock）等地实施的"每名儿童即一个交谈者"（ECaT）项目中，有一项内容就是"改造"幼儿园里的图书区。改造的优先目标是确保教师有时间在这个区域内组织幼儿活动。在图书区活动时，教师唯一的任务就是与幼儿分享图书。教师每天安排时间到图书区，结果发现，图书区需要进行改造，包括成人和幼儿的座椅的质量也有待提高（Jones，2011）。我们还讨论了如何进一步改造图书区，才能使其更加舒适、美观，并对有可能成为该区常客的幼儿更加具有吸引力。另外一个至关重要的改进内容就是认真核实图书区里供幼儿阅读的图书的数量和种类，使其更好地满足幼儿的阅读需要。

对图书区的现状调查结果显示，供 18 个月以上幼儿阅读的图书绝大部分是虚构的故事书。但是，对于很多幼儿来说，特别是对弱势幼儿来说，知识类的图书可能比虚构故事书更具有吸引力。如果你和幼儿一起看故事书，你只有从第一页按顺序逐页读到最后，幼儿才能理解这个故事。成人可能仅仅和幼儿一起"说说书中的图画"，但很快他们就会发现，对于幼儿和教师来说，书不读出来就没有意义。当然，也有一个例外，那就是，如果教师和幼儿都非常熟悉这本书，那么每次看书就未必要从头读到尾了。知识类的图书有一个好处，就是幼儿打开书的任何一页都能与人交流自己对图画内容的理解，尤其当这本书的主题是幼儿已经非常感兴趣的内容时，幼儿更是有话可说。

埃玛·尼科尔斯（Emma Nicolls）的一项尚未发表的研究成果清晰阐述了经常和幼儿分享知识类图画书对幼儿的语言和早期读写的发展产生的促进作用（Nicolls，2004）。知识类的幼儿图画书中包含大量的照片和插画，用来描述事实和想法，通常情况下，书中描述的事实和想法是幼儿特别希望了解的。这类图画书中使用的语言比较专业，较多使用一般现在时。虽然其中的文字部分可能比较复杂，但无论从哪一页翻开，幼儿和成人都无须借助上下文就能明白这一页在讲些什么。正是出于这些原因，特别小的幼儿和处于弱势的幼儿可能会觉得这类图画书比故事书更有吸引力。

除了提供给幼儿的图书的种类之外，尼科尔斯同样关注教师如何使用这些图书。在很多时候，我们所谓的"图书分享"实际上只是在教幼儿学习阅读的方法。教师的以下做法才是图书分享的真正含义。

- 问问幼儿他想看什么书；
- 提供机会，让幼儿选择是自己拿着书，还是和老师一起拿着书；
- 问问幼儿，他是愿意聊一聊书中的图片还是希望老师读给他听。

根据我个人的现场观察和以往经验，如果提供给幼儿选择的机会，那么拿到一本故事书之后，几乎所有的幼儿一定会马上让成人读给他听，而拿到一本知识类的图书之后，幼儿则更有可能和成人一起讨论书中的图片。

尼科尔斯认为，这其中的运行机制实际上是对"权力"的争取。如果是幼儿自己拿着书的话，那么他就有权看自己喜欢的任意一页，主导谈话过程。但是，如果是老师拿着书，那么幼儿就会处于相对被动的地位，谈话过程中的主要任务就是倾听并对老师说的话做出应答。如果教师对幼儿的需要比较敏感，这样做（教师拿着书）也没有问题，但是对于弱势幼儿来说，这样做有可能使他们要么失去阅读兴趣，要么会因为要集中注意力倾听或回答老师提出的他无法回答的问题而倍感压力。

在图书区安排机动教师值守，虽然她不太可能不受其他幼儿干扰地为某名幼儿读完一整本书，但是其优势也是明显的，两三个幼儿能够开开心心地与老师在一起，大家可以共同聚焦于一本图书的阅读。此时，教师能与一个小组的幼儿分享各自的想法和观点，幼儿也能在较长的时间里持续地相互回应、互相学习。

个案研究 7.2

"临时图书区"中的机动教师

"临时图书区"就是一个装货箱，里面有一块彩色地毯、几个藤编的篮子和一些精选的图书及玩具。相同主题的图书和玩具放在一起，这里涉及的主题包括交通、动物以及与幼儿电视节目和电影有关的图书等。故事类图书和知识类图书分类摆放。在装货箱旁边，放了6张塑料板凳，教师和幼儿都能坐在上面。除此之外，还有一个写着"欢迎"的门垫，供幼儿放鞋。（我观察发现，幼儿脱掉鞋子，使他们的情绪更加稳定，也有利于打造一个轻松的氛围。）

在幼儿的协助下，机动教师完成了图书区的布置，幼儿主要参与对图书和玩具的分类，然后放到不同的篮子里。装图书和玩具的篮子放在地毯上，塑料凳围绕毯子摆放成一个半圆。幼儿进入图书区要先脱掉鞋子，然后一起看书。他们可以选择坐在小凳子上，也可以坐在地毯上。图书区中的机动教师开始给一名幼儿读书，如果有其他幼儿进来，教师就会让他做出选择，要么找个空位坐下来加入第一本书的分享，要么等到自己讲完第一本书。如果他选择等待，教师就会建议他先去和自己的好朋友一起找一本书，或找些玩具先一起玩一会儿。

有些时候，来图书区的幼儿太多，机动教师无法照顾到每一名幼儿。这时，她有两种选择，要么去请另外一位教师来帮忙，要么就设置一个指示牌，让幼儿"排队等候"。这个指示牌上会写出给幼儿的明确提示："现在图书区的人太多，珍妮（Jenny）读完之后，就会来叫下一个小朋友进去。"只要机动教师按照指示牌上说的去做，那么非常想看书的幼儿和需要集中注意力的教师的压力都会得到缓解。这样的安排也有助于正在看书的幼儿放松心情，原因在于他知道自己和老师之间的谈话不会迫于任何外部压力而提前结束。

设置一个令人向往的活动区，在其中有一名机动教师在一定时间里采用一种能够激发幼儿兴趣的方式和幼儿一起分享图书，实际上为幼儿创设了一个师幼之间的个别或小组谈话情境，在这种情境中，教师和幼儿可以进行深入而持续的交谈。

反思与讨论

你会如何安排教师与弱势幼儿进行交谈呢？

在橡皮泥游戏区"安插"一位教师是探讨这种方法有效性的合适场景吗？

注：教师的目的是最大限度地参与与幼儿的谈话，包括不在活动过程中做笔记。也许由管理人员先尝试这类活动会更好（以保证他在参与活动期间不会被他人打扰，并集中注意力）。这样，管理者就可以在示范这一方法的过程中起到领导作用（见第8章管理人员示范引导的案例）。

练习实践

准备一下，到一个游戏区（如娃娃家、橡皮泥游戏桌等）去担任"机动教师"，参与幼儿发起的活动。（班上所有的教师都必须相互合作，确保你在这段时间没有其他工作任务。请一个同事担任"班级巡视员"，在班上各区进行巡视，这是有好处的。）

在你担任"机动教师"时，你能做到不和在附近其他活动区参与活动的幼儿说话吗？

在你成为机动人员前后，你和幼儿之间的谈话质量有变化吗？

在集体活动中保持专注，持续与幼儿谈话

如果班上的幼儿人数较多，那么教室里一定会很吵。即使教师安排全班幼儿开展安静的活动，教室里也会出现非常多的环境噪声，这些噪声可能会分散幼儿的注意力。在一个典型的宝贝教室里，在集体活动中，以下一个或多个事件就可能分散幼儿和教师的注意力。

- 有家长带着幼儿走进教室；
- 园长从门外探出头问问题，或是带来访者参观幼儿园；

- 隔壁房间的滚筒洗衣机转动时发出噪声；
- 一名教师一边准备点心一边小声地唱着歌；
- 激光唱片播放着背景音乐；
- 教室里的内部电话铃响了；
- 教师在准备下一项活动时发出一些噪声。

教师在组织年龄稍大的幼儿开展讲故事或唱歌等集体活动时，也会同样面临上述噪声的干扰。

如果我们的目的是让所有幼儿参与活动，那么幼儿和教师就要尽量把噪声控制在可接受的范围内。当全班幼儿和教师都能够全神贯注于他们分享的内容以至于没有察觉到时间快速流逝的时候，教师就有可能创设一个我称之为"魔力气泡"（Magic Bubble）的环境。要想在班上某个时间段（如故事时间）为所有幼儿创造出这样的"魔力气泡"，就必须遵循以下基本原则。

- 每天在某一相同的时间段设计相同的活动内容；
- 选择一天中教师和幼儿相对空闲的时间安排集体活动；
- 集体活动时要求班上所有教师必须参与，并保持专注；
- 安排一位教师担任"突发事件管理员"（disruptions manager），专门处理意想不到的突发事件，保证其他教师不会受到突发事件的打扰，能够集中精力参与活动。

如果这些原则能够得到很好的坚持，那么幼儿就更有可能集中注意力，全身心地投入教师开展的讲故事、唱歌或有关明天活动内容的集体讨论等集体活动中。

个案研究 7.3

宝贝教室里的"魔力气泡"

一家宝贝教室接受的幼儿年龄在 9 个月到 18 个月之间，教师们担心自己无法确保有足够的时间组织这些婴儿和学步儿开展集体活动，促进他们的语言发展与学习。她们希望组织的集体活动包括唱歌、图书分享和"探索性游戏"（heuristic play）。探索性游戏是指在老师的鼓励下幼儿自主探索周围环境中各种事物的活动，探究对象包括松果、木勺或是一个装满果酱罐盖子的容器等（Goldschmied and Jackson，2004）。观察发现，上文中提到的背景噪声绝大部分是在幼儿摆弄材料的过程中发出的。此外，有些幼儿专注于集体活动的时间很短，往往和大家玩一小会儿就走开了，四处看看，接着就去玩周围摆放的其他玩具。这时，教师就会过来鼓励他们回到集体活动中去。结果发现，根本就无法保证幼儿能够在一段不被干扰的时间内全神贯注地参与教师所期望的能够激发他们兴趣的活动。

于是，教师通过创设"魔力气泡"对活动安排进行了调整，结果大大提高了幼儿的参与程度。调整的内容如下。

- 集体活动时间固定到每天早上9:30—10:15。
- 在教室门上贴告示牌，要求大家保持安静，不希望有其他人打扰。
- 除了"突发事件管理员"外，班上其他教师都必须全身心地参与活动。
- 活动前，在地上铺上一块大的彩色地毯。
- 将所有与活动无关的玩具从活动区域拿走，或用一大块布将旁边的橱柜盖上。
- 如果有幼儿中途离开，那么教师也不再强迫他们重新回到活动中来，而是由"突发事件管理员"专门照看。通常情况下，这些幼儿又会自愿回来参加活动。
- 活动结束后尽快整理地毯和其他材料，让教室恢复原样。

由于调整的措施落实到位，产生"魔力气泡"的条件出现了，结果幼儿参与活动的积极性得到了提高，师幼个别互动的数量增多，互动的质量也得到了改善。此外，幼儿之间相互模仿的行为增多，幼儿之间的交谈频次也随之增加。

教师们感觉到，当所有人都到场，并且都将注意力放在幼儿身上时，集体活动的效果最好。每天大家轮班做"突发事件管理员"，这样就保证了每一位教师都能参与活动，和幼儿进行高质量的互动。因为身边有教师关注，所以幼儿也能够集中注意力参与活动，并在活动中受益。那些精力不够集中并中途离开活动的幼儿，在"突发事件管理员"的照看下也能在教室的其他地方安静地玩耍，而不会破坏"魔力气泡"。在每次集体活动开始之前就在地上铺上地毯，给了幼儿一个明确的暗示，让他们意识到马上就要有好玩的活动了。同时，铺上一块地毯也是在提示幼儿，老师希望他们作为一个集体在这个特定的区域里共同参与活动。

在人多的班级组织幼儿分组活动

绝大部分的幼儿园可能都会有一些弱势的幼儿，他们可能存在的问题包括发展迟缓或有特殊学习需要，而这些问题都会对幼儿的言语交往产生影响。例如，有特殊需要的幼儿包括阿斯伯格综合征或其他类型的自闭症患儿，也包括由中耳炎（最常见的是"咽鼓管堵塞"）引发听力障碍进而导致语言发展迟缓的幼儿（Peer，2005）。许多这类幼儿能够从教师的个别照顾和定期的一对一训练中受益，语言和口语治疗师等相关专家通常会推荐这种一对一的训练方案。教师遇到的困惑之一就是，班上的幼儿人数较多，难以落实专家的这一建议。有效的学习离不开幼儿在活动中集中注意力和积极地参与互动，但是在组织包括有特殊需要的幼儿在内的全体幼儿开展集体活动时，教师面临的另外的一个挑战是，很难让幼儿的注意力和参与程度保持在较高的水平上。

在"每名儿童即一个交谈者"（ECaT）项目活动中，我和同事尝试了很多种不同的方法来解决这个问题。这些方法包括将全班幼儿分组开展活动，教师设计每个小组的活动主题并主导活动过程。成人主导的活动包括从在教师引导（guiding）下幼儿参与的"好玩且操作性强的""焦点学习"（focused learning）活动到教师设计方案并全程指导（direct）幼儿具体行动的活动（DCSF，2009b）。

其中的一个有效方法是，两位教师合作组织教师主导的小组"焦点学习"活动。在成功运用这个方法的小组活动中，一位教师担任"管理者"（主班教师）直接组织活动，另外一位教师就是"机动教师"。主班教师首先向这个小组的所有幼儿介绍活动的相关材料，讲解相关要求，然后（在幼儿操作活动时）来回巡视，并与想参加活动的其他幼儿进行谈话。机动教师则始终待在同一个地方，以便在幼儿需要时上前和他们进行详细的交谈。

下面这个个案研究介绍了（研究者）一次去幼儿园实际探讨这种方法的过程。这种类型的活动包含了这本书的一个重要观点：只要教师能够合理安排、有效组织，即使班上幼儿的人数较多，师幼之间、幼儿与同伴之间进行深入、详细的谈话也是完全可以实现的。

个案研究 7.4

童谣调查（Nursery Rhyme Survey）：卢顿市教堂街幼儿学校一次成功的小组活动

教堂街幼儿学校服务于英国卢顿市的一个多元民族居住区，住在这里的很多家庭说英语，但英语不是他们的母语。这家幼儿学校也受当地政府的资助，接纳有特殊学习需要的幼儿。幼儿学校的幼儿年龄在2岁至5岁之间。由于没有给2岁的幼儿提供单独的教室，所以这些幼儿被分到其他班级，与大一点的幼儿在同一间教室里活动。我们两名教师一起共同探索如何在教室里的小组活动场所组织一次教师主导的活动才能自然地吸引所有幼儿参与活动，并在活动中维持他们参与的兴趣，进行有效的学习。（教室里还有几个好玩的活动在同时进行。）

我们组织的活动"童谣调查"（Jones and Belsten，2011）旨在让每名幼儿都能参与谈话，说出他们最喜欢的童谣是哪一首，并用图示记录下来，然后通过画条形图的方式汇总小组调查结果。

材料准备
- 装有6个手指木偶的彩色小包，每个手指木偶代表一首流行的童谣；
- 用来播放这6首童谣的平板电脑和扬声器，或者是光盘播放器；
- 明信片大小的空白卡片；
- 装卡片的小盒子；
- 毛毡笔；
- 平板电脑或数码相机，用来为活动中的幼儿拍照片。

调查活动流程

幼儿轮流戴上手指木偶,听音乐,然后确认自己最喜欢的童谣是哪一首。当幼儿做出决定之后,需要在卡片上画一幅画来代表自己最喜欢的那首童谣,并在卡片上写上自己的名字。这些都完成之后,他们需要把卡片放到小盒子中。所有幼儿都完成这一流程,就围成一圈或是一个半圆,一位教师开始从盒子里取出卡片,每次只取一张卡片,放到地板上,摆出条形图。

整体活动计划

两名教师都坐在放在房间中央的桌子边,桌子在热闹的角色扮演游戏区旁边。我们事先已经商量好由我担任材料"管理者",向幼儿解释接下来应该怎么做,向每名幼儿发问,并鼓励其他幼儿在等待我提问期间参与我们的谈话或倾听谈话。我的工作任务还包括给每名参与活动的小朋友拍照。另外一位教师则主要负责在每个幼儿画画的时候,与每个小朋友进行个别交谈,并帮他们把名字写在卡片上。

我们商定,在给幼儿拍照之前必须先得到他们的同意。当他们开始画画时,我去把我拍的照片给他们看,这样他们就可以对这些照片做出点评。在拍照之前,我会告诉每名幼儿,我要拍一张他们参加活动的照片,这样第二天我们就可以谈论这些照片了,也会告诉他们,我还会将冲洗好的照片贴在墙上进行展示,这样他们就可以和爸爸妈妈说说自己参加的活动。我们计划在上午和下午的活动时间展开我们的"童谣调查",然后在第二天上午与幼儿一起讨论我们拍到的照片。

我和同事还商定,在活动期间,我们两人都不做观察记录,以确保都能全身心投入观察和指导幼儿活动、与幼儿进行交谈之中。

活动实效

当我们开始放音乐时,马上就有两名幼儿加入了我们的活动,他们积极地随着音乐唱起了歌,并开始和我们、同伴交谈起来。我们设想,当我吸引到四名幼儿来参与活动时,就开始玩手指木偶游戏:每个人轮流拿着装有手指木偶的彩色小包,然后一听到音乐就把对应的手指木偶从袋子里拿出来。这样,即使没有轮到自己拿木偶小包,幼儿也能集中注意力参与活动。

一名因语言发展迟缓而需要额外学习机会的幼儿参与了我们的活动。整个活动的90分钟内,他都在全程参与(除了有一次中途去卫生间,然后吃

> 了些点心)。当天下午和第二天的活动他也到场了。还有一名幼儿,虽然刚开始学习他的第二语言——英语(EAL),但也和其他幼儿一样全神贯注地参与活动,每次活动平均有20分钟。两次活动下来,这个班上除了两名幼儿之外,其他幼儿都参与了我们的活动。

幼儿的不同反应

由于年龄较小的幼儿更喜欢玩手指木偶和唱歌,而对画画环节没有多大兴趣,所以我们对原来的计划进行了调整。我们决定,在活动过程中,幼儿如果不愿意,就可以不用画。结果,几名两岁的幼儿感觉轻松多了,也来参与游戏活动了。

每次活动四名幼儿参加,持续时间至少50分钟。活动过程中,他们要等待,轮流参与,然后继续看其他幼儿参与。这是一个了不起的成果!要知道,我们活动的地方就在特别受欢迎的角色扮演游戏区旁边,我们每次活动时教室的其他区域里也在开展有趣的活动。我们认为,参与活动的几名幼儿注意力非常集中,以至于他们能够屏蔽周围所有的干扰噪声。在这些幼儿中,还有两名幼儿才刚刚开始学英语(EAL),但是他们却能够听明白我们所说的大部分话。他们经历了等待、倾听其他幼儿说话、观察其他幼儿如何回答我的问题等几个过程之后,也学会了参与游戏。轮到他们发言时,他们就可以充分参与活动。然后他们继续留在我们的活动区,倾听其他小朋友说话,参加他们的讨论,或与我这个"管理者"交流他们的想法。

观察、记录、拍照

我和同事事先商量并规定在活动期间不做记录、记笔记。如果是这样的话,我们怎么能保证记得住刚才的活动发生了什么、幼儿又说了什么呢?我们又如何证明幼儿对活动的参与程度呢?由于在记笔记的时候,组织活动的教师需要暂时把注意力从活动中抽离出来,很可能会"引爆"活动参与的"魔力气泡",所以我本人并不赞成在活动中记笔记。同样,如果协助组织活动的教师在活动进行的过程中暂时离开去给大家拍照的话,那么"魔力气泡"也有可能会受到影响。

有一个办法可以解决这个问题，那就是两名教师可以在活动过程中进行简单的交流。这样，我们就可以记住幼儿在活动中是如何做出应答的。

例如，托尼（Tony）刚刚说了一件非常有趣的事，所以我叫住机动教师克劳德特（Claudette），告诉她托尼刚才说的话。托尼当时 3 岁 8 个月，正在学习英语（第二语言）。他生性安静内敛，却跟我说了很多话。

托尼：我觉得《矮胖子》（*Humpty Dumpty*）①是最棒的童谣，因为他从墙上摔下来，碰破了头，真好玩。

迈克尔老师：哦，那真是太有趣了。现在克劳德特老师正在和玛莎（Marsha）说话呢，我去告诉她你刚刚说的话，好不好？

托尼：好。

迈克尔老师：克劳德特老师，打扰一下，你现在正忙吗？我跟你说说刚刚托尼说的话，行吗？真是太有趣了。

克劳德特老师：好啊，迈克尔老师。你……

迈克尔老师：托尼刚刚告诉我说，他最喜欢《矮胖子》，这是因为矮胖子从墙上摔下来很好玩。

克劳德特老师：我也喜欢这首童谣，我每次听的时候也会忍不住笑出声来，但是我觉得那个老胖子有点可怜。

托尼：他们没法治好他。

克劳德特老师：是的，他们确实没办法治好他，所有国王的马和士兵都没办法让他恢复原状。

这之后，克劳德特老师重新把注意力转回到玛莎（她刚才也听得十分认真）身上，而我则接着和托尼对话。

看到托尼表现如此活跃，表达如此清晰，我和克劳德特老师都感到非常惊讶。

---

① 《矮胖子》是著名的英语童谣《鹅妈妈》中的一首，最早出版于 1797 年，内容如下：Humpty Dumpty sat on a wall, /Humpty Dumpty had a great fall./ Four-score Men and Four-score more, / Could not make Humpty Dumpty where he was before. 因其节奏感强、发音有趣，深受年幼幼儿的喜爱。童谣中的矮胖子实际上是一个人形的鸡蛋，他坐在墙上，但是从墙上摔了下来，国王和士兵来了，想救他，但是打破的鸡蛋是没办法复原的。——译者注

这对他来说一定是个不寻常的时刻，所以在活动之后我们把这一段记录到了笔记中。在活动过程中，使用这样的方式相互交流保证了我们两人能够记住托尼的一些重要行为表现。我们的确没法一字不漏地记住他说的所有话。由于在他的观察文件中记录的就是有关他在小组交流中活泼的表现和使用英语能力的提高等内容，因此在活动现场一字不漏地记录也是没有必要的。

在打断克劳德特老师和玛莎之间的谈话时，我使用了一种非常正式的方式（"克劳德特老师，打扰一下，你现在正忙吗？"）。我这样做其实是想向在场的幼儿传递两条信息。

- 你想要说的话十分重要；
- 你想找老师，但发现她正在与另外一个小朋友说话，能够有效吸引老师注意的一种方式是对她说"克劳德特老师，打扰一下……"。

我们之所以决定只在幼儿同意的情况下拍照，是因为我们通过观察发现，如果让幼儿参与照片拍摄并马上要求他们说一说这些照片，那么他们在谈论这些照片时就会特别详细。

使用这个方法不仅不会影响幼儿的注意力，而且能够为幼儿详细描述当时游戏的过程提供帮助，也为教师参与幼儿的游戏提供了一个正当的理由。在落实这一设想时，我们使用了平板电脑。使用平板电脑进行拍照的好处在于，平板电脑屏幕较大，照片的分辨率也比较高，幼儿可以通过触屏放大照片来观察照片的细节。以下是一段拍照片时发生的典型谈话。

杰西卡（Jessica）的年龄是3岁2个月，她正在画一幅关于她最喜欢的童谣《小星星》的画。

迈克尔老师把手指木偶放在杰西卡的前面，这样就能在拍照时让手指偶也入镜。

迈克尔老师：哦，杰西卡，打扰你一下！我看到你在画画，还在和克劳德特老师说话。我想拍一张你画《小星星》的照片，可以吗？

杰西卡：可以，你拍吧！

（迈克尔老师拍好了照片，然后第一时间就拿给杰西卡看。）

迈克尔老师：看呀，杰西卡。你这是在干什么呢？

杰西卡（看到照片时十分激动）：是杰西（Jessie）！我在画《小星星》呢！

迈克尔老师：对，照片上就是你，我们到时把照片给爸爸妈妈看，好不好？我们把照片贴在墙上，这样到时候你就可以给爸爸妈妈讲讲这张照片上的故事了。

杰西卡：好的，请吧！

迈克尔老师：那你到时会给爸爸妈妈讲这张照片的什么呢？

杰西卡：我喜欢《小星星》，塔姆辛（Tamsin）也喜欢《小星星》。

（杰西卡又继续画起画来，并与克劳德特老师说话。）

后续活动

我们现在有了一张非常棒的杰西卡画画的照片，并打算在随后几天继续使用这张照片及原先拍的其他照片，以与幼儿展开一对一的后续讨论。

我们的目的在于看看他们能否描述出活动中所经历的事情。对幼儿来说，仅仅说出所经历的事件相对简单，难的是他们要运用过去时态将其描述出来。在与幼儿谈论我们拍的他们自己以及其他幼儿参与活动的照片时，我们希望实现如下目的。

- 评估他们描述活动的能力；
- 写下他们所说的话，作为我们的研究素材；
- 通过谈话为让他们学会使用合适的语法和词汇表达自己提供范例；
- 准确记录他们的语言反应，并将这些语言作为墙面展示照片和绘画的文字说明。

以下是师幼之间进行后续谈话的典型案例，参与谈话的幼儿名叫伊曼纽尔（Emmanuel），4岁2个月，英语是她的第二语言。

迈克尔老师：你昨天做了什么呀？

伊曼纽尔：我是画《黑绵羊咩咩叫》。

迈克尔老师：对，你画了一幅《黑绵羊咩咩叫》的画。

伊曼纽尔：梅钦（Machin）他画了蜘蛛。

迈克尔老师：对，梅钦画的是《可爱的小蜘蛛》。现在我们先把你刚刚说的话写下来，好吗？这样我们就能在照片墙上看见你说的话了，到时你还可以和爸爸妈妈说一说我们都做了哪些事呢！

（迈克尔老师开始写下伊曼纽尔刚刚说的话）

迈克尔老师：我们就说"我画了一幅《黑绵羊咩咩叫》。梅钦画了一幅《可爱的小蜘蛛》"。

（伊曼纽尔在旁边看着迈克尔老师写下每一个字，然后他们一起读了这段文字说明。）

至此，我要准确记录伊曼纽尔语言的愿望得以实现。于是，我将他在谈话中的原话整理了一下，并标注了时间，放到他的观察记录文档中。我还通过谈话示范如何正确使用英语语法①。就是这些将要出现在展览墙上的文字说明会为幼儿提供准确使用英语的范本。我们会把照片和文字说明展示在墙上的显著位置，高度以幼儿可以平视为准，目的在于吸引幼儿及家长的注意。但愿家长在接送孩子的时候能看到墙上的这些照片，并且经常和孩子一起谈论这些照片。教师也可以经常和幼儿一起谈论照片上简单却令他们激动的活动内容。只要照片还在墙上，这样的谈话就可以持续几天甚至几周。

在照片最后撤展后，这些照片和文字说明就可以被收到幼儿的观察记录文档里，也可以让幼儿带回家，供他们在家继续与父母交谈，并永久保存。这些照片还可以做成幻灯片存放在班上的电脑里，供幼儿自己查看。

---

① 由于伊曼纽尔是英语初学者，所以在与老师谈话的过程中说出了一些不符合英语语法的句子，如"I am draw Baa Baa Black Sheep"（"我是画《黑绵羊咩咩叫》"）/"Machin him draw spider"（"梅钦他画了蜘蛛"），迈克尔老师使用正确的语法重复了幼儿的话，以此为幼儿提供范例。——译者注

活动评估

只要愿意，每名幼儿都能与班上的两位老师进行深入的交谈。他们与我的第一次对话是高结构化的，只有这样，我才能解释清楚在参与活动时他们应该做些什么。按照之前的计划，我们要和幼儿一起探索"最"（best）和"最喜欢"（favorite）这两个概念的含义。所以，每次当我问到正在参与的幼儿"你最喜欢哪首歌"和"你最爱的童谣是哪一首"时，后面还在等待和观察的幼儿就能（从字面上）明白，轮到他们时他们应该如何回答。有语言学习方面的特殊需要的几名幼儿也可以成功地将我说的话与我的表情、手势动作联系起来。这样，轮到他们参与活动时，他们就已经基本上理解了活动的规则，包括对我们事先计划要介绍和不断强化的关键词的理解。

班上的另外一位教师，即机动教师，则需要在以下两个环节对他们说的话给出回应：一是在幼儿画画的过程中，二是在幼儿完成绘画后教师帮助他们将名字写在画上的时候。由于没有其他工作任务，机动教师就可以专心地和一名或两名参与同一活动的幼儿进行谈话，这样一来，机动教师就能够和他们详细谈论他们正在做的事，回答他们提出的问题，耐心地倾听和回应他们的话。这为师幼之间"持续的共同思考"的产生创造了条件。这个活动由于基于幼儿已有的经验，所以对所有幼儿都具有吸引力。像英国其他幼儿园的幼儿一样，念唱童谣是幼儿整体经验中不可或缺的一部分，所以每名幼儿都满怀热情地谈论他们的选择结果。此外，由于两位教师都同样充满激情地回应幼儿，所以，幼儿不仅对童谣调查活动本身乐此不疲，而且对在第二天参与谈论照片等后续活动的积极性也有增无减。

在第二天的后续活动期间，我们注意到一个有趣的现象：所有的幼儿又非常渴望戴上手指木偶听音乐。那几名两岁多的幼儿尤为兴奋，非常想再参加一次活动（尽管他们没有画画），那些有特殊需要的幼儿也是如此。这也提醒我们，有必要再次找机会安排这样的活动，以此继续促进他们的谈话和学习。

教师之间相互合作

从个案研究 7.4 和对上述活动案例的详细分析中我们发现，定期由两位教师同时参与"教师主导"的活动、共同聚焦与不同幼儿的谈话,优势是显而易见的。这样的安排为幼儿创造了一个宽松的活动氛围,有利于幼儿思考、形成自己的想法。两位教师可以在教室的任何区域展开活动,目标明确指向促进幼儿积极地参与谈话。这样的安排也应当包括两位教师参与由幼儿根据教师提供的材料自主确定游戏内容的"幼儿发起的"(child-initiated)活动(DCSF,2009b)。

在幼儿园,有些活动是每天都可以进行的,而且始终能够引发幼儿开展多次重复的自由探索游戏。这些"连续提供"(continuous provision)的活动包含橡皮泥游戏、沙坑游戏、玩水游戏等。如果两位教师能够经常参与幼儿的这些活动,幼儿在活动中的收获会更大。也许我们会看到,在很多幼儿园,教师只在橡皮泥游戏桌边停留非常短的时间,然后就转向那些需要严密监督的游戏区域。但是,根据我的个人经验,当两位教师能够固定待在连续提供的游戏区域时,他们和幼儿之间的谈话内容会更加深入,谈话的时间也会更长。

谈话过程只是师幼双方共同讨论幼儿提出的一些想法,谈话没有预设目标,从这个意义上说,这种谈话通常是完全"开放的"(open-ended)。这种谈话形式能够吸引弱势幼儿积极参与活动,确保他们能够留下来,有足够的时间与他人进行深入、有趣的谈话。虽然现场可能有一些有关活动内容的简单介绍,如"用橡皮泥做'饼干'"等,但是,谈话的主题经常会转向"我们在家做什么""我的弟弟做了什么",或者"妈妈对爸爸说了些什么",等等。这类"去情境化的会话"(decontextualised conversation)有利于幼儿社会交往能力的发展,是促进幼儿读写能力发展的关键因素(见第9章)。值得一提的是,两位教师同时参与"幼儿发起的""开放的"活动,如在娃娃家(home corner)或角色扮演区(role play area)活动时,都应当以机动教师的身份参与师幼交往,而无须挑选一个人专门"管理"活动。

两位教师可以参与一些对教师指导要求较高的活动,如在木工台上使用工具或制作维多利亚海绵蛋糕等。在这些情况下,"管理者"组织幼儿恰当地使用材料或按照指导一步一步地操作。机动教师则根据需要,在幼儿参与活动的过程中单独与幼儿进行深入交谈,给幼儿进行详细讲解。如果两位教师能像上述那样相互合作,那么他们为幼儿拍摄的任何一张照片都可以用来为幼儿创造谈话的机会,从而进一步提高他们的语言能力,例如,通过幼儿与成人分享家庭相册来扩展幼儿的语言。

小　结

在幼儿聚精会神地参与"幼儿发起"的游戏或"成人主导"的活动时，教师与小组内多名幼儿的互动和谈话可以像教师与幼儿一对一交流一样有效。许多幼儿只有在获得足够支持的情况下才能够感觉到，成为集体的一员（参与集体活动）与获得教师的单独注意（与教师之间个别交流）一样，都是有价值的。能够在多大程度上成功地参与小组交流，取决于他们的年龄、社会情感的成熟水平以及交流能力。但是，如果教师对引导幼儿积极参与谈话这一目标有清晰的认识，那么，幼儿就可以（和其他幼儿）一起谈话、一起学习。

在第 8 章中，我们要更加详细地探讨有关幼儿学习方法与过程的共识（即幼儿园教育观念）如何影响教育实践，即教师如何设计谈话活动，以达到使幼儿与教师一起有效谈话、一起有效学习的目的。

反思与讨论

让两位教师合作参与一个活动需要投入大量的时间。具体到你所在的幼儿园，为了满足"弱势"幼儿的需要，我们所提供的方法适合吗？

你对不能"实时"做书面记录是否有所顾虑？

练习实践

参考个案研究 7.4 中的案例，设计一个有两名成人参与的"成人主导的"活动。活动中幼儿是如何反应的？

设计一个两位教师分工合作的"幼儿发起的"活动。结果，谈话的质量发生了什么变化？

评估这种方法使用的效果，并向园长和同事做一个详细的汇报。

在图书区安排一名机动教师，然后观察：这种安排对进阅读区的幼儿人数有影响吗？图书分享的质量是否发生了变化？

延伸阅读

Jones, M. and Twani, J.（2014）*Let's Talk About Math!* Cambridge: Lawrence Educational/Yellow Door.

有用的网站

National Literacy Trust Corner Audit

www.wordsforlife.org.uk/questionnaire/index.php?option=Book+corner+audit
（accessed 25 May 2015）

Provide a comprehensive interactive resource for assessing the current status of your book area, as well as practical suggestions for how to make improvements.

Talk4Meaning

www.talk4meaning.co.uk/every-child-a-talker/give-your-book-corner-a-makeover/
（accessed 25 May 2015）

Further information and practical ideas for transforming book area.

第 8 章

影响师幼交流的教育理念和教育实践

> **内容提要**
> - 提出幼教机构的教育理念会对教师与幼儿谈话的方式产生影响;
> - 描述教师应如何通过调整与幼儿互动的方式来满足他们不断变化的需求;
> - 描述幼教机构如何在实际操作层面做出改变,以促进幼儿的心理健康和语言发展。

在第 7 章中,我们已经谈到幼教机构的活动类型,从幼儿发起的游戏到教师设计并主导的活动,从无结构的活动到高结构化的活动(DCSF,2009b)。在任何一家幼教机构中,教师做出的决策都决定了这两类活动之间的平衡点的位置。在幼教机构中,教师做出的决策可以反映他们有关幼儿发展的知识,有关如何最大限度地满足幼儿的需求以及如何促进幼儿发展和学习等方面的信念与观点。园长与教师的共同信念,即他们的教育理念,将直接影响幼儿参与的活动类型、教师与幼儿互动的方式等(DCSF,2009b)。幼教机构的教育理念还包括教师如何才能满足某一特定群体幼儿的需求(Siraj-Blatchford,2010)。来自有效学前教育项目(EPPE)的详细个案研究结果表明,在高效的幼教机构中,教师的教育理念直接指导他们在"幼儿发起"和"成人引导"这两类活动之间寻求平衡。在这样的幼教机构中,教师更有可能引发幼儿参与深入的谈话和"持续的共同思考",为幼儿的有效学习提供支架(Sylva et al.,2004)。

教育理念同样也会直接影响教师对物质环境的创设，包括户外环境的布置、材料的提供和家具的摆放等。物质环境可以对幼儿的游戏、探究和与人交谈等活动的方式产生非常重要的影响，而幼儿的活动方式又会影响他们的心理健康和交谈内容（Community Playthings，2013； White，2014）。在这种环境中发生的一切，包括教师"教"幼儿的方法和基于教师"教学"出现的幼儿的"学习"，也都受到教师教育理念的直接影响。《早期基础阶段教育纲要》（The Early Years Foundation Stage，EYFS）指出，早期教育中的有效"教学"和有效"学习"具有以下几个特点：游戏与探究、主动学习、自由创造和主动思考。因此，教师应该鼓励幼儿在形成自己想法时多调查、多体验、集中注意力多次尝试，并为最终自己所获得的成果感到自豪（DFE，2012）。在《幼儿如何学习》（How Children Learn，2011）一书中，南希·斯图尔特（Nancy Stewart）提出，有效教学的这些特征是否明显取决于教师与幼儿互动的质量。

英国社会发生的巨大变化要求幼教机构中的教师对其实践进行改革，以满足这些幼儿语言发展和学习的需要。欧盟的扩容政策导致英国的移民家庭越来越多，而且大多集中在乡村地区。之前这些地区的幼教机构并没有教幼儿学习作为第二语言的英语等方面的经验，但现在，每个班可能都有几个刚刚移民到这个国家的幼儿，这几个幼儿刚刚才开始接触英语。

对幼儿教育实践产生重大影响的一项国家政策的变化是，幼教机构已经开始接纳被鉴定为"弱势"的两岁儿童入园。这里所说的"弱势"可能来自家庭的不利社会环境或是因家庭抚养困难而产生的问题等。其中，许多幼儿的社会性发展和语言交往需要得到了特别的支持。随着越来越多的幼儿被鉴定为语言贫乏，幼教机构也已经根据社会的这种变化及时做出了调整。在很多情况下，这些幼儿的语言发展相对落后主要是由于他们在家时的语言交流经验不足（I CAN，2006）。

为了满足幼儿不断变化的语言发展和学习需求，在一些幼教机构中，教师相互合作，已经对教学实践中的一些内容做出了彻底的改变。本章将重点关注这类幼教机构。在这些幼教机构中，教师做出改变或调整的动力来源于他们有关幼儿发展的共同信念，即教育理念。

为教师语言制定标准

在第 5 章的讨论中，我们提到，有些幼儿和成人也许使用的是"受限语码"，他们的词汇量比使用"精制语码"的人要小（Bernstein，1973）。无论是否同意伯恩斯坦的观点，我们都会赞同，创造各种机会丰富幼儿的词汇量非常重要。在案例 5.3 中我们已经看到教师是如何丰富史蒂文的词汇量的：她向史蒂文提出建议，可以用另外一种方式来称呼他所说的"哼"，也就是说用"恼怒"这个词代替"哼"，这就是在丰富他的词汇。他还是可以一直说"哼"这样的话，但现在他学会了另外一个词，这个词能够帮助他更好地和家人交流，更好地在幼教机构中与不懂"哼"的同伴和老师进行交流。

在很多幼教机构，教师可能会通过组织"教师主导"的活动等直接介入的方式丰富幼儿的词汇量。例如，组织小组活动，激发幼儿的交谈兴趣，鼓励他们谈话。还有些幼教机构则将改善教师自身的语言作为起点。例如，在一些幼教机构，教师在和幼儿说话时开始减少当地方言的使用，而增加规范英语的使用量。这里需要特别指出的是，教师不要改变自己的口音，或试图影响幼儿的口音。然而，在这些幼教机构中，教师可能习惯性地在活动中只使用当地方言。这种方言是一种英语变体，只有当地人才能完全理解（如纽卡斯尔地区的"泰恩赛德语"或利物浦地区的"利物浦方言"），其中的某些词汇也只限于当地使用。因此，教师应当做出理性的决定，尽量多地使用英国各地人以及幼教机构中的幼儿都能听得懂的英语。

个案研究8.1

教师如何与幼儿谈话：从改变问候语开始

一位当地政府的幼儿教育顾问访问了一家幼教机构，在这家机构中，相当多的幼儿有"语言贫乏"的某些特征。园长表示，在许多情况下，这些语言问题都是由于这些幼儿与父母之间的互动较少，以及在少量的日常交流过程中父母使用的词汇非常有限。顾问注意到在家长送幼儿来时教师对他们使用相同的问候语："你还好吗？"——这是当地一种常见的问候方式。顾问在之后与园长进行交流时指出：与家长和幼儿问候的时间是难得的提高幼儿语言能力的机会。例如，教师可以使用"早上好/下午好/你好，你今天怎么样/你好吗/你睡得好吗/你早餐吃的什么呀/你中午吃的是什么"等问候语，这样就为幼儿使用规范英语进行问候提供了语言范式，同时也为家长、幼儿、教师相互之间的简短谈话提供了可能。

还是在这家幼教机构，当教师想要获得大家的注意时，他一般会大喊："听好了，小家伙们！"顾问反馈时指出：首先，"听好了"在这里的意思是不明确的；其次，幼教机构只有幼儿和女教师，没有"小家伙们"。所以，想要获得幼儿的注意，还有一些更好的表达方式。例如，可以说"注意了，孩子们/女孩们/男孩们/所有的男孩和女孩/大家注意了/看着我"等。

园长看出来，这名顾问这一观点非常有意思。特别是在近期他们两个参观当地一所小学之后，这种感觉更加明显。在他们参观的这所小学，所有教职员工都用规范英语向学生问候，也尽量利用可以发现的每一次机会，在和学生交谈时使用更加"复杂的"英语。在随后有关语言发展的教师培训会上，园长提出了这一观点。在会上大家对教师使用该社区方言的利弊展开了激烈的讨论。培训会结束后，园长和副园长商定，从她俩开始，在和幼儿说话时尽量减少说方言，并观察这样做对幼儿语言发展会产生什么样的效果。很快就有了结果，那些刚开始学习作为第二语言的英语（EAL）的幼儿使用"早上""晚上"等词汇的频率明显增加。教师们将这种变化归功于她们在问候幼儿时使用了这些关键词。这个结果在其他教师中产生了很大的影响，她们也开始效仿园长，改变与幼儿及其父母之间的互动方式。

看起来，在个案研究 8.1 中，政府的幼儿教育顾问似乎对哪种英语比另外一种"更好"做出了她的价值判断。还有的人认为，幼儿需要知道英语中有多种语言变体，也需要知道该在何时、对谁使用哪种变体最为合适。例如，学校的学生会发现，他们的有些同学在操场使用俚语，甚至是脏话。俚语是一种非正式的语言变体，幼儿可能在家或一起游戏时经常使用。有时候，俚语可能是当地方言的一部分，大一些的孩子或是成年人会有意识地使用这种俚语来凸显自己在某一特殊群体的身份特征。例如，有人就听到，英格兰东北部地区某幼教机构的一些幼儿在户外游戏时使用了"闭嘴"（shut your gob）这一短语。其中一名幼儿后来还对老师说了这句话，老师告诉他说这句话是非常不礼貌的。他却对老师说，他爸爸经常这样说，特别是在玩打打闹闹的游戏时说得更多。于是，老师只好向他解释，这句话在家里使用没关系，只要爸爸妈妈认为没问题就行，但是在幼儿园，不应该对其他小朋友这样说，更不能对老师和其他大人这样说话。

幼儿也是以同样的方式学会脏话的。如果幼儿说脏话，教师可以通过讨论帮助他们理解说脏话是不对的。例如，4岁的费伊（Faye）在和她最好的朋友劳伦争吵谁要穿备受青睐的白雪公主服时，就用了非常脏的词骂她。劳伦感到很震惊，马上跑去告诉老师费伊刚刚所说的话。老师把两人带到一边，向她们解释，的确有些人会说一些"恶毒的"词，但这是不礼貌的，我们不应该向他们学习，在学校里也是绝对不允许这样说话的。接着，费伊开始向老师详细解释她是在哪里听到这些话，这些话是谁在什么情况下说的。她是这样说的："我爸爸就是这样对隔壁邻居说的，因为他家的猫总是来我家的花园大便。"这种讨论非常重要，这样让幼儿意识到，语言并不只是一个一个的词那么简单，使用的方式不同，表达的意思可以不一样。

教师常常会使用木偶表演或角色扮演等开展想象游戏，和幼儿一起探讨方言、语域等概念。在活动中赋予每个木偶独特的人格，让他们使用不同的方言和口音，不仅会让参与活动的幼儿开怀大笑，而且使幼儿有可能谈论人们如何以不同的方式使用语言。例如，在讨论同一个话题时，教师经常使用不同类型的英语表达同样的意思。在观看木偶表演游戏时，幼儿就能意识到，木偶说出"我说'淡定大哥'，他就说'大哥，简直太赞了'"这样的话，实际上他就像迪士尼电影《海底总动员》（*Finding Nemo*）中的那只乌龟柯路茜（Crush）一样在说"行话"（Surfer Lingo）。我们曾在一所日托幼儿园和一组3岁的幼儿玩想象游戏：给几个非常逼真的新生婴儿人偶换衣服、喂饭。我想做一个实验，看看这些3岁的幼儿能否识别出不同的语域，于是用"妈妈语"（Motherese）问一个小女孩。她非常吃惊，连忙用语法不准确的语言回应我："我不婴儿！我大姑娘！"我问一个小男孩，他的回应是："我不小猫！"我起初还不太明白这个小男孩想要表达的意思，后来我恍然大悟，因为养宠物的人也经常使用"妈妈语"跟他们的猫或狗说话。从这个案例中我们可以看出，这些非常小的幼儿已经对语域有了非常清晰的意识。

伍德（Wood，1998）观察发现，在刚上学时被判定为语言发展困难的儿童，或许事实是他们只是听不懂老师在跟他们说什么。根据伍德的研究，出现上述现象的原因并不是儿童存在语言理解的本质问题，而是有时教师使用的语言类型或语域他们不熟悉。

【案例 8.1】"教师语言"（Teacher Talk）

塔利亚（Talia）4岁6个月，在一所小学的学前班上了6个月，她特别喜欢在家里玩"学校"主题的游戏。有一次，她的父母无意中听到她正在给坐在她前面的泰迪熊和布娃娃班上课。她对"同学"说："红班的同学，你们知道吗？我真的对你们其中一些人的行为感到太失望了。"塔利亚所模仿的话就是我们经常提到的"教师语言"。在塔利亚所在的学校里，大部分幼儿的母语不是英语，她们的英语学习处于起步阶段，因此有些人很可能对案例中塔利亚模仿的话感到非常疑惑。由于这是教师的真实感觉，所以使用"失望"这个词并没有什么错。但是，她的这句话语法比较复杂，意思容易混淆。在这种情况下，教师最好使用语法简单的语言（如短句、简单句），以确保班上大部分幼儿能明白。例如，教师可以说："我们班上有些小朋友表现不太好，让我感到失望。"

反思与讨论

你在和孩子交谈时说方言或使用方言中的词汇吗？是不是在幼教机构中所有教师都必须使用规范的英语？

练习实践

你可能知道，很多家长甚至是你的同事都在使用一种幼儿不能理解的语域或某一复杂的语言，这为语言交流带来了一定的困难。例如，他们可能使用复杂的语言，或因为养成了一个非常不好的习惯，经常使用讽刺性的语言，如"你以为你自己在做什么",或者"你不应该在家里这样做,对吗?"等。有时候他们使用的语域又太过简单,如对一个已经比较大的幼儿使用太过幼稚的口气。例如,妈妈希望阻止快5岁的孩子打他的弟弟,于是用唱歌一般的高音拖沓着说:"哦,快别打了,妈咪要生气了哦!"音调还很高。

针对以上情况,你会提供什么样的帮助?

试试采用合适的语域做出示范,如使用"利昂(Leon),别打了"这样的话。

教师语言的准确性

如果我们承认词汇量不足的幼儿将会在学校处境不利,那么教师的一项重要任务就是尽可能地扩大所有幼儿的词汇量。成人可以通过在和幼儿谈话时尽量使用准确的语言来达到这一目的。例如,在一个寒冷的冬天,我在帮一个来自立陶宛的小姑娘穿衣服时对她说我非常喜欢她的外套,园长听见之后马上就指出我刚刚所说的外套实际上应该是夹克。由于使用的语言不够准确,所以我无意间错失了一次激励幼儿学习英语的可能性,也错失了一次向幼儿介绍新单词"夹克"的机会。这位园长非常明确地告诉大家,她和同事以及所有来访者都需要知道如何与幼儿交谈。她还以身作则,带头建立起一套与幼儿谈话时使用的语言标准。她最喜欢的格言是"一切学习均始于语言"。

【案例 8.2】和唐娜聊聊棒形扣

唐娜(Donna)2岁5个月,她有一件新的呢子外套。她非常喜欢这件外套,但是却发现外套的扣子非常难扣。三天来,在关键人斯卡莱特(Scarlet)老师帮她穿外套时,唐娜都在和她讨论这颗纽扣。

第一天

斯卡莱特:我真喜欢你的新外套!它大大的,也非常可爱,而且看起来十分暖和。

唐娜:我喜欢这,喜欢它暖和。

斯卡莱特:让我帮你穿上外套好吗?

唐娜:我不扣扣子。

斯卡莱特：对，你的扣子特别大，我们叫它"棒形扣"。

唐娜：棒形扣。

斯卡莱特：这些棒形扣非常难扣上。

唐娜：扣子，大扣子。

斯卡莱特：现在我们来试试，将这些棒形扣扣上吧！

第二天

斯卡莱特：我们又要来扣棒形纽扣了！

唐娜：不棒形扣，扣子。

斯卡莱特：这是大的棒形扣，棒形扣。

唐娜：大扣子。

斯卡莱特（笑了）：你可以叫它"大扣子"，但是我叫它"棒形扣"。

唐娜：妈妈说扣子。

斯卡莱特：妈妈叫它们扣子对吗？

第三天

唐娜：我喜欢新外套。

斯卡莱特：我也喜欢。

唐娜（指着一个棒形扣）：这是什么？

斯卡莱特：这是棒形扣。

唐娜：我喜欢扣子。

斯卡莱特：是因为扣子更好扣吗？棒形扣难扣上吗？

唐娜：棒形扣难，是的。

在这个案例中，我们看到了一个真实的相互交流看法的过程，以及一个非常小的幼儿如何坚持己见的过程：幼儿坚持自己对某一事物的称呼，是因为她妈妈就是这么说的。斯卡莱特老师很快承认唐娜和她的妈妈都没有"错"，但同时也告诉唐娜：你也可以把这个非常大（而且非常难扣）的东西叫作"棒形扣"，说话时态度坚决却语气委婉。在第三天对话结束时，唐娜已经开始接纳"棒形扣"这个词。当然，她以后是否会在其他场合选择使用这个单词又是另外一回事了。

提高教师语言准确性以扩大幼儿词汇量的另外一种方法就是非常著名的"五对一"（Five for One）。这个方法要求教师通过积极努力，使每名幼儿的词汇量扩大5倍。教师需要鼓励幼儿参与交谈，然后在交谈中了解（在心里记住）幼儿如何谈论周围环境中事物的类别，如鞋类等。如果他们说到了"鞋"这个词，那么教师就可以再向幼儿介绍5种更加准确的方式来命名穿在脚上的东西，如跑鞋、凉鞋、雨靴、拖鞋、人字拖等。这样的目标可以在教师帮幼儿穿鞋等日常生活环节中实现，可以说一说幼儿穿的鞋，如："我喜欢你的凉鞋"/"你昨天穿的是跑鞋吗？"。此外，在"教师主导"的数学或语言活动中，教师也可以向幼儿介绍新词或帮助他们巩固已学过的词。例如，在小组活动中，教师可以先向幼儿介绍一大袋子不同类型的鞋，然后帮助他们对这些鞋进行配对和分类，如将这些鞋分为拖鞋、跑鞋、凉鞋、帆布鞋等。这个活动还可以以重新分类等方式进行延伸，如请幼儿按照室内或室外对这些鞋子进行分类。

个案研究8.2

五种方式说"上衣"

在"每名儿童即一个交谈者"（ECaT）项目中，参与项目的幼教机构一开始就要指定一名教师担任"早期语言导师"（Early Language Lead Practitioner，ELLP）。这名成员的任务就是在幼教机构积极发起和语言发展有关的活动。例如，在某个幼教机构，我们通过幼儿语言监测发现，许多幼儿的语言表达能力相对落后，需要专门指导。早期语言导师（ELLP）经过观察发现，大多数家长以及一些教师把孩子的针织套衫、毛衣、羊毛开衫、套头衫、绒毛衫一律叫作"上衣"。在和园长商量后，语言导师和所有教师专门讨论了这个问题，并一致同意将每个班上的角色扮演区变成一个"服装店"。每个"服装店"中有一面墙，专门用来展示各类衣物，并配上文字说明，准确标注每件衣服的名称，如宽松平角短裤、女士短衬裤、紧身衣、马球衫、T恤衫、针织套衫等。

同时，每位教师也时刻注意自己的语言，确保在与幼儿进行日常交流的过程中能正确使用相应的词。由于教师拥有不同的语言背景，所以她们经常就某一特定物品的准确名称展开讨论。例如，洛佩斯（Lopez）老师和格雷

> 戈里（Gregory）老师在同一个班。洛佩斯老师是一位来自哥伦比亚的教师，她的母语是西班牙语，而格雷戈里老师的母语是德语。一次，她俩正在给班上的幼儿讲故事，当时是夏天，幼儿看起来都非常热，所以洛佩斯老师让幼儿把"上衣"脱掉，而格雷戈里老师则发起了关于每件衣服具体名称的谈话。因为两位教师都不太确定应该把带帽子的针织套衫叫什么，在和幼儿讨论时出现了很大的争议，最终还是语言导师来了，问题才得以解决。语言导师的女儿正好在零售商店工作，她在咨询服装部门之后，确认这类衣服的准确名称应该是"套头上衣"。于是，这又引发了一番新的讨论，讨论的内容是在幼儿的家里"针织套衫"是怎么说的——用英语怎么说，用他们的母语怎么说。
>
> 我们通过网站和宣传册等方式与家长分享了这些扩充幼儿词汇量的非正式的方法，同时在家长工作坊中家庭工作者也会向家长进行介绍。

这些类型的活动能够有效提高幼儿对幼教机构中经常使用的语言的敏感性，所以对所有幼儿都有帮助。这些活动也为教师和幼儿创造了机会，让他们可以谈论语言本身以及大家使用的不同语言，当然也包括词汇。这不仅可以丰富幼儿的词汇量，也可以提高幼儿思考和探究语言本身的能力。

在这个个案研究中，教师们一致决定，为了幼儿的利益，教师的语言需要进行改善。这是幼教机构教育理念如何影响幼儿发展的一个非常成功的案例。在这家幼教机构，所有教师一致认为，谈话是提高幼儿交往能力、促进幼儿语言发展的最好途径，所以她们都在积极寻找各种途径，努力提高她们与幼儿之间互动的质量。

想好再说

家长和教师都会通过与幼儿交谈来发展幼儿的社会交往技能，帮助他们理解在家、在幼儿园以及在公共场合，什么样的行为才是得体的。这些重要的知识与技能是在互动中学会的，互动发生的场景既包括每天的常规活动，也包括幼儿与家长、教师共同分享时的偶发事件。但遗憾的是，成人与幼儿说话的方式有时候却会引发误解，从而导致幼儿表现出一些所谓的"问题行为"（challenging behavior）。

【案例 8.3】乔治与自行车：教师提供含糊信息

乔治（George）3 岁 7 个月大，因患中耳炎（"咽鼓管堵塞"）而出现了语言发展迟缓问题。咽鼓管堵塞是由中耳位置及耳膜处的分泌液堵塞耳道而引发的，通常会导致听力丧失。由于这种听力丧失是间歇性发作的（感冒时会变得更加严重），所以幼儿很难适应，成人也很难觉察到孩子的听力出现了问题（Peer，2012）。每当乔治感冒、耳朵发炎、听力丧失时，他的行为就变得非常不可预测。正式确诊之前，他的父母在他不听话时总是认为他非常"叛逆"。

一位听力障碍儿童顾问来到乔治所在的幼教机构，通过观察，就如何帮助教师满足乔治的需求以及当乔治偶尔表现出"问题行为"时教师该如何应对等方面提出了具体的建议。教师也已经意识到，在提要求的时候需要单独与乔治说话，还必须保证他能看到自己的脸。

活动一

乔治和其他几个小朋友在户外骑自行车。有人看到乔治不停地拿自己的车头去撞别的小朋友的车。这时，伊温妮（Yvonne）老师走过来。

伊温妮：乔治，你能不这样做吗？你会伤着瑞安（Ryan）的。行吗？
（伊温妮老师说完离开了，乔治依旧用自己的自行车去撞瑞安的车。）

活动二

外面下雨了，伊温妮老师让所有小朋友进教室。

伊温妮：我们现在可以进去吗？下雨了！好不好？
（除了乔治，其他幼儿都放下自行车向教室走去。伊温妮老师走到乔治身边。）

伊温妮：乔治，我希望你现在就进屋。好吗？

> 乔治：不，我要在这里！
> 伊温妮：我刚才就请你进去了，行吗？
> 乔治：不！不！（乔治戴上衣服上的帽子，骑上车走了。）
>
> 伊温妮老师看着那位儿童顾问，她的表情好像在说："看看，我说什么来着了（他真的不听话），我该怎么办呀？"儿童顾问建议伊温妮老师可以试试这样说："乔治，（指着天空）看，现在正下雨呢！（指指乔治的裤子）你被淋湿了！现在应该进到教室里去（指指教室），我会帮你把自行车推到教室里面去的。"于是，伊温妮老师照做了，结果乔治还帮老师摆放自行车，然后两人一起走进屋。

在之后的讨论过程中，儿童顾问和伊温妮老师探讨了成人（包括家长在内）给孩子准确传递信息的必要性。当伊温妮老师说"我们现在可以进去吗？下雨了！好不好？"时，如果有幼儿进教室，那她就已经够幸运的了。她认为自己发出的是一个指令，但实际上却是"我们现在可以进去吗？""好不好？"两个问句。进教室的幼儿明白了她说这两句话的真实意图，但乔治却只是从字面上理解了她的话："她在问我们可不可以进去，所以我可以按照自己的想法选择。" 伊温妮老师在"下雨了！"之后加上一句"好不好？"，她的意思本来是"你明白我的意思了吗"，但是乔治却理解成："你觉得这个主意怎么样？"（对这个问题他的回答是"不"）。

当伊温妮老师说"我希望你现在就进屋"时，实际上她的意思表达得更明确了。但是，"我希望"（I'd like）这种句式不是教师对学生的指令，而是两个人间的私下协商，如果乔治拒绝，他只是在违背伊温妮老师个人的意愿。这本来可能引发一场大冲突，但她又加上了一句"好吗？"，意思就又变成在询问乔治如何看待她"让乔治进教室"这一提议。

当伊温妮老师终于简洁又清晰地解释了当前的问题（"现在正下雨呢，你被淋湿了"），并客观描述了接下来会发生什么（"现在应该进到教室里去"）时，乔治马上遵照指示走进了教室。因为伊温妮老师没有再加上一句"好吗？"，这让乔治明白这时已经没有商量的余地。伊温妮老师接着又向乔治解释了她会帮助他把自行车推到教室里面去，这样就帮他解决了问题。有一点非常重要，值得一提的是，伊温妮老师这次没有说"我能帮你吗？"，不然乔治就会再一次误以为还有商量的余地。

像这种小插曲其实很常见，由于成人在无意中提供给幼儿的是"含糊不清的信息"，所以这样的状况有可能会发生。在这个案例中，导致意思混淆的主要原因是教师将一个指令以问句的形式呈现。例如，本来想表达的意思是"我们必须/我们应该"，结果却说成了"我们是否可以……"。通过改变发出指令的方式，伊温妮老师让乔治理解了她的意思，并做出了正确的动作。然后，伊温妮老师向乔治清楚地说明了接下来需要做什么，即简短地解释了他必须进屋的原因（"你被淋湿了"）。这时，伊温妮老师也可能在帮助乔治丰富词汇。

随后，在伊温妮老师给乔治换下湿衣服时，他们又有共同的话题可以聊了。伊温妮老师和乔治聊了乔治是怎么把牛仔裤弄湿的，他挂钩上的储物袋里还有一条干净的慢跑裤等方面的内容。

语言能力强的幼儿通常能够在老师以委婉的方式提出要求时准确地理解她的意图。也就是说，当老师问"你不要这么做，好吗？""你介意吗？"或者大声说"打扰一下"时，语言能力强的幼儿能够理解老师想要表达的是指令："别这么做！""别做（说）了！"如果将这些句子的不同含义引入角色扮演游戏（如娃娃家游戏或木偶游戏）中，引起幼儿的注意，那么这些幼儿会很愿意去玩。但是，年龄比较小或是"弱势"幼儿——导致"弱势"的原因包括刚刚开始学习英语（EAL）、语言发展迟缓或是生性非常害羞等，在试图理解"含糊不清的信息"时经常会产生困惑，也会感到焦虑。明确的说明和简洁的解释对他们是非常有帮助的（Johnson and Johns，2012）。

接下来，我们要求教师相互观察她们与幼儿的互动过程，通过相互帮助让大家杜绝使用反义疑问句，学会更加清楚地发出指令。一段时间后，园长报告说，乔治的行为得到了明显的改善，整个幼儿园幼儿的"问题行为"也大大减少。乔治的关键人将乔治的这一积极变化告诉他的妈妈，他妈妈也意识到，以前乔治与父母之间的很多冲突都是因为父母提供的信息含糊不清。于是，乔治妈妈多次来到幼儿园，教师也为她示范如何向乔治传递明确的信息。由于这家幼儿园已经将"教师要尽可能地不断调整教育教学策略，以满足每名幼儿的个别需求"作为教育理念之一，所以儿童顾问提出的这些建议在整个幼儿园都得到了落实，幼儿园的所有幼儿都从中获益。

说出想表达的意思

成人在指导幼儿学习积极的行为时语言表达清楚,不仅能够提高幼儿的社会交往技能,同时也能对他们的语言发展和学习产生积极的影响。但是,当成人的话没有说清楚(如使用的语言不准确)时,就会出现截然相反的效果,特别表现在对幼儿的行为会产生负面影响。例如,我们经常能听到教师对孩子们说要"分享"玩具或用具。有些家长会直接这样说或表现更加激进,会说:"你需要学会分享!"实际上他们想表达的意思却是他们要让孩子"轮流"玩玩具或是使用某些工具,"轮流"和"分享"所表达的意思实际上是不同的。在下面这个案例中,乔治(还是上面那个乔治)对另外一个孩子做出了"问题行为"。其中的镜头二为我们提供了处理突发事件的另外一种思路,带来的结果也截然不同。

【案例 8.4】乔治、基尚和自行车

乔治又一次骑着自行车出去了。自行车是单人座的,乔治已经在上面骑了十分钟。4 岁的基尚(Kishan)让乔治下车,乔治却推了基尚一把。基尚想直接把车抢过来,乔治挥拳去打基尚,于是基尚哭了起来。负责室外活动的亚历克斯(Alex)老师走过来,了解到底发生了什么事。

镜头一

基尚:他打我。

乔治:基尚推我。

亚历克斯:你们两个是因为自行车打起来的吗?

乔治:这我的自行车!这我的自行车!

亚历克斯:乔治,我们不是说过要分享的吗?你要学会分享。你已经骑了很久,快下车,这样基尚就可以骑了。

乔治(大喊大叫,想要骑车离开):不!不要!

镜头二

亚历克斯：你们两个是因为自行车打起来的吗？

乔治：这我的自行车！这我的自行车！

亚历克斯：我们应该要轮流骑车。（对基尚说）现在轮到乔治骑车，轮到他了。他骑好了然后轮到你骑。看，那边有一辆小轿车，你想先去开会儿小轿车吗？

基尚：不，我想骑自行车。

亚历克斯：我有一个主意。你先去把那辆小轿车开过来，然后看看能不能和乔治交换一下。

（基尚过去把那辆小轿车开了过来。）

亚历克斯：基尚，你问问乔治，"你想交换吗？你想用自行车换小轿车吗？"

基尚：乔治（指着这辆小车），你要换吗？

（乔治从自行车上跳下来，上了小轿车。）

亚历克斯（对乔治和基尚说）：表现不错！这次交换太棒了！那么现在就轮到基尚骑自行车、乔治开小轿车了。看！莉莉（Lily）正在等着骑自行车呢。基尚，你骑完自行车时，就告诉莉莉该轮到她骑车了。你能做到吗？（基尚点头）真棒！

亚力克斯老师在镜头一中说的话是不正确的。他告诉乔治要"分享"，但是实际上他真正想表达的是"轮流"。只有在自行车有两个座位的情况下才能分享，这是一辆单座自行车，所以乔治是在被要求去做一件不可能做到的事。此外，亚力克斯老师说"你要学会……"，但还是没能告诉乔治如何做才能达到这个不可能实现的要求。受语言水平的限制，乔治无法用语言表达自己的感受，询问老师应该怎样做，于是因为害怕而想骑车逃离。在镜头二中，亚力克斯老师尝试对轮流做出解释，结果成功了。"分享"和"轮流"是两个非常不同的概念，也经常容易混淆。在这个案例中，"分享"的意思是要一起坐上并平等地操控自行车。由于这是一辆单座自行车，所以是没有办法实现的。"轮流"则是指要达成一致：一个人先玩，然后在商定好的一段时间后下车，让下一个轮到的人骑车。

在镜头二中，亚力克斯老师意思表达准确，成功地阻止了两名幼儿之间的打架行为，还提供了可行的解决方法。当提供的方法不奏效时，他又引入了"交换"这个概念，而"交换"是两名幼儿都可以接受的。通过使用准确的语言，亚力克斯老师在交谈中强化了这些重要的概念，也将这些概念与幼儿已有的词汇建立联系，从而促进了幼儿的语言发展。这所幼儿园的小朋友经常在"教师主导"的小组活动中玩"交换游戏"。在游戏过程中，每名幼儿随机分到一个玩具。如果有幼儿不喜欢分给自己的玩具，可以尝试和其他幼儿进行交换，无论交换到的是什么。有些幼儿因为对分给自己的玩具很满意，所以不想与其他幼儿交换。但是，当有人提出与他交换时，教师就鼓励他们说："我很满意，谢谢！"在这种情况下，教师可能会建议他们"一起玩"一个玩具，或者大家"轮流玩这个玩具"。这时，教师可能就要参与进去，帮助他们成功地实现"一起玩"或"轮流玩"的目标。如果两名幼儿都想看同一本书，那么问他们是否愿意"分享"这本书则是非常合适的建议。这里的"分享"指的是"两个人一起拿着书，共同决定要看的是哪一页，或是两个人轮流看，每人一次看一页"。同样，教师很可能要去示范"好的分享"是怎么样的。

这些类型的互动表面上看起来好像仅仅是一个文字游戏的问题，但实际上却能对幼儿的社会性发展和语言发展起到重要的促进作用，也会对幼儿的心理健康产生重大影响。不过，所有教师必须相互合作，使用相同的语言，并确保他们说出的话中蕴含的就是实际想要表达的意思。这些方法和策略可以和家长一起分享，从而帮助他们在家发展幼儿的社会交往能力和语言能力。

在这所特殊的幼教机构，所有教师都有一个共同的信念：幼儿是在体验中学习的。社会性发展是他们学习的重要一环，也就是说幼儿要学会玩游戏，学会与人互动，也要学会互相学习。这个共同的教育理念还有一项关键的内容，即：在生命的不同发展阶段，幼儿都会遇到一些重大的挑战，而这些挑战会对他们的发展产生影响。这些挑战可能包括像"咽鼓管堵塞"这样的生理疾病。在这种情况下，作为个体或集体一员的教师应当多方寻求意见和建议，并竭尽全力将之落实到每个人的日常教育实践之中。

🗨 反思与讨论

你的指导方式会影响幼儿的回应方式吗？

幼儿的"问题行为"（如"不按照指令行动"）会因为你和同事"说出了想表达的意思和想好再说"（不再给出含糊的信息，明确表达真实的意图）而有所改善吗？

⊞ 练习实践

选择一位你认为与幼儿交流效果很好的同事进行观察学习。他（她）说的话中是否有值得你学习和接受的地方？通过观察发现，他（她）的这一特点是否对幼儿的能力和行为产生了积极的影响？如果是的话，请学习并采纳这种有效的互动技巧。

有意识去听一听父母和同事在与幼儿谈话时如何使用"分享"这个词。他们正确地使用了这个词吗？或者说他们实际上是想表达"轮流"的意思？

与园长、同事展开讨论，商讨大家一起可以如何使用准确的语言来为家长示范与幼儿进行积极谈话的方法和途径。

成人的积极互动

在上面的这些案例和个案研究中，我们看到了教师如何改变他们与幼儿之间的谈话方式，从而扩大幼儿的词汇量，影响幼儿的行为表现。在某些情况下，教师也需要一些支持，从本质上来重塑他们的互动风格（interactive style），这可能是因为原有的交往方式并不是用来与某一特定年龄的幼儿交谈的，或者是因为教师缺乏前期训练或经验不足。通常，他们可以通过观摩有经验的同事成功与幼儿互动的活动过程来改变自己的互动风格。在这些情况下，经验较少的教师将会认识到自己做出调整和改变的必要性，也会有意识地努力学习有效的互动方式。比如：有个以前教 9 岁儿童的教师，因为工作调动，现在开始教 4 岁左右的幼儿。他很快就意识到，他对全班幼儿说的话太复杂了，幼儿无法理解。

在观摩同事组织的活动之后，他整体降低了语言使用的水平或难度，包括在指导全班幼儿时使用更加简短的语句。

在某些情况下，教师可能会发现，他们与个别幼儿或幼儿集体之间的谈话不成功，但是却不知道问题出在哪，从哪开始解决问题。在另外一些情况中，教师根本就意识不到自己的互动方式存在问题。

想要改变工作方式，特别是改变与他人进行互动的方式，对于正在做出改变的人来说会产生非常大的压力。如果想要这种改变持续下去，那么就需要给予做出改变的教师以积极的支持和鼓励。幼儿咨询师（针对4岁及以下幼儿）戴比·布雷斯（Debbie Brace）和语言治疗师巴哈维娜·阿查里亚（Bhavna Acharya）发起了一项叫作"积极互动"（Positive Interaction）的培训项目，其中就包括如何与幼儿进行互动等方面的幼教实践培训。培训内容包括以下一种或多种核心积极互动策略。

- 观察、等待、倾听幼儿邀请成人参与互动信号的言语或非言语行为；
- 减少提问；
- 增加对幼儿当下行为的点评频次，从而提供适合其现有发展水平的语言范例。

在做出改变的过程中，重要的一步就是教师之间相互录像，将每个同事与幼儿之间的互动过程录下来。随后，在录像反馈环节，每次只播放一名教师的活动录像。自然，当教师看自己的录像时，第一反应可能会是尴尬。培训师的任务就是要帮助教师们关注他们的哪些地方进展顺利，在和幼儿一起活动的过程中哪些地方做得很好。这样的反馈有利于教师明确自己努力的方向，包括找出他们觉得哪个"积极互动"策略以后可以更加频繁地使用，从而使师幼之间的互动更加有效。例如，一位两岁儿童班上的教师发现，她总是喜欢问一连串的问题，幼儿甚至没有机会去想第一个问题，更没有机会思考如何回答，然后教师就说出了自己的答案。认识到这个问题之后，教师开始有意识地增加使用"观察、等待、倾听"这一策略的次数，同时开始积极点评幼儿正在做的事情，而不是像以前一样不停地发问。之后再次观看这位教师与幼儿互动的视频片段时，我们看到了教师互动策略的变化，她对幼儿的回应更加积极。我们也能看到幼儿的行为发生了积极变化。例如，教师说的话更少了，而等待幼儿说话的时间更长了，幼儿参与谈话的频率增加了。这是由于教师能够积极回应幼儿说的话，幼儿也有了更多回应教师的机会。结果，师幼之间的有效谈话明显增多，而教师一连提多个问题的现象也就明显减少了。

改变支持系统，适应正在变化的需求

教师个人或教师团队就可以决定改变他们的互动风格，以满足幼儿交往、语言学习和社会性发展等方面的需求。他们也可以通过团队协力调整或从根本上改变自己开展活动的方式，包括现有的幼儿学习支持系统。这些支持系统涉及如何利用教学支持团队、教师如何组织小组活动以及如何帮助幼儿适应入园（如解决幼儿入园分离焦虑问题）等方面的内容。

个案研究8.3

第二语言教师的角色改变

近两年，在一所较大的幼儿学校中，以英语为第二语言（EAL）的幼儿数量从10%上升到50%。这些幼儿中的大部分来自刚移居到英国的波兰家庭。幼儿学校于是招聘了两位会说波兰语的教师（作为教学支持人员）来帮助刚开始学英语的波兰幼儿。在学年结束时，我们发现许多幼儿在英语学习上取得了显著成绩，但也有一部分幼儿在英语理解和表达方面成绩仍旧不够理想。一些家长开始担心为什么他们的孩子在英语学习方面会落后。有教师观察到一个可能影响这些幼儿学习英语的原因，即很多波兰幼儿聚在一起玩的时候只说波兰语。

这所幼儿学校所在地的幼儿教育顾问和校长见面讨论了解决这个问题的可行之法。他们随后邀请了一位精于语言发展的幼儿教育顾问来到幼儿学校，专门为教师提供咨询，共同寻找帮助以英语为第二语言的幼儿发展语言能力的最好方法。教育顾问先观察了幼儿的活动，然后带领幼儿、教学支持团队一起开展了一系列活动。她发现，波兰语教师在活动中担任的主要角色仅仅是波兰幼儿和其他幼儿之间的翻译。例如，在一次英语教师组织的小组活动中，这位波兰语教师只是在机械地将英语教师讲的话翻译成波兰语。这样做实际上是基于这样一种假设：如果有人将幼儿听到的英语即刻翻译成波兰语，那么他们就能学会英语。

　　教育顾问却感觉到，这样使用教学支持人员在无意之间阻碍了幼儿的英语学习。于是，她另外设计了一种方法。为了说明这种方法如何做到更加有效，她安排了一次"教师主导"的活动。活动要求幼儿在桌边的地上用微型动物模型和各种天然材料——松果、小树枝、羊毛等——设计出一个农场。教育顾问要求一位教学支持人员靠近幼儿的后面坐下，允许幼儿自由站在桌子边，也可以相互交谈。教育顾问对所有幼儿说话时使用英语，也要求教学支持教师使用英语。如果发现有幼儿听不懂他们说的话，教育顾问就使用另外的方法使自己表达的意思更加清楚。使用的方法包括简化语言和辅助肢体动作。如果还有幼儿仍然听不懂的话，顾问可能就会问教学支持教师："用你们波兰语怎么说？"然后对着幼儿重复一遍刚才听到的这句波兰语（往往会逗得大家哈哈大笑）。

　　如果有幼儿跟教学支持教师用波兰语说话，那么教师先用英语做出应答，同时用肢体动作和表情帮助幼儿最大程度地理解她的话。如果有幼儿还是不明白，那么教师才开始用波兰语进行解释。下面这个例子展示了这种方法的具体操作步骤。贝思（Beth）是幼儿教育顾问，米莲娜（Milena）是说波兰语的教学支持教师，马特乌什（Mateusz）是一个波兰男孩。马特乌什把农场中所有的"狗"都收集起来，一只手拿着，好像在用一些枯枝摆出一块空地，要将这些小狗放进去。

　　贝思：马特乌什，你做的是什么呀？那是什么？
　　（马特乌什看起来十分困惑，转向米莲娜，米莲娜看着贝思。）
　　贝思：这些小狗（指着小狗），你准备用这些狗来做什么呀？
　　（马特乌什又转向米莲娜老师，开始用波兰语和她说话。）
　　贝思（对米莲娜老师）：米莲娜，波兰语中"小狗"怎么说？
　　米莲娜：Psy。
　　贝思（对马特乌什做出手势，表情很夸张）：小狗！psy！
　　（马特乌什非常激动地用波兰语和米莲娜、贝思说话。）
　　米莲娜（对贝思）：马特乌什正在解释，这些小狗非常危险，所以他需

> 要做一个围栏,不让它们去追赶其他动物。
> 贝思(对米莲娜老师):波兰语中"危险"怎么说呀?
> 米莲娜:Niebezpieczny。
> 贝思(对马特乌什):你的狗很危险吗? Niebezpieczny psy?
> 马特乌什(哈哈大笑,非常开心):对对对,坏狗,非常不好的狗!Niebezpieczny!

和其他很多波兰幼儿一样,马特乌什总是只用波兰语与其他幼儿进行交流,英语学习基本上没有多少进步。在上例中的活动之后,园长、幼儿教育顾问、波兰语教师和副园长聚在一起讨论了这种方法的影响,以及与现场为幼儿翻译的方法之间的不同之处。经过讨论,大家一致认为,单纯的即时翻译的确对幼儿学习语言的影响有限。这是因为幼儿知道,如果无法理解的话,那么他们就会自动依赖教师的翻译,他们学习英语的动机也就会被削弱。

幼儿教育顾问示范的方法要求幼儿积极使用英语与人交谈,仅仅在有必要时才为他们提供帮助。这种实用方法首先改变的是教学支持教师的角色,从主要充当翻译者向促进英语学习的帮助者转化。后来的观察结果显示,一旦幼儿开始在理解英语和用英语表达自己想法等方面取得了成功,他们自发使用英语与教师和同伴交谈的次数就会不断增多。

之所以教育实践出现了变化,是因为园长和所有教师已经确认,目前使用的方法并不能有效地促进幼儿的学习。所有教师都愿意尝试能使幼儿受益的新方法。随后,幼儿教育顾问又开始积极邀请教师尝试使用一种共同解决问题的方法。她说:"我在一所和你们情况差不多的幼儿园看到,他们在使用一种新方法,效果挺不错的。我们来试试,看看效果怎么样。我随后会找时间跟你们园长说说这件事。"教育顾问的这几句话给目前正在冒险改变教育实践的教师们传递了几个方面的重要信息。

- 我能理解问题出在哪儿;
- 我已经看到一种可能会更好的教育方法;
- 我会和你们一起尝试,看看这种方法在这里是否会取得成功;
- 这是一个实验,所以我们一起来见证结果;

- 你们要参与改变的过程，而这些改变将会对你们的工作和幼儿的学习、进步产生直接影响。

园长保证说，在这次活动结束之后会立即找时间召集所有教师和负责幼儿园开展语言教研活动的副园长开会讨论这个问题。园长、副园长和幼儿教育顾问共同拟定了一个行动方案。首先是召开一次家长会，由教学支持教师和幼儿教育顾问做一次幼儿语言发展的专题报告，主要内容包括以下方面。

- 家长可以通过引导幼儿参与谈话等方式促进幼儿在家的语言发展和其他方面的学习；
- 家长应该使用母语与幼儿进行交流，并和他们一起阅读用母语写的图书。

这次家长会上，大家的讨论特别热烈。一方面，家长表达了他们的愿望和担忧。他们希望能够提高自己的英语能力，但也担心他们的家庭可能会逐渐失去使用母语与人交流的能力。另一方面，现场的报告特别明确地告诉他们，母语基础越好越有利于幼儿学习英语，将来进入小学之后的学习成绩会越高（Cummins，2000；Baker，2007）。报告还鼓励家长在努力提高所有家庭成员的英语能力的同时，还要想办法保留幼儿的母语。例如，家长可以从幼儿园借阅双语图画书回家，与幼儿一起阅读。图画书一定是用英语和他们的母语写成的。

在学期开始改变入园制度

幼儿最初进入幼教机构时如何与家长分离会影响他们的心理状态，而这种心理状态反过来又会影响他们以一种轻松愉快的方式去探究、交谈和学习的能力（Goldschmied and Jackson，2004）。如果一家幼教机构坚持将提高幼儿的幸福感放在首位的话，那么幼教机构就会从教育理念、活动计划和具体实践等多个层面为幼儿和父母创造机会，让他们以一种积极的方式相互道别。

个案研究8.4

小学学前班（接收3岁6个月到5岁的幼儿）的晨间入园制度

学前班的教师决定对早晨入园环节做出一系列的改变。许多年以来，原本的入园制度安排如下。

家长们进入大厅，帮孩子把外套挂好。一名教师在门口负责接待，然后领着幼儿走到地毯区。幼儿可以坐在地毯上看书、与老师和同伴谈话等。当大部分幼儿进教室以后，带班老师就开始"点名"。例如，点名一开始，摩根（Morgan）老师对詹姆斯（James）说："早上好，詹姆斯。"詹姆斯回答："早上好，摩根老师。"还有一位老师配班，就和幼儿一起坐在地毯上，鼓励和引导幼儿参与活动。晨间的第二个环节是清点地毯上幼儿的人数，然后教师和幼儿一起边看表格边讨论。讨论的内容包括当天是星期几、几月几号，也包括天气如何、班上有哪些活动可以参加等。接下来的环节是教师请当天从家里带来某件物品的幼儿向大家展示带来的物品，教师也会问他一些问题。在这段时间内，站在门口的教师需要负责接待迟到的幼儿，或者和有分离焦虑的孩子及其父母进行交流。

一位新导师观察发现：在早晨入园时，许多幼儿显得有些紧张；而有些幼儿又过分活跃，喜欢搞破坏，需要教师专门鼓励才能坐直和"集中注意力"；还有些幼儿（一般是性格内向的幼儿）在老师"点名"时因不能接上老师的话而产生焦虑。导师还发现，很多幼儿在晨间环节只是被动地坐在那儿，可能会持续20分钟。所有教师都反映，在这样一个冗长的晨间环节，她们感到非常紧张，并一致希望能做出改变。这位导师向大家介绍了她之前任职的幼教机构制定的一项制度，这项制度计划在新的夏季学期开始之时分阶段实行，目标是从新的学年开始全面实施新制度。在全面实施之前，幼教机构会就这些提议的改变措施与家长进行讨论，包括请他们积极配合实施，每一个人都需要花时间来适应这项新制度，并在必要的时候做出调整。

现在这项新制度已经开始实施，工作方式如下：幼儿被分配到三个"家庭组"中，一名教师负责一个组。每个组都有自己的组名和标志，如"正方形""三角形"或"圆形"，每组有10名幼儿。每天早上，当家长和幼儿

> 到幼儿园时，有两位教师负责"接待和问候"。其中一位教师有一项特殊任务，就是在幼儿进教室时负责在注册表上注明该幼儿"到了"，另外一名教师则与幼儿和家长进行简单的谈话，并随时准备就他们关心的任何问题做出回应，如情绪低落的幼儿、生病或是需要早退去参加聚会的幼儿等。
>
> 每名幼儿都有一个名牌，上面印有他们的照片、名字、所在家庭组标志。在早晨入园时，所有的名牌都放在靠近入口的一张桌上。幼儿进来之后，要和家长一起找到自己的名牌，然后贴到自己所在家庭组的展示板上。接下来，家长和幼儿道别，幼儿开始参加"幼儿发起"或"成人主导"的游戏活动。30分钟后，所有幼儿进到自己所在的家庭组中，在地板上围成一个圈坐下，参加另一项"成人主导"的活动。这些家庭组活动总是以唱歌开始，幼儿和教师一起依次对每个人唱出"你好"，然后就是一个时间较短的数学或语言学习活动。在室内的小组活动结束之后，幼儿可以进行户外活动，如果他们想吃点东西的话，还可以在"点心小站"吃一些点心。在活动的最后，幼儿又集中到自己的家庭组，准备离开。

站在幼儿个体的立场上看，这项新制度带来的好处如下。

- 和妈妈一起找到我的名牌真是太有趣了；
- 我们能讨论我的名字，也可以看到还有哪些小朋友来幼儿园了；
- 我在学习认我自己的名字；
- 我贴完名牌之后马上就可以去玩了；
- 这样一来，和妈妈说再见就比较简单了。

这项新制度对教师和家长也有很多好处。

- "接待与问候"环节的安排有利于家长方便地和老师谈论一些事情，如幼儿的健康状况；
- 因为"仪式"的存在，家长和幼儿之间的分离变得更加容易；
- 如果需要，家长可以留下来帮助解决幼儿的问题，这个过程也可以成为游戏环节的一个部分；

- 家长们可以参与帮助幼儿学习读写的过程；
- 在"幼儿发起"的活动中，教师可以直接和幼儿进行互动；
- 上午的小组活动人数越少，气氛越轻松，幼儿在事先安排的数学和语言活动中参与互动的次数就越多，学习收获也越大；
- 上午的最后环节在家庭小组中结束，使活动结束的方式更加轻松。

自主的"个人签到"以及家庭小组等形式的设计对混龄安排两岁及以上幼儿活动的幼教机构有特别的意义。一所幼儿园发现，如果专门为两岁左右的幼儿组建一个家庭小组，那么教师就可以设计一些时间较短、目标指向幼儿认知和语言发展的活动。例如，特别小的孩子喜欢带玩具到幼儿园来，还特别喜欢把玩具藏在篮子下面，让其他小朋友猜猜自己带来的玩具是什么。这些两岁左右的幼儿似乎总也玩不腻这个游戏，但年龄较大的幼儿在最初一两次的新鲜感过去之后就希望玩更有挑战性的游戏了。

引领谈话和学习的教育理念

英国全国范围内开展的"每名儿童即一个交谈者"（ECaT）项目迄今已经得到官方的认可，也让参与项目的幼教机构认识到早期语言导师（ELLP）的重要作用（DCSF，2008b）。早期语言导师在幼教机构通常承担促进幼儿语言交往能力发展等方面的职责，就像小学里一位教师负责一门课程的教学一样。在当地幼儿教育顾问的帮助下，早期语言导师与幼教机构的园长和所有教师合作，对幼教机构中所有幼儿的语言发展进行测查，并找出存在语言发展迟缓风险的幼儿。随后将针对幼儿语言交往能力发展的教育方法和教育活动逐步引入幼教机构，这些教育方法和教育活动不仅有利于所有幼儿的语言发展，还特别对那些存在语言发展迟缓风险的幼儿提高语言交往能力产生了积极的影响。

我参加了"每名儿童即一个交谈者"项目，在 90 多所幼教机构担任过幼儿教育顾问。根据我的经验，早期语言导师这一角色的设置已经成为推动幼教机构教育改革的一个重要因素。每位早期语言导师都会参加当地的培训活动，还经常与其他幼教机构的早期语言导师进行网上交流，所以她们能够对所负责幼儿园的语言教育活动实践产生影响。尽管联邦政府从 2011 年开始停止了对"每名儿童即一个交谈者"项目的资金支持,但是很多地方政府仍在支持类似项目的运行,例如,在豪恩斯洛(Hounslow)有"我们一起谈话吧"(Let's Talk together)项目,在汉普郡(Hampshire)有"继续谈话"(Keep On Talking)项目等(Jones,2012c)。

然而,园长的学术视野和实际行动影响了幼教机构是否会进行教育改革。只有园长对幼教机构的教育理念认识清晰,幼教机构才有可能出现重大创新。此外,鼓励创意和合作也是园长领导力的重要组成部分。

个案研究8.5

园长基于观察带头改变

位于剑桥的米林顿路幼儿学校(Millington Road Nursery School)接受了英国教育标准办公室的一次督导和质量评鉴。最近,本书还在写作时,鉴定结果出来了。幼教机构的评鉴等级是"杰出"。玛丽·菲尔德(Mary Field)是这所幼儿学校的园长。经过一系列实践观察之后,她决定寻求变革。她的这些观察结果可能源自个人的想法,源自她的同事,也可能源自专家来园指导和参加培训等外部支持。针对这一点,玛丽向我解释说:

我经常观察幼教机构的实践活动,尝试从幼儿的视角去看当前正在发生的一切。然后我就和同事们一起努力做出改变。我经常提出的问题是:"这种改变对幼儿是不是更好?"改变实施的第一步就是梳理现在用于组织幼儿活动的教育支持系统(如晨间入园制度等),分析其有效性。

同样,玛丽还向我解释,创新源自在教育教学实践和资源方面做出的改变,而做出的改变则是培训的结果。

我发现,当迈克尔(作者)来我们幼儿园,和教师、幼儿一起活动时,培训特别有用。例如:他组织了一次创作活动,首先鼓励幼儿谈论他们熟悉的电影或是电视节目中的人物。在活动中,我们可以发现,由于幼儿在和自己眼中的权威(老师)一起谈论与他们平时的家庭生活息息相关且在自己心

> 目中非常重要的东西，所以他们非常活跃，参与度极高。活动结束之后，我们和同事、培训师进行了讨论，大家逐步理解了提供能够反映幼儿文化的物质资源（如图书、玩具等）的价值。

小 结

对互动风格做出改变可以对幼儿回应教师的方式迅速产生影响，结果会影响幼儿的心理健康和语言发展。改变的过程，特别是在说话方式和行为方面的改变，虽然会面临很大的困难，但回报也非常丰厚。我们之所以要做出改变是因为改变对幼儿能够产生积极的影响。但是，这些改变发生的前提是同事之间能够通力合作，共同创造一个大家互相支持的工作环境与氛围。这样的工作环境可以激励所有教师在别人尝试改变个人的某些互动风格时给予鼓励，提出建设性意见。本章介绍了一些新方法，可能会对教师的心理健康产生一定的影响。例如，改革需要教师走出教育方法的"舒适区"，去适应一种不同的方法，这样会使他们产生暂时的无力感或挫败感。此时，园长的角色至关重要，她需要向大家提供改革愿景、带头做出改变、为教师提供支持等，具体措施包括为大家提供适宜或有效互动的实例，试验新的方法，如介绍机动教师与班上教师合作组织活动，然后评价新方法产生的效果。当地的幼儿教育顾问和专家在改革过程中的主要作用是组织培训、启动改革项目、支持园长和带领教师开展实验，以及负责组织本地区幼教机构之间的相互观摩活动。

> **反思与讨论**
>
> 一家幼教机构有些传统的制度安排，如晨间入园，组织幼儿吃点心，组织幼儿集体分享故事等活动。你可能已经发现其中很多组织方式不再有效或可以做出一些改变。你打算怎么改革？

练习实践

以批判的眼光审视你所在幼教机构某一方面的制度安排，如晨间入园、进餐、小组活动等。尝试从幼儿的视角审视这些制度安排（包括完完全全地蹲下身子看看他们事实上看到了什么）。这些制度对幼儿的交往能力和语言发展会产生哪些影响？哪些方面应当改变？

有用的网站

The Hanen Center

www.hanen.org/Home.aspx （accessed 25 May 2015）

A Canadian not-for-profit charitable organization committed to supporting parents, early childhood educators and speech-language pathologists in their efforts to promote the best possible language, social and literacy skill in young children.

Mantra Lingua

www.mantralingua.com/mantralinguachoosecountry.html （accessed 25 May 2015）

Provides a wide range of dual-language books and resources to support the development of bilingual learning.

Siren Films

http：sirenfilm.co.uk/product/the-two-year-old-at-home-at-nursery/ （accessed 25 May 2015）

The series of filmed observations illustrates the drama of the initial separations of child and parents when first attending a pre-school and the positive benefits of successful communication between child, parents and the Key Person.

Video Interaction Guidance

www.youtube.com/watch?v=YRVaL_ZLxHs （accessed 25 May 2015）

Provides information on the techniques and the rationale behind this approach to developing practitioners' and parents' interaction with children.

第 9 章

交流复杂的想法

内容提要
- 探讨幼儿在很小的时候是如何开始表达复杂的意思的；
- 探讨教师如何才能支持幼儿在整个学前期利用语言形成和表达自己的想法；
- 将"去情境化的语言"和读写能力的发展建立联系；
- 描述社会对敏感教师的需求。

【案例9.1】西蒙娜（4；6）：埃尔维斯是真的吗？

"埃尔维斯（Elvis）①是真的吗？"这可能是我曾经听到的最离奇的问题。大约20年前，在秋季学期结束前，我受邀观摩一个学前班。我与西蒙娜（Simone）及其朋友卡尔（Carl）坐在一桌，一直在制作圣诞贺卡。对话大致是这样进行的（因为我的印象太深，所以即使到现在，我也能清楚描述当时的情景）。

西蒙娜：迈克尔（Michael）老师，埃尔维斯是真的吗？

---

① 对话里提到的埃尔维斯就是美国著名的摇滚歌手兼演员"猫王"埃尔维斯·普雷斯利（Elvis Presley，1935.1.8—1977.8.16），代表作有歌曲《伤心酒店》（*Heartbreak Hotel*）、《监狱摇滚》（*Jailhouse Rock*）和电影《猎犬》（*Hound Dog*）等。——译者注

迈克尔（停顿了好长时间）：你为什么问这个？

西蒙娜（深吸一口气）：哦，我姐姐说圣诞老人不是真的，所以我就去问爸爸。爸爸说圣诞老人曾经是个好人，他到人们的家里，给他们带礼物，可是现在他死了。

卡尔：他是鬼吗？他有超级能量吗？

迈克尔（对着西蒙娜）：那你为什么问起埃尔维斯呢？

西蒙娜：嗯，我爸爸喜欢埃尔维斯，他车上一直放埃尔维斯的歌。我妈妈不喜欢埃尔维斯，她喜欢别的音乐。

（西蒙娜离开桌子去向老师要小亮片，对话暂时停止。西蒙娜回来后对话继续。）

西蒙娜：我爸爸说埃尔维斯死了，但是我们还能听他唱歌，看他演的电影。所以是不是和圣诞老人一样，埃尔维斯和圣诞老人一样是真的呢？

我不知道该如何回答，所以拦住了正好从这儿经过的助教兰利（Langley）老师。

迈克尔：兰利老师，西蒙娜问了我一些十分有趣的问题。

兰利：是有关圣诞老人和埃尔维斯的问题吗？西蒙娜，这个问题你这个星期向每个人都问过了，是不是啊？

她确实问过。显然一段时间以来，西蒙娜一直在纠结有关圣诞老人是不是真有其人的问题，她在寻找一个可以令她满意的答案。包括我在内的成人都不清楚如何回答这个问题，这是因为对于有关圣诞老人的事情应该告诉孩子哪些内容，家长有非常明确的想法。但是，非常坦率地说，整个有关圣诞老人及其真实性的话题却是一个"雷区"（讨论起来困难重重）。

西蒙娜正在使用语言表达一系列极其复杂的想法：

人们说圣诞老人是真的，我姐姐说他不存在，而我爸爸说圣诞老人死了。埃尔维斯死了，但是我们仍然能听到他的声音，看到他的视频。因此，如果埃尔维斯是"真的"（因为我们仍然可以看得到他的人，听得到他的声音），那么圣诞老人就是"真的"吗（我们在任何地方都能看到他的形象，在电影里也能看到他的人，还有人告诉我们他从烟囱下来给我们送礼物）？

幼儿表达相对简单的想法

　　四年半之前，虽然西蒙娜只能通过哭的方式来表达，但是已经可以传达重要的信息，即："我饿了！"现在，她能够清楚地说出人们提出的一些最重要的问题，即："死亡的本质是什么？"这也是年幼儿童使用语言与人分享那些"去情境化"的想法的例子之一。在多数情况下，如果你想谈论过去发生的一件事，而听你说话的人在这件事发生时又不在现场，那么你常常会使用这样的语言。在西蒙娜的案例中我们可以看出，她的语言发展已经超前几步，已经能够讨论一些抽象的概念。我们会看到，这种能力与她将来的读写能力发展直接相关。在这么短的时间里，西蒙娜的发展为什么如此迅速呢？（事实上）成人通过交往，再次在这一（发展）过程中扮演着十分关键的角色。

　　我们已经看到在前面几年幼儿是如何发展语言交往能力的，在前期发展的基础上，许多幼儿到4岁时，如果他们想要吃东西，就已经能够告诉家长他们饿了，想喝水就说他们渴了。一个语言发展特别超前的4岁儿童对妈妈说："我饿了。因为我们昨天吃了意大利面，我今天非常想吃其他的东西，所以我们今天能吃点不一样的东西吗？好不好？"妈妈回答："真的不行，因为我们还有一些意大利面没有吃完。"（她这样说的意思很简单，就是"不行"。）尽管其传递信息能力的发展非常迅速，但是要传递的"我饿了"这一信息依然保持不变。

　　本书的第1章曾经介绍过语言学家韩礼德（Halliday，1975）的一些著作。他曾经提到，幼儿可以通过谈话实现不同的目的。说"我饿了"这句话实现的是"工具功能"（instrumental function），目的在于请别人把他需要的东西给他，当然前提是幼儿能够自己做出到底想要什么的选择。大声哭可以帮助婴儿实现这一目的，但是一旦身体和认知发展达到一定的水平，他们就会使用简单的词和短语，进而使用复杂的句子来满足他们的需要，得到他们想要的东西（虽然许多婴儿在语言沟通不成时偶尔还会使用哭泣的手段）。同样，幼儿会尝试控制我们对他们做的事，并让我们知道我们应该为他们做什么。因为热，婴儿会大哭，两岁的儿童会大喊"不戴帽子"，4岁的儿童则会问："因为睡觉的时候我的脚冷，今晚能给我一个热水瓶（热水袋）吗？"这些幼儿使用大哭或语言实现的是韩礼德提到的"调节功能"（regulatory function）。当幼儿与其他人接触并建立友谊时，语言也可以用来实现"互动功能"（interactional function）。当幼儿想表达自己的感受时，语言实现的则是"个人表达功能"（personal function）。

韩礼德认为，在语言使用的七种功能中，"工具功能""调节功能""互动功能""个人表达功能"主要用来满足幼儿生理、社会和情感等方面的需求。实际上，根据我的观察，在交往过程中幼儿最早使用的许多词或短语都是用来帮助他们得到想要的东西，与他人建立联系或表达个人感受的。当幼儿与成人谈话时，这几类依然是他们使用语言实现的主要功能。但是随着经验的丰富，他们实现这些功能的方式会更加复杂。

幼儿表达复杂的想法

韩礼德提到的其他三种语言功能也经常在幼儿的语言中出现，用来帮助他们通过探索复杂的想法来理解周围环境。我们通过详细分析以下几个案例探究这些语言功能，以证明与成人之间的有效交谈在幼儿表达复杂想法能力的发展过程中具有极其重要的作用。

【案例9.2】斯泰西：猫咪会大便吗？——语言的"探索功能"（heuristic function）

斯泰西（Stacey，4；5）住在一栋公寓楼里，在当地的一个社区托儿所上幼儿园。她和幼儿班的老师以及其他小朋友一起散步，向当地的一家超市走去。凯莉（Kelly）老师牵着她的手，和她一起沿着街道走，同时进行着下面一段对话。

凯莉：斯泰西，小心，别踩到狗屎。

斯泰西：在我们楼的旁边有一大坨狗屎。

凯莉：哦，亲爱的，狗主人让狗狗们在你们大楼随地大便可不是件好事。

斯泰西：猫咪会大便吗？

凯莉：猫咪当然会。你为什么问这个问题呢？

斯泰西：我只是问问，因为我从来没有见过猫咪大便。我见过狗狗大便，但是从来没有见过猫咪大便。

凯莉：所有的动物都要大便的。

> 斯泰西：噢，还有金鱼！我的金鱼也大便！那刺猬呢？蛇呢？蜘蛛呢？还有鸡呢？它们会下蛋。
>
> 凯莉：所有生物都需要大小便的。
>
> 斯泰西：噢，看公交车！
>
> 斯泰西在这儿是在"探索性地"使用语言，即用语言探索周围的生活环境。从表面上看，她的问题很简单，只有三个简单的词。但是，这个简单问题背后的思维过程却非常复杂："我知道狗狗会大便，因为我见过。我没见过猫咪大便。猫咪也是动物，所以我想知道它们是否也会大便。所以，我要问问凯莉，看她是否知道。"

对于凯莉老师来说，她处理这个问题的方式非常完美。她给出的回答直截了当："是的，它们会大便。"接下来她做了件非常冒险的事，问了句："你为什么问这个问题呢？"这是一个无意识的反应，而且还是一个问题。这个问题如果用于年龄更小的幼儿身上，有可能得不到应答，甚至无法和幼儿继续谈下去。但是，凯莉老师非常了解斯泰西，知道斯泰西会问很多问题，因为她是个好奇心非常强的女孩。凯莉老师在说"你为什么问这个问题？"时，实际上在向斯泰西传递以下几方面的信息。

- 我认为这是一个有趣的问题；
- 我想知道你在问这个问题时的想法；
- 我想跟你多谈谈你的想法；
- 我有时间听你说；
- 我们来看看我们能谈出什么！

两个人同时尝试探索同一想法，从这个意义上，我们可以说，这个短小的对话片段是探索知识的一次练习。凯莉老师已经凭直觉跟上了斯泰西的思路。也就是说："我要把所有我知道的动物都列出来。母鸡会下蛋，它们会大便吗？"凯莉老师使用精确的词描述了单子上的每一样东西，如"生物"，还提到了清理垃圾非常必要。斯泰西要做的仅仅是在没有被大客车分心之前，继续沿着凯莉老师的思路，考虑鸡蛋适合归为哪一类事物。我们能够感觉到，斯泰西有一天还会回到这个主题上来。

【案例9.3】克里斯琴（2；4）打电话：语言的"想象功能"（imaginative function）

克里斯琴（Christian）正在和他小姨通电话。通常情况下，在与克里斯琴通话之前，小姨会先问他妈妈他最近在做些什么，这样她就能理解克里斯琴所说的话，也可以保证他们之间的交谈时间更长一点，而且有意义。但是这一次，克里斯琴先拿起了电话，所以小姨不得不"在毫无准备的情况下"进入交谈。

克里斯琴：您好！

小姨：你好，克里斯琴，我是尼古拉（Nicola）小姨。你在做什么呢？

克里斯琴：睡觉。

小姨：你在睡觉呀？

克里斯琴：不，不是睡觉，是准备睡觉。

小姨：哦，你是准备去睡觉吗？

克里斯琴：是的，我准备睡觉，我的夹克，脏，我的掉了。

小姨：你摔到泥坑了吗？

克里斯琴：是的，我摔到泥坑了，手指流血了。

小姨：哦，你手指破皮了吗？

克里斯琴：是的。

小姨：那妈妈给你的手指贴创可贴了吗？

克里斯琴：是的。腿流血了。我摔倒了。腿上贴创可贴了。

小姨：哦，你跌倒了，把你的腿摔伤了，是吗？你爸爸怎么说的呀？

克里斯琴：爸爸说，"没事没事，自己起来吧！"

小姨：那你妈妈怎么说？

克里斯琴：妈妈尖叫了。

这时妈妈接过电话，准确地解释了刚才发生的事情。用他母亲的话说就是:"克里斯琴说谎了。"真实的情况是,克里斯琴的夹克上沾了些泥土,他的确摔跤了,但手指没受伤,腿也没伤着,自然没有贴创可贴。

原来,是他哥哥最近在学校伤到了手指和腿,每次一回家就用一块创可贴贴在伤口处。克里斯琴对创可贴印象特别深,于是就问是否可以给他一块创可贴。

显然,小姨的这几个问题帮助克里斯琴说出了一些未必真实发生的事情。如果用韩礼德的术语解释,这是关于语言"想象功能"出现在幼儿语言中的一个较早的实例。

克里斯琴的小姨通过提问帮助外甥讲故事或"叙事创作"(create a narrative)。

克里斯琴开始讲述没有真实发生的事情算是由他小姨的失误导致的。那是因为小姨问他:"那妈妈给你的手指贴创可贴了吗?"如果她没有这样问,克里斯琴或许会给她讲述发生在他哥哥身上的一些事情。但是,那就仅仅是事实描述,没有一点想象的成分。从这个案例可以看出,在小姨的帮助下,克里斯琴完成了以下几件事。

- 以"去情境化"的方式谈话;
- 通过电话进行交谈,别人对他所说的内容没有任何视觉线索;
- "修补"谈话。例如,在他小姨说到他可能已经上床睡觉时,他纠正说:"不,不是睡觉,是准备睡觉。"

在这个年龄,幼儿之间的词汇量和语法能力存在很大的差异,但毫无疑问,克里斯琴开始能够以想象的方式使用语言。随着生理的成熟和经验的不断丰富,他的这种语言使用的能力还会表现为讲故事、说笑话,渐渐地也会表现为构建假想世界等。

【案例9.4】霍利(3;8)分享两本书:语言的"表征功能"(representational function)

霍利(Holly)和保育老师休(Sue)在一起。因为休老师照看的另外两个小小孩已经睡着了,所以霍利才有机会和休一起看书,也不会有其他人打扰他们（直到两个小小孩睡醒为止）。她选的是约翰·伯宁汉姆（John Burningham，2011）的《和甘伯伯去游河》这本书。这本书讲了这样的一个故事：两个小孩和一群动物在去甘（Gumpy）先生家喝茶之前跳上一艘小船，最后小船沉到水里去了。

霍利：我知道狗宝宝叫什么，就是小狗狗。
休：嗯，对，小狗狗。
霍利：还有，猫宝宝叫猫咪。还有……
休：鸡宝宝呢？
霍利：我忘记了。
休：鸡……（chi…）
霍利：鸡……（chi…）
休：鸡……（chi…）
霍利：宝宝（children）！（两个人都笑了）
霍利：就是小鸡，鸡宝宝。

她们读完了故事（休读故事，霍利插话谈论每一页上的图片）。

休老师拿起另外一本书。这本书讲的是有关动物和它们的孩子的科普类图画书。这是一本触摸书，每页上有多个触点。

霍利：这个我认识，我家里就有一本一模一样的。
休：哦，你家有一本一模一样的吗？那你想换一本书看吗？
霍利：不，我喜欢这本书，我认识这本书上的图。
霍利（摸了摸书上一只毛茸茸的兔子）：这只小兔子软绵绵的、毛茸茸的。（翻了一页）这只青蛙满身长满疙瘩。我说它长满疙瘩，我妈妈说是凹凸不平。休，你叫它什么呢？
休：我喜欢说它有点疙里疙瘩，也有点凹凸不平。

这段对话又持续了十分钟。在这十分钟里，霍利一直主导着谈话，在每一页都会向休老师问问题。在之后（我）与休老师讨论的过程中，她说霍利是一个热衷于了解事实的孩子,还谈到了霍利如何将"分享图画书"这一环节变成讨论每一页上发生的故事。

如果使用韩礼德的术语来描述霍利的语言使用过程的话,那么我们基本上可以说霍利在这段对话中的语言使用具有表征的特征,即用以分享对事实的认识和传递信息。

成人在帮助幼儿表达过程中的作用

如果回头看案例9.1中西蒙娜的表现的话,我们就会发现,在她爸爸说了一些令人疑惑不解的话之后,西蒙娜开始探索一个复杂的问题。与探索性游戏中的"探索"性质一样,语言的"探索功能"就是探索一些想法。

在探索性游戏中,幼儿玩一些材料或物品,并尝试可以使用这些东西干些什么(Goldschmied and Jackson, 1994)。西蒙娜的爸爸说了一些与圣诞老人和埃尔维斯有关的话(她没有理解),当她尝试去理解爸爸这些话背后的含义时,实际上她正在以一种复杂的方式思考她的问题。我只是一个来访者,所以我有时间和她一起探讨她的想法(即使我对这方面的知识没有把握)。案例9.2中的斯泰西也在使用语言的探索功能,此时还有一个成人可以帮她拓展想法。虽然斯泰西问我问题的时间相对较短,但是,围绕这个话题能想到的问题她都想到了。在上述所有案例中,由于成人将发展幼儿语言作为优先考虑的内容,并能够全身心地投入与幼儿的交谈,所以幼儿有机会在成人的帮助下表达自己的想法。下面这个简短的案例告诉我们,教师可以以某种方式为幼儿提供示范,帮助幼儿学习在思考的过程中如何使用语言。

【案例9.5】教师"出声地思考"(thinking aloud):示范如何谈论思考过程

一群幼儿到当地一个公园的游乐场去玩。一辆旧婴儿车高高地挂在一棵树的树杈上。几名幼儿已经注意到了这辆婴儿车,几名教师说:"哎呀,真是怪事啊!婴儿车怎么会跑到那儿去了呢?我们怎么才能把它拿下来呢?"

一群4岁的幼儿正和老师在学校前面散步。因为一直在下大雨，所以幼儿园大门口旁边总是有一个大水坑，停在那儿的一辆面包车刚刚开走。其中一名幼儿注意到，水坑里车漏的油上有东西，他称之为"彩虹色"。教师停下来看了看，问："我想知道，这是怎么回事呢？"她的声音小到几乎是在问自己。

5月的一个晴天，整个幼儿园的幼儿都在外面玩。突然，天空变暗。幼儿刚进到室内，非常大的冰雹就掉下来了。一名教师正在和幼儿一起看着窗外，她说："唉，我真没想到会发生这样的事。你们呢？"另一名教师说："是啊，太意外了，我真不知道下午我们还能不能再出去玩。"

这些经验丰富的教师都利用了自然发生的事件为幼儿示范如何思考。也许他们知道一些问题的答案，但是他们却用语言说出自己的惊讶，并向幼儿发问："我想知道／婴儿车怎么会跑到那儿去了呢？／我真没想到会发生这样的事。你们呢？"以此引发幼儿思考一件有趣的事件或现象。同时也在暗示幼儿，对这些问题如果有想法就可以说，因为他们现在有时间倾听。

练习实践

再看一下案例9.4。选择同一主题的两本图画书，一本是故事图画书，另一本是认知类图画书。像休老师那样，和几名幼儿一起看书，每次只看一本。看这两本书时，你和幼儿之间的谈话方式有差异吗？（例如，你可能会发现，在谈论故事时，你说得比较多的是情感或感受，而不是在讨论和回答有关图书中的事实的一些问题。）

幼儿提问的类型有差异吗？

不同年龄和处在不同语言发展阶段的幼儿，对故事图画书的反应存在差异吗？例如，年龄越小的幼儿越愿意谈论认知类的图画书吗？

去情境化的语言：从"此时此地"转向"当时当地"

在这本书前面的几个章节，我一直在强调幼儿以去情境化的方式使用语言的能力，即幼儿参与"谈论在场的任何一个人都没有经历过的一些事情"（Riley and Reedy，2007）的能力。

赖利还列举了成人通过引导幼儿参与以下活动支持幼儿谈论去情境化的话题。

- 解释幼儿想表达的意图；
- 重新讲述他们自己的经验；
- 编构有关幻想世界的故事；
- 能够与比较陌生的人（如来参观幼儿园的客人等）谈论上面的这些内容。

凯瑟琳·斯诺（Catherine Snow）及其研究团队在评价"家庭-学校口语学习与读写发展"（Home School Study of Language and Literacy Development）项目时发现，去情境化语言使用能力强的幼儿到了小学中年级时阅读理解能力更强（Snow，1991）。其他一些研究也有类似的发现。例如，塞内沙（Sénéchal et al.，1998）以及塞内沙与勒费夫尔（LeFevre，2002）等人的研究认为，幼儿在家（和父母一起）看书有两种大的类型：一类是父母更加注重正式地教幼儿学习阅读技能；第二类是父母更关心与幼儿随意分享故事，聊一聊故事里发生的一些事情。其中第二类阅读中的谈话包括分享故事的意义以及鼓励幼儿思考、质疑并预测等。一项对168名幼儿、为期5年的纵向研究结果表明，如果父母重点培养幼儿的阅读和书写技能，那么进入小学后这些幼儿的阅读和书写能力会得到进一步的发展，在小学低年级时学业成绩会很好。从这些研究成果我们可以推断，要想幼儿能够成为有效的、主动的阅读者，那么成人与幼儿分享图画书（包括一起通过谈话探索想法）就显得至关重要。随着读写能力的发展和阅读经验的丰富，他们逐渐会独立阅读和思考图画书的内容。早期分享图画书的经验对他们此时的阅读理解能力具有特别重要的价值。

通过图画书分享，幼儿逐渐认识到文字是写下来的口头语言，也开始明白图画书中的语言与相互谈话时使用的语言并非一模一样。同样，他们还知道，在与不同的人谈话时可以选用不同的语域。这些认识和想法都是从他们多次与成人一起读书时体验到的积极经验中逐步获得的。这样的谈话还可以帮助幼儿从只会谈论当前发生的"具体"经验中走出来，逐步学会以更加复杂的方式探索复杂的想法。

敏感的教师，敏感的互动

第 6 章详细探讨了如何通过引导幼儿参与赖利所说的"真实对话"（real conversations）和"敏感互动"（sensitive interaction）来鼓励幼儿谈话（Riley，2007：68-69）。第 7 章重点分析了成人面临的一系列挑战：如何及时发现幼儿的需要，如何运用不同类型的谈话支持幼儿谈论他们正在做的事、探索想法和在谈话中学习。当幼儿进入小学，他们就要在班上参与上述许多类型的谈话。比较典型的一类谈话是，差不多 30 个学生坐在教师前面的地毯上，一名教师将整个班级作为探索想法的论坛，带领大家集体讨论。在这种情况下，儿童需要掌握的一种重要能力是使用和理解去语境化的语言，包括探索想法与感受、描述已经发生和即将发生的事情。这种能力主要是在参与（情境性）谈话中获得的。在这种（情境性）谈话中，幼儿将重点放在教师身上，放在教师手里拿的或手指指的东西上。

一旦幼儿对参与集体活动充满自信，那么班级活动就可以成为有效促进学习的论坛。特别是当教师能够熟练地引导幼儿参与活动时，效果会更好。下面是本书的最后一个案例。我们通过这个案例可以看到，一名幼儿在家、在游乐场以及在和朋友一起聊天时话特别多。但是，他却发现，要想参与班上的集体谈话却相当困难。

【案例 9.6】哈里森、桑伊塔和鸟食台

哈里森（Harrison）4 岁 1 个月，桑伊塔（Sanghita）4 岁 7 个月，他们已经在一所小学的附属学前班上了三个星期。班主任库珀（Cooper）先生正在鼓励他们探索"我们自己"这个主题。他的目标是发展幼儿谈话和分享熟悉的知识的能力，这里的分享活动包括通过早期书写进行分享的活动，也包括旨在通过分享实现所有幼儿作为班级一名成员身份认同的活动。

哈里森有关鸟的知识比较丰富,他家的花园里有一个鸟食台,他喜欢看着小鸟进食,他最喜欢的鸟是蓝山雀。他从小就认识桑伊塔,因为他们不仅是邻居,而且上的是当地的同一所幼儿园。上课时,哈里森坐在地毯上,非常安静。库珀老师告诉过所有幼儿,他希望每个人都能画一幅关于他们最喜欢的东西的画,所有的画都可以在一个以"我们喜欢什么"为主题的大型画展上展出。助教(Teacher Assistant)埃文斯(Evans)老师和哈里森、桑伊塔以及另外两名幼儿坐在一起,他们正在谈论各自喜欢的东西。哈里森刚刚详细描述了他喜欢的蓝山雀,桑伊塔也说了她的泰迪熊。幼儿们帮着埃文斯老师在桌子上铺上报纸,每名幼儿都有一大张纸,准备画画。

哈里森只是看着其他幼儿画画,他自己却什么也不做。他对埃文斯老师说:"我不会画鸟。"由此引发他俩之间的讨论,讨论的内容包括这只鸟可能是什么颜色的,是胖还是瘦,是不是刚刚吃了很多种子,能不能看到它的翅膀,它的腿是什么样的,它是不是知更鸟等。哈里森解释说,这是一只胖胖的蓝山雀,它的翅膀是看不见的。于是,他就涂了一大块蓝色,并在四周涂上棕色(即"鸟食台上的蓝色山雀")。

(库珀老师走了进来)

库珀:我的天啊!哈里森,这真是一幅美妙的画!

(哈里森看了看埃文斯老师,库珀看了看埃文斯老师,库珀老师通过表情传达的信息是:"这是什么?")

埃文斯:哈里森一直在跟我说他花园里的鸟儿,他画的是他最喜欢的鸟。哈里森,是不是呀?(哈里森点点头)要不我们看看,库珀老师是不是能猜出来这是什么鸟。

库珀(脸上略显恐慌):我想我是知道的。哈里森,能给我点儿提示吗?

哈里森:是蓝色的。

库珀:哦,不可能是知更鸟,也不会是乌鸦。所以,依我看这就是一只蓝山雀!我说得对不对?太美妙了。一会儿我们坐回到地毯上时,你能给其他小朋友展示一下你的画吗?

（哈里森看起来有点慌张）

库珀：好了，到时桑伊塔和埃文斯老师会帮你跟大家讲这是什么鸟的。桑伊塔，你可以吗？（桑伊塔使劲地点点头）你可以帮桑伊塔跟我们说说她的……

埃文斯：她的泰迪熊，她的泰迪熊，库珀老师。

库珀：哦，对，当然。

库珀老师走了，哈里森就去问埃文斯老师："'美妙'是什么意思呀？"埃文斯老师这样解释："就是'非常非常好'的意思。"对此，哈里森的回应是："我就是这样想的。"

库珀老师知道哈里森非常内向，在全班上课时这一点表现得特别明显。过了一会儿，他的画已经干了，全班幼儿都坐到了地毯上。教师尽量多地安排幼儿说说他们的作品。因为哈里森非常内向，所以教师是这样说的。

库珀：这是哈里森画得非常美妙的一幅画，非常漂亮！哈里森已经跟我讲了这幅画。这是一只鸟，你们有谁知道这是什么鸟吗？（哈里森低下头，脸已经红了。有几个小朋友说出了他们的想法，大部分说这是"老鹰"或"知更鸟"。）

库珀：嗯，我一开始不敢肯定，但是有一条大线索……颜色。哈里森，你愿意告诉我们这到底是什么吗？

（哈里森低下头，埃文斯老师举起了手。）

库珀：好的，埃文斯老师？

埃文斯：嗯，库珀老师，是这样的。桑伊塔、哈里森和埃文斯老师一起讲过这只鸟。我想桑伊塔愿意告诉大家这是什么鸟。

桑伊塔：蓝山雀！！（哈里森笑了）

在案例9.6中，教师与他的助教都知道在工作中如何以最好的方式相互合作，才能引导这些幼儿参与交往和学习。从这个意义上说，两名教师在工作上配合得非常娴熟。从两名教师回应幼儿的方式我们可以看出，他们非常享受与幼儿的谈话过程。库珀老师描述了参加培训时他的导师是如何指导他的。他的导师经常提醒他要记住以下三点：第一，"谈话就是工作"，也就是说教师应该引导幼儿参与谈话；第二，这样的谈话对教师、对幼儿都应该是令人高兴的；第三，"谈话是幼儿的工作，也是老师的工作"。

另一位助教瑞安（Ryan）老师也和同事分享了一起工作的类似方法，从他们和幼儿谈话时的讨论方式可以看出这种方法的特点。例如，教师应当对幼儿说："谁愿意和瑞安老师分享一本书？"其他教师可能会说："瑞安老师要听小读者讲故事了。"这两句话传递了两条截然不同的信息：前一句话旨在邀请幼儿谈论书的内容，而后一句话则意在告诉幼儿现在就开始读书。这两句话的意思完全不同，反映了两种截然不同的谈话和阅读方法。

反思与讨论

再看一下案例 9.6 中教师和助教一起工作的方法。他俩好像有"分工"，教师安排助教组织小组讨论，教师自己则到这个小组倾听幼儿的讨论，了解一些在后面全班集中时幼儿可以分享的信息。这种方法有效吗？

想想你们幼儿园全班的集体活动。教师安排了多少时间用于讨论？有多少时间用于向幼儿示范该如何应答？又有多少时间用于鼓励幼儿参与谈话？

练习实践

你会说"听你读书"还是"分享图书"？或者你会对幼儿说"我们一起来读书好不好"，而不是"我们一起来分享图书好不好"吗？你和你的同事使用语言的差异是否反映了你们用图画书组织谈话的方法不同呢？

结语：与幼儿一起学习

我们的讨论始于对刚出生的婴儿与父母之间的交流，结束于与 30 名幼儿及一名教师坐在地毯上谈话。这本书的书名是《与幼儿交流的艺术——促进幼儿的有效学习》。通过参与所有类型的互动，幼儿了解自己，了解外部世界，也了解他们在这个世界中所处的位置。但是，在互动和谈话过程中，同等重要的是，教师也在了解幼儿。我们要了解幼儿需要什么、想要什么，了解他们正在想什么。我们要学会"跟上他们的思路"，特别是当他们年龄很小、说的话非常难懂时更要如此。我们要跟上他们的思路，这样才能够明白他们正在说或试图说的话想表达什么意思。教师还要知道教育幼儿的最佳方法，先学会观察、倾听他们如何对我们做的事、说的话做出应答。这种方法同样适合语言快速发展的幼儿和那些为了能够理解交往和语言而正在苦苦挣扎的幼儿。

最后，我们再来温习一下本书第 1 章中归纳的关于本书主要内容的一句话。

会话是幼儿发展的场所和情境。在这一情境中，幼儿通过学习有关语言、有关他们自己以及有关外部世界和他们在这个世界中所处位置等方面的知识逐步发展成为交谈者。

在"会话"这个词的前面，还要加上"快乐"一词。

参考文献

Apicella, F., Chericoni, N., Ostanzo, V., Baldini, S., Billeci, L., Cohen, D. and Muratori, F. (2013) 'Reciprocity in interaction: A window on the first year of life in autism', *Autism Research and Treatment*, available at: www. hindawi.com/ journals/ aurt/2013/705895/(accessed 25 May 2015)

Attwood, T. (2008) *The Complete Guide to Asperger's Syndrome*. London: Jessica Kingsley Publishers.

Baker, C. (2007) *A Parents'and Teachers'Guide to Bilingualism*, 3rd edn. Clevedon: Multilingual Matters.

Baldwin, D.A. (1995) 'Understanding the link between joint attention and language', in C. Moore and P.J. Dunham (eds), *Joint Attention: Its Origins and Role in Development*. Hove: Psychology Press, pp. 131-58.

Baron-Cohen, S. (1989) 'Perceptual role-taking and proto-declarative pointing in autism', *British Journal of Developmental Psychology*, 7: 113-27.

Baron-Cohen, S. (1995) *Mindblindness: An Essay on Autism and Theory of Mind*. Cambridge, MA: MIT Press.

Baron-Cohen, S., Allen, J. and Gillberg, C. (1992) 'Can autism be detected at 18 months? The needle, the haystack and the CHAT', *British Journal of Psychiatry*, 161: 839-43.

Barry, A.K. (2008) *Linguistic Perspectives on Language and Education*. Upper Saddle River, NJ: Pearson.

BBC Radio 4 (2013) 'From Donald Winnicott to the Naughty Step', Archive on 4,4 May, available at: www.bbc.co.uk/programmes/b01s7v7b (accessed 25 May 2015)

Beebe, B., Knoblauch, S., Rustin, J. and Sorter, D. (2003)'A comparison of Meltzoff, Trevarthen and Stern', *Psychoanalytic Dialogues,* 13 (6): 809-36.

Berko Gleason, J. and Weintraub, S. (1976) 'The acquisition of routines in child language', *Language in Society*, 5: 129-36.

Bernstein, B. (1973) *Class, Codes and Control*, Vol. 1. London: Routledge and Kegan Paul.

Bishop, D.V.M. (2000) 'What's so special about Asperger Syndrome? The need for fuller exploration of the borderlands of autism', in A. Kiln, F. Volkmar and S. Sparrow (eds), *Asperger Syndrome*. New York: Guilford Press, pp. 254-77.

Bishop, D.V.M. and Norbury, C.F. (2002) 'Exploring the borderlands of autistic disorder and specific language impairment: A study using standardised diagnostic instruments', *Journal of Child Psychology & Psychiatry*, 43 (7): 917-29.

Blank Grief, E. and Berko Gleason, J. (1980) 'Hi, thanks and goodbye: More routine information', *Language in Society*, 9: 159-66.

Bloom, P. (2000) *How Children Learn the Meanings of Words*. Cambridge, MA: MIT Press.

Bloom, P. (2004) 'Myths of word learning', in D.G. Hall and S.R. Waxman (eds), *Weaving a Lexicon*. Cambridge, MA: MIT Press, pp. 205-24.

Bowlby, J. (1953) *Childcare and the Growth of Love*. Harmondsworth: Penguin.

Boyce, S. (2012) *Identifying Non-Verbal Communication Difficulties: A Life-Changing Approach*. Milton Keynes: Speechmark Publishing.

Brazelton, T.B. and Nugent, K.J. (1995) *Neonatal Behavioural Assessment Scale*, 3rd edn. London: MacKeith Press.

Brodie, K. (2014) *Sustained Shared Thinking in the Early Years*. Abingdon: Routiedge.

Brown, R. (1973) *A First Language: The Early Stages*. Cambridge, MA: Harvard University Press.

Brunet, J.S. (1975) 'The ontogenesis of speech acts', *Journal of Child Language*, 2: 1-19.

Bruner, J.S. (1983) *Child's Talk: Learning to Use Language*. Oxford: Oxford University Press.

Burningham, J. (2001) *Mr Gumpy's Outing*. London: Red Fox.

Camaioni, L., Perucchini, P., Bellagamba, F. and Colonnesi, C. (2004) 'The role of declarative pointing in developing a theory of Mind', *Infancy*, 5(3): 291-308.

Chomsky, N. (1965) *Aspects of the Theory of Syntax*. Cambridge, MA: MIT Press.

Chomsky, N. (1975) *Reflections on Language*. London: Temple Smith.

Chomsky, N. (1980) *Rules and Representations*. Oxford: Blackwell.

Clarke, J. (2007) *Sustained Shared Thinking*. London: Featherstone Education.

Clements, C. and Chawarska, K. (2010) 'Beyond pointing: Development of the 'sharing' gesture in children with autism spectrum disorder', *Yale Review of Undergraduate Research in Psychology*, 46-63; available at: www. yale.edu/yrurp/issues/YRURP%20Second%20Issue.pdf#page=46 (accessed 25 May 2015)

Community Playthings (2013) *A Good Place to Be Two*. Robertsbridge: Community Playthings.

Conkbayir, M. and Pascal, C. (2014) *Early Childhood Theories and Contemporary Issues: An Introduetion*. London: Bloomsbury.

Coupe-O'Kane, J. and Goldbart, J. (1998) *Communication Before Speech: Development and Assessment*. London: David Fulton Publishers.

Cowley, J. (1998) *Mrs Wishy-Washy*. Chicago: Wright Group/Mcgraw-Hill.

Croft, C.E. (2009)'How can a reflective model of support, enhance relationships between babies, young children and practitioners?', MA dissertation, London Metropolitan University.

Crystal, D. (1989) *Listen to Your Child*. London: Penguin.

Cummins, J. (2000) *Language, Power and Pedagogy: Bilingual Children in the Crossfire*. Clevedon: Multilingual Matters.

Cummings, M.E. and Kouros, C.D. (2009) *Maternal Depression and its Relation to Children's Development and Adjustment*. Montreal: Centre of Excellence for Early Childhood Development.

Dawson, G., Toth, K., Abbott, R., Osterling, J., Munson, J., Ester, A. and Liaw, J. (2004) 'Early social attention impairments in autism: Social orienting, ioint attention, and attention to distress', *Developmental Psychology*, 40: 271-83.

Department for Children, Schools and Families (DCSF) (2008a) *The Bercow Report: A Review of Services for Children and Young People (0-19) with Speech, Language and Communication Needs*. Nottingham: DCSF Publications, available at: http://www. education.gov. uk/publications/standard/publicationdetail/page1/DCSF-00632-2008 (accessed 25 May 2015)

DCSF (2008b) *Every Child a Talker: Guidance for Early Language Lead Practitioners (First Instalment)*. Nottingham: DCSF Publications, available at: http://webarchive.nationalarchives.gov. uk/20110202093118/http:/nationalstrategies.standards. dcsf. gov. uk/node/153355 (accessed 25 May 2015)

DCSF (2009a) *Every Child a Talker: Guidance for Early Language Lead Practitioners (Second Instalment)*. Nottingham: DCSF Publications, availableat:http://webarchive.nationalarchives.gov. uk/20110202093118/http://nationalstrategies.standards. dcsf. gov. uk/node/158181 (accessed 25 May 2015)

DCSF (2009b) *Learning, Playing and Interacting: Good Practice in the Early Years Foundation Stage.* Nottingham: DCSF Publications, available at: http://dera. ioe.ac. uk/2412/7/85679136be4953413879dc59eab23ce0_Redacted.pdf (accessed 25 May 2015)

DCSF (2010) *Every Child a Talker: Guidance for Consultants and Early Language Lead Practitioners (Third Instalment).* Nottingham: DCSF Publications, available at: http://webarchive.nationalarchives.gov. uk/20110202093118/http://nationalstrategies.standards.dcsf. gov. uk/node/277287 (accessed 25 May 2015)

Dewart, H. and Summers, S. (1989) *Pragmatics Profile of Early Communication Skills.* Windsor: NFER-Nelson.

Dewart, H. and Summers, S. (1995) The *Pragmatics Profile of Everyday Communication Skills.* Windsor: NFER-Nelson.

DFE (2012) *Statutory Framework for the Early Years Foundation Stage: Setting the Standards for Learning, Development and Care for Children From Birth to Five.* London: Department for Education, available at http://webarchive.nationalarchives. gov. uk/20130401151715/https://www. education.gov. uk/publications/eOrdering-Download/EYFS%20Statutory%20Framework.pdf (last accessed 25 May 2015)

Emde, R. and Easterbrooks, A. (1985) 'Assessing emotional availability in early development', in W. Frankenburg, R. Emde and J. Sullivan (eds), *Early Identification of Children at Risk: An International Perspective.* New York and London: Plenum Press, pp. 79-101.

Featherstone, S. (2011) *Setting the Scene: Creating Successful Environments for Babies and Young Children.* London: Featherstone Education.

Fletcher, P. (1985) *A Child's Learning of English.* Oxford: Blackwell.

Gerhardt, S. (2015) *Why Love Matters: How Affection Shapes a Baby's Brain*, 2nd edn. Abingdon: Routledge.

Goldschmied, E. and Jackson, S. (1994) *People under Three: Young Children in Day Care*, 2nd edn. Abingdon: Routledge.

Haggan, M. (2002) 'self-reports and self-delusion regarding the use of motherese: Implications from Kuwaiti adults', *Language Sciences,* 24 (1): 17-28.

Halliday, M.A.K. (1975) *Learning How to Mean.* London: Edward Arnold.

Harris, M., Jones, D., Brookes, S. and Grant, J. (1986) 'Relations between the non-verbal context of maternal speech and rate of language development', *British Journal of Developmental Psychology,* 4: 261-8.

Hart, B. and Risley, T.R. (1995) *Meaningful Differences in the Everyday Experience of Young American Children*. Baltimore, MD: Paul H. Brookes.

Heath, S.B. (1983) *Ways with Words: Language, Life and Work in Communities and Classrooms*. Cambridge: Cambridge University Press.

Hindley, J. and Benedict, W. (1996) *The Big Red Bus*. London: Walker Books.

I CAN (2006) *The Cost to the Nation of Children's Poor Communication*. I CAN Talk Series, Issue No. 2. London: I CAN, available at: www. ican.org.uk/~/media/Ican2/ Whats%20the%20Issue/Evidence/2%20The%20Cost%20to%20the%20 Nation%20 of%20Children%20s%20Poor%20Communication%20pdf. ashx (accessed 25 May 2015)

Johnson, M. and Jones, M. (2012) *Supporting Quiet Children*. Cambridge: Lawrence Educational.

Jones, M. (1988) 'Lack of verbal stimulation in infancy: Possible effects on language development'. MSc thesis, City University London.

Jones, M. (2010) 'sign posting', *Nursery World*, 29 July.

Jones, M. (2011) 'Come on in !', *Nursery World,* 24 March.

Jones, M. (2012a) 'Baby room excellence', *Early Years Educator*, 13 (10), February.

Jones, M. (2012b) 'Successful additions', *Early Years Educator*, 13 (11), March.

Jones, M. (2012c)'Keep on talking !', *Nursery World*, 6-19 March.

Jones, M. (2013)'Effective talk with babies', *Early Years Educator*, 15 (5), September.

Jones, M. (2014)'The power of pointing', *Early Years Educator,* 15 (11), March.

Jones, M. and Belsten, M. (2011) *Let's Get Talking!* Cambridge: Lawrence Educational.

Lawrence, V. and Stevenson, C. (2011a) *The Northamptonshire Baby Room Project*: *Facilitators' Manual*. Northampton: Northamptonshire County Council.

Lawrence, V. and Stevenson, C. (2011b) *The Northamptonshire Baby Room Project- Parents' Course: Facilitators' Manual*. Northampton: Northamptonshire County Council.

Lieven, E.V.M. (1984) 'Interactional style and children's language learning', *Topics in Language Disorders*, 4: 15-23.

Lindon, J. (2012) *What Does it Mean to Be Two*? London: Practical Pre-School Books.

Locke, J.L. (1989) 'Babbling and early speech: Continuity and individual differences', *First Language*, 9 (6): 191-205.

Louis, S., Beswick, C., Magraw, L., Hayes, L. and Featherstone, S. (2008) *Again! Again! Understanding Schemas in Young Children*. London: A & C Black Publishers.

Loveland, K. and Landry, S. (1986) 'Joint attention in autism and developmental language delay', *Journal of Autism and Developmental Disorders*, 16: 335-49.

McDonald, L. and Pien, D. (1982) 'Mother conversational behaviour as a function of interactional intent', *Journal of Child Language*, 8: 337-58.

Melhuish, E. (2010) 'Why children, parents and home learning are important', in K. Sylva, E. Melhuish, P. Sammons, I. Siraj-Blatchford and B. Taggart (eds), *Early Childhood Matters: Evidence from the Effective Pre-School and Primary Education Project*. Abingdom: Rouriedge, pp. 44-69.

Meltzoff, A.N. (1999) 'Origins of theory of mind, cognition and communication', *Journal of Communication Disorders*, 32: 251-69.

Meltzoff, A.N. and Gopnik, A. (1993) 'The role of understanding persons and developing theory of mind', in S. Baron-Cohen, H. Tagler-Flusberg (eds), *Understanding Other Minds: Perspectives from Autism*. Oxford: Oxford University Press, pp.335-366.

Nicolls, E. (2004) 'The contribution of the shared reading of expository books to the development of language and literacy'. DPhil dissertation, University of Oxford.

Nutbrown, G. (2011) *Threads of Thinking,* 4th edn. London: Sage.

O'Sullivan, J. (2009) *Leadership Skills in the Early Years: Making a Difference.* London: Continuum International Publishing Group.

Office for Standards in Education (Ofsted) (2013) *Getting it Right First Time*: *Achieving and Maintaining High-Quality Early Years Provision*, Ofsted Report No. 130117, July. London: Ofsted, available at: http://www.ofsted.gov.uk/resources/getting-it-right-first-time-achieving-and-maintaining-high-quality-early-years-provision (accessed 25 May 2015)

Oller, D.K. and Eilers, R.E. (1988) 'The role of audition in infant babbling', *Child Development*, 59: 441-49.

Peer, L. (2005) *Glue Ear*. Abingdon: Routledge.

Pine, J. (1994) 'The language of primary caregivers', in C. Gallaway and B. Richards (eds), *Input and Interaction in Language Acquisition*. Cambridge: Cambridge University Press, pp. 15-37.

Riley, J. (2007) 'The child, the context and early childhood education', in J. Riley (ed.), *Learning in the Early Years 3-7*, 2nd edn. London: Sage, pp. 1-28.

Riley, J. and Reedy, D. (2007) 'Communication, language and literacy: Learning through speaking and listening, reading and writing', in J. Riley (ed.), *Learning in the Early Years 3-7*, 2nd edn. London: Sage, pp. 65-100.

Robin, T. (2000) 'La Rose de Jaipur', from *Ciel de Cuivre*. Naïve Records.

Robinshaw, H.M. (1996) 'Acquisition of speech, pre- and post-cochlear implantation: Longitudinal studies of a congenitally deaf infant', *International Journal of Language and Communication Disorders*, 31 (2): 121-39.

Robinson, M. (2003) 'Role of staff'. Interview on Education Scotland Early Years website, available at: http://www. educationscotland.gov. uk/learningandteaching/early learningandchildcare/prebirthtothree/nationalguidance/conversations/mariarobinson. asp (accessed 7 August 2015)

Saxton, M. (2010) *Child Language Acquisition and Development*. London: Sage.

Sénéchal, M. and LeFevre, J. (2002) 'Parental involvement in the development of children's reading skill: A five-year longitudinal study', *Child Development*, 73 (2): 445-60.

Sénéchal, M., LeFevre, J., Thomas, E.M. and Daley, K.E. (1998) 'Differential effects of home literacy experiences on the development of oral and written language', *Reading Research Quarterly,* 33: 96-116.

Siraj-Blatchford, I. (2010) 'A focus on pedagogy: Case studies of effective practice', in K. Sylva, E. Melhuish, P. Sammons, I. Siraj-Blatchford and B. Taggart (eds), *Early Childhood Matters: Evidence from the Effective Pre-School and Primary Education Project*. Abingdon: Routledge, pp. 8-23.

Siraj-Blatchford, I., Sylva, K., Muttock, S., Gilden, R. and Bell, D. (2002) *Researching Effective Pedagogy in the Early Years*, Department for Education and Skills (DfES) Research Report No. 356. London: DfES, available at: www. ioe.ac.uk/REPEY_research_report.pdf (last accessed 25 May 2015)

Skinner, B.F. (1957) *Verbal Behaviour*. New York: Appleton-Century-Crofts.

Slonims, V., Cox, A. and McConachie, H. (2006) 'Analysis of mother-infant interaction in infants with Down syndrome and typically developing infants', *American Journal on Mental Retardation*, 111 (4): 273-89.

Snow, C. (1977) 'Mothers' speech research: From input to interaction', in C. Snow and C. Ferguson (eds), *Talking to Children: Language Input and Acquisition*. Cambridge: Cambridge University Press, pp. 31-50.

Snow, C.E. (1991) 'The theoretical basis for relationships between language and literacy in development', *Journal of Research in Childhood Education*, 6 (1): 5-10.

Soderstrom, M. (2007) 'Beyond babytalk: Re-evaluating the nature and content of speech input to preverbal infants', *Developmental Review*, 27 (4): 501-32.

Stadlen, N. (2004) *What Mothers Do: Especially When it Looks Like Nothing*. London: Piatkus Books.

Stern, D.N. (1985) *The Interpersonal World of the Infant: A View from Psychoanalysis and Developmental Psychology.* New York: Basic Books.

Stern, D.N. (1998) *The Motherhood Constellation.* London: Karnac Books.

Stewart, N. (2011) *How Children Learn: The Characteristics of Effective Early Learning.* London: British Association for Early Childhood Education.

Stilwell Peccei, J. (2006) *Child Language: A Resource Book for Students.* London: Routledge.

Sylva, K., Melhuish, E.C., Sammons, P., Siraj-Blatchford, I. and Taggart, B. (2004) *The Effective Provision of Pre-School Education (EPPE) Project: Final Report.* London: Department for Education and Skills (DfES)/Institute of Education, University of London, available at: www.ioe.ac.uk/RB_Final_Report_3-7.pdf (last accessed 25 May 2015)

Sylva, K., Melhuish, E.C., Sammons, P., Siraj-Blatchford, I. and Taggart, B. (2010) *Early Childhood Matters: Evidence from the Effective Pre-School and Primary Education Project.* Abingdon: Routledge.

Tizard, B. and Hughes, M. (2002) *Young Children Learning*, 2nd edn. Oxford: Blackwell.

Tmvarthen, C. (1977) 'Descriptive analyses of infant communicative behaviour', in H.R. Schaffer (ed.), Studies in Mother-Infant Interaction. London: Academic Press.

Trevarthen, C. (1979) 'Communication and cooperation in early infancy: A description of primary intersubjectivity', in M. Bullowa (ed.), *Before Speech*: *The Beginnings of Interpersonal Communication.* Cambridge: Cambridge University Press, pp. 321-47.

Trevarthen, C. and Daniel, S. (2005) 'Disorganized rhythm and syn- chrony: Early signs of autism and Rett syndrome', *Brain and Development,* 27 (Suppl. 1): S25-S34.

Trevarthen, C. and Hubley P. (1978) 'Secondary intersubjectivity: Confidence, con- fiding and acts of meaning in the first year', in A. Locke (ed.), *Action, Gesture and Symbol: The Emergence of Language.* London: Academic Press, pp. 183-229.

Trevarthen, C., Barr, I., Dunlop, A.-W., Giersoe, N., Marwick, H. and Stephen, C. (2003) *Supporting a Young Child's Needs for Care and Affection, Shared Meaning and a Place: A Review of Childcare and the Development of Children Aged 0-3. Research Evidence, and Implications for Out-of-Home Provision.* Edinburgh: Scottish Executive, available at: www. scotland.gov. uk/Resource/Doc/933/0007610.pdf (accessed 25 May 2015)

Tronick, E., Als, H. and Adamson, L. (1979) 'Structure of early face-to-face communicative interactions', in M. Bullowa (ed), *Before Speech: The Beginning of Interpersonal Communication.* Cambridge: Cambridge University Press, pp. 349-72.

Vygotsky, L.S. (1978) *Mind in Society: The Development of Higher Psychological Processes.* Cambridge MA: Harvard University Press.

Warren, S.F., Gilkerson, S., Richards, J.A., Oiler, D.K., Xu, D., Umit,Y. and Gray, S. (2010) 'What automated vocal analysis reveals about the vocal production and language learning environment of young children with autism', *Journal of Autism and Developmental Disabilities*, 40: 555-69.

Wells, G. (1987) *The Meaning Makers: Learning to Talk and Talking to Learn.* London: Hodder & Stoughton.

Wells, G. (2009) *The Meaning Makers: Learning to Talk and Talking to Learn,* 2nd edn. London: Hodder & Stoughton.

Wells, G. and Gutfreund, M. (1987)'The conversational requirements for language learning', in W. Yule and M. Rutter (eds), *Language Development and Disorders.* Oxford: Blackwell, pp. 90-102.

White, J. (2014) *Playing and Learning Outdoors*, 2nd edn. Abingdon: Routledge.

Wood, D. (1998) *How Children Think and Learn.* Oxford: Blackwell Publishing.

Wood, H.A. and Wood, DJ. (1984) 'An experimental evaluation of the effects of five styles of teacher conversation on the language of hearing-impaired children', *Journal of Child Psychology & Psychiatry,* 25 (1): 45-62.

Yule, G. (2014) *The Study of Language*, 5th edn. Cambridge: Cambridge University Press.

附录1 词汇表

口音（Accent）：一种典型的发音方式，通常与某一特殊国家、地区或社会阶层有关。

发声（Articulation）：发出声音或语音。

依恋（Attachment）：儿童与其主要抚养人之间建立的关系。当儿童深信成人会照顾自己时，依恋就是"安全的"；否则是"不安全的"，即儿童未能建立很强的依恋。

依恋理论（Attachment Theory）：指一种观念——婴儿需要与其主要抚养人之间发展积极、亲密的关系，这种关系会影响他们未来社会情感的发展，包括如何控制自己的情绪。

听觉反馈（Auditory feedback）：指的是听到自己说话的能力。如果某个儿童出现听力障碍，那么这种能力就会受到制约。这种能力会对口语发展产生影响。

行为主义（Behaviourist）：一种理论观点。该理论主要关心的是可观察的行为，而不是如想法或动机这种可能发生在儿童心里的事情。受行为主义理论影响的心理学家和其他专业人士在干预有行为困难的儿童时会采用奖励促进儿童积极行为的产生，通过忽视等方式减少消极行为的出现。

懂双语（Bilingual）：能够理解和使用两种语言。懂双语的儿童可能在使用其中一种语言时更加自信，但是这种情况可以随着儿童在生活过程中获得的经验而发生改变。

纽带（Bonding）：主要抚养人对孩子积极的情感态度。纽带与婴儿建立同抚养人之间依恋关系的能力密切相关。

儿童指向语言（Child Directed Speech，CDS）：一种语言变体或语域，成人使用这种类型的语言与刚开始学说话的婴儿和语言快速发展中的幼儿进行交谈。

人工耳蜗（Cochlear implant）：通过外科手术植入内耳的电子装置。人工耳蜗能让因耳蜗感觉细胞损伤而导致重度听力障碍的人获得听力。耳蜗是内耳的一部分，能将声波转化为电子脉冲，然后传到大脑产生听觉。有关耳蜗植入和听力障碍的更多信息可在以下网站查询：

www.ndcs.org.uk/family_support/useful_links_and_organisations/glossary/cochlear_implant.html（accessed 7 September 2015）

认知发展（Cognitive development）：即思维发展。影响儿童认知发展的因素包括儿童的先天能力、后天经验以及成人和同伴通过游戏和交谈引导儿童的方式、方法。

交流（Communication）：我们共同分享意义（meaning）的方式。交流可以是口头的、书面的或非言语的（如使用手势或身体动作）。

会话（Conversation）：与他人分享思想和想法等意义的一种方式。会话是双方相互倾听、相互回应和轮流的双向交流的过程。会话可以是口头的，也可以同时伴随手势。例如，有听力障碍的人之间的会话就需要借助手势。

会话流畅度（Conversational flow）：会话双方能够进行顺利交谈的程度。一段非常顺畅的会话意味着会话双方能够使用一定的策略理解对方的话，表达自己的想法。使用的策略包括轮流，通过说类似"我知道"或"真的吗？真有趣"的话鼓励对方继续说话等。

会话风格（Conversational style）：成人邀请儿童参与会话时采用的方式。有些会话风格可以比其他风格更有效。例如，如果一个成人能够认真倾听，给儿童留有足够的时间进行表达，然后再做出必要的回应，那么这个人就被说成是"应答型的会话风格"（responsive conversational style）。如果成人主导会话过程，经常提出许多"封闭型"问题（如，"那是什么？""那是什么形状？"），那么这个人使用的就是"控制型的会话风格"（controlling conversational style）。

发展迟缓（Developmental delay）：当某一儿童在特定的年龄范围内不能在某些发展指标上达到标准，如会行走、会说话等，那么该儿童就存在发展迟缓问题。发展迟缓可能是由外部环境因素（如缺乏经验或疾病）造成的，或者由内在的先天因素（如患唐氏综合征等）引起的。

方言（Dialect）：在某一特定的地域人们使用的一种语言的独特形式。某一地域的方言中的一些词汇和短语可能只在那个地区或城市使用。说地方方言的人在说话时通常会带有与该地方有关的特定口音。例如，"利物浦方言"与利物浦有关，"泰恩塞德口音"与纽卡斯尔有关。

由遗传基因决定（Genetically determined）：某一技能在受孕的那一刻就预先决定了，当然环境在这一技能的发展过程中也会产生一定的影响。

语法（Grammar）：一套解释词与词之间如何组合的语言规则系统。

命令性的指示动作（Imperative pointing）：幼儿用以表示想要什么东西的指示动作。这类指示动作使用的可能是伸出的手或手指（也可能是眼睛看，或者如果儿童有身体或感官上的障碍，可能是身体动作）。

婴儿指向语言（Infant Directed Speech，IDS）：成人在与婴儿说话或游戏时使用的语言，通常包括特别夸张的语调、生造的词汇（如"diddums""boo""wasamatta？"和"there，there"等）。婴儿指向语言最初因"妈妈语"而著称。

先天的（Innate）：表明一种行为或技能是预先存在的，并得到自然发展，而不是通过后天经验学会的。

互动（Interaction）：我们在与别人交谈时相互应答的方式。例如，成人在和婴儿游戏、交谈时，可能会使用轮流、眼神接触和微笑等方式，这些方式就是互动内容的一部分。

语言（Language）：我们与人交流的方法。语言可以说出来（言语的），可以写下来，也可以是手势，如英国手语。任何一种特定的语言都由既定的规则组成，这些规则有助于说话者相互理解。

语言习得（Language acquisition）：儿童使用自己学过的词汇创造自己的语法规则的过程。使用词汇创造语法的技能是自然而然地习得的，习得过程也是先天的。这些概念与语言学家、哲学家诺姆·乔姆斯基有关。

语言习得装置（Language Acquisition Device，LAD）：诺姆·乔姆斯基提出的用来解释儿童如何习得语法规则的一个理论概念。

成熟（Maturation）：由儿童内部先天基因赋予的力量决定的生长过程。成熟包括神经的成熟和身体的成熟。神经的成熟是指儿童的神经系统自动发展，身体的成熟与神经成熟同时发生，喉（"音箱"）等器官的发育就属于身体的成熟内容。这两种成熟的结合对于培养儿童走路和控制语音的技能至关重要。

神经元（Neuron）：在身体中以化学和电流的形式传递信息的神经细胞。

非言语交流（Non-verbal communication）：包括面部表情、语调和手势等方式，用以帮助听者理解说者传达的信息。

过度泛化（Overgeneralisation）：发生于儿童尝试将规则的语法变化规律应用到变化不规则的地方之时。例如，将"I went"（go 的过去式是 went，属于不规则的变化）说成"I goed to nursery"（运用了规则的变化规律，go-ed）。

教育教学观念（Pedagogy）：教师个体或教师群体的教育观点和教育信念。教育学影响我们如何教育孩子，如何与他们交流。

语音系统（Phonology）：一种语言的不同语音相互组合成词的方式。儿童的语音是随着生理成熟系统地发展起来的。

语用（Pragmatics）：我们使用语言传达意思、理解他人意思的方式，包括非言语（如面部表情）交流的方式。

初级交互主体性（Primary intersubjectivity）：婴儿和成人（通常是婴儿的主要照料者）相互聚焦／看着对方，是一种早期的交流。

发音（Pronunciation）：以一种大家可以接受的方式生成或发出语音，以便别人能够理解。发音会因为人们生活地方的不同而不同，从而形成不同的口音。

会话原型（Proto-conversation）：婴儿和成人在一起时进行的游戏性言语互动类型，包括倾听、轮流和应答等基本过程。通常认为，会话原型为后来儿童能够使用语言进行真正的会话提供了"实践"的机会和场所。

语域（Register）：一种在特定情境中或对某个特定的人使用的语言类型或语言风格。语域可以是"非正式的"（如与孩子或朋友交谈时使用），也可以是"正式"的（如在工作面试或与父母交谈时使用）。

支架（Scaffolding）：成人为促进幼儿的学习提供的支持。支架包括使用语言帮助儿童发展技能，帮助他们表达思想、探索想法。

图式（Schema）：重复的行为模式。这种行为模式包括投掷、旋转和包裹物品等行为的模式，通常可以在幼儿游戏中看到。

次级交互主体性（Secondary intersubjectivity）：婴儿和成人共同关注某一物品，并对这一物品产生兴趣。

语义（Semantics）：我们使用的语言的含义，包括单词和短语、句子和故事的含义。语义包括我们对别人所说的话的理解，以及我们可以如何说出我们的意图的理解。

俚语（Slang）：某个特殊群体使用的词或词组，这群人发明这些语言可能是想证明他们来自这个群体或想要加入这个群体。这些词和短语的使用非常不正式。例如，有人想成为冲浪者，可能会使用"冲浪俚语"，说"太棒了，伙计"（That's totally awesome, dude!），意思就是"非常好，我的朋友"（That was rather good, my friend.）。

说话（Speech）：发出在一种语言中可构词的个别语音，有时也指"发音"或"发声"。

言语和语言发展迟缓（Speech and language delay）：儿童在语言理解与表达、语音和表达性语言等方面与年龄更小的儿童发展水平相似。

心理理论（Theory of Mind）：认识到别人有自己的思想和想法。有人认为，一些自闭症儿童就没有这种能力。

言语交流（Verbal communication）：通过谈话实现与他人的交流。

言语理解（Verbal comprehension）：理解别人对自己说的话的能力。如果语言发展正常，那么儿童的言语理解能力会比言语表达能力强。

言语表达/表达性语言（Verbal expression/ expressive language）：通过谈话表达自己想法的方式，即如何在谈话中使用语音、词汇和短语组词成句，传达意思。

词汇（Vocabulary）：单词的总和，包括名词、形容词和动词等。我们用词汇标记外部客观对象、内部想法以及它们的属性特征。

声带（Vocal cords）：两片成对平行张开的喉头（"音箱"）薄膜。声带完全张开并处在静止状态时，空气就会从两侧声带中间无声地穿过。当两侧声带几乎关闭时，肺冲出的气流就会引起声带振动而发出声音。

嗓音（Voice）：由声带振动发出的声音。例如，/g/ 和 /d/ 就是由于空气通过声带，声带振动而发出的声音，而 /k/ 和 /t/ 的发声则没有伴随声带的震动。

最近发展区（Zone of Proximal Development）：由维果茨基提出的一个概念，用来描述儿童两种发展水平之间的差异——一种水平是儿童独立学习达到的水平，另一种是儿童在成人或年龄较长儿童的帮助下可能达到的新水平。

附录2 专有名词中英文对照表

Asperger's syndrome 阿斯伯格综合征
Autism Spectrum Disorder（ASD）自闭症
Babbling 咿呀学语
baby rooms 宝贝教室
Baby Talk and Play project "宝贝说宝贝玩"项目
Bercow Report（DCSF）伯考报告
book areas 图书区
book-sharing sessions 图书分享环节
Brazelton Institute's Neonatal Behavioral Assessment Scale 布鲁泽尔顿研究所新生儿行为评价量表
Bristol Study "布里斯托尔研究"项目
British Sign Language（BSL）英国手语
Child-Centred/Rsponsive Interactional Style 儿童中心/应答型的互动风格
closed questions 封闭型问题
child-initiated/adult-led activity 儿童发起/教师主导的活动
code switching/ mixing 编码转换/语码混合
Continuity Hypothesis 连续性假设
Controlling/directional interactional style 控制型/单向式互动风格
cooing 咕咕作声
Cost to the Nation of Children's Poor Communication "儿童缺乏沟通的国家代价"报告
Declarative/imperative pointing 说明性/命令性的指示动作
decontextualised language/conversation 去情境化的语言/会话
Discontinuity Hypothesis 非连续性假设
disruptions manager 突发事件管理员
Down syndrome 唐氏综合征
Early Language Lead Practitioners（ELLPs）早期语言导师
Early Years Foundation Stage（EYFS）早期基础阶段教育纲要

Effective Provision of Pre-school Education Project（EPPE）有效学前教育项目

Elaborated/ Restricted Codes 精制语码/受限语码

English as an additional language（EAL）以英语作为第二语言

Every Child a Talker（ECaT）project "每名儿童即一个交谈者"项目

extended conversations 扩展式的会话

focused learning 焦点学习

hearing impairment 听力损伤

heuristic play 探索性游戏

Home Learning Environment（HLE）家庭学习环境

Home School Study of Language and Literacy Development project "家庭-学校口语学习与读写发展"项目

interactional styles 互动风格

interactive babbling 互动式的咿呀学语

interactive style 互动风格

intrinsic reinforcement 内部强化

Islands of Intimacy 亲密岛

Keep On Talking project "继续谈话"项目

Key Person approach "关键人"保教模式

Language Acquisition Support System（LASS）语言习得支持系统

language impoverishment 语言贫乏

Let's Talk Together project "一起来谈话吧"项目

Luton's Baby Matters 卢顿宝贝疙瘩项目

Magic Bubble "魔力气泡"环境

Makaton signs 马卡通手语

Maternal Interactive Style 亲子互动风格

Motherese 妈妈语

Mud Kitchen 泥巴厨房

Naming Insight 命名能力

non-verbal communication 非言语交流

Northamptonshire Baby Room Project 北安普敦郡宝贝教室项目

Nursery Rhyme Survey（activity）童谣调查（活动）

overgeneralisation 过度泛化

Parent-child interaction 亲子互动

phatic comments 寒暄式点评

planted adult 机动教师

Positive Interaction 积极互动教师培训项目

primary intersubjectivity 初级交互主体性

quality interactions 高质量互动

recasting 重述策略

redundancy of meaning 意义冗余

reflexive vocalisations 反射性发声

Researching Effective Pedagogy in Early Years（REPEY）学前有效教学研究

schema play 图式游戏或象征性游戏

scribble talk 含糊不清的谈话
secure attachment 安全依恋
self-registration 个人签到
Semantic-Pragmatic Language Disorder 语义－语用障碍
sensitive interactions 敏感性互动
Sign 4 Learning 手势学习
sharing adults 共享教师
sharing books 图书分享
social class 社会阶层
Something Special（TV programme）"特别之事"（英国一个电视节目的名称）
sound play 声音游戏
speech act 言语行为
social norms 社会规范
Standard English 规范英语
Still Face Paradigm experiments 面无表情实验
Sustained Shared Thinking（SST） 持续的共同思考
Teacher Talk 教师语言
think aloud 出声地思考
vegetative sounds 单调的声音
verbal communication 言语交往
verbal comprehension 言语理解
verbal expression 言语表达
visiting advisor 客座顾问
vocabulary development 词汇发展
vocal play 发声游戏
vulnerable children 弱势儿童
Word Explosion（Word Spurt） 词汇爆炸（词汇飞跃）
Word Mapping 词汇导图

附录3 人名中英文对照表

Adam 亚当
Aiden 艾登
Alex 亚历克斯
Alma 阿尔玛
Amy Jarrold 埃米·贾罗尔德
Andrew Meltzoff 安德鲁·梅尔佐夫
Basil Bernstein 巴兹尔·伯恩斯坦
Ben 本
Beth 贝思
Bhavna Acharya 巴哈维娜·阿查里亚
Carl 卡尔
Caroline 卡罗琳
Catherine Croft 凯瑟琳·克罗夫特
Catherine Snow 凯瑟琳·斯诺
Christian 克里斯琴
Christine 克里斯廷
Colette 科利特
Claudette 克劳德特
Colwyn Trevarthen 科尔文·特里瓦森
Connor 康纳
Cooper 库珀
Crush 柯路茜
Daniel Stern 丹尼尔·斯特恩
David Wood 戴维·伍德
David Crystal 戴维·克里斯特尔
Debbie Brace 戴比·布雷斯
Dee Gent 迪伊·亨特
Delphine 德尔芬
Donald Winnicott 唐纳德·温尼科特
Donna 唐娜
Donnen 多南
Dylan 迪伦
Emde 埃姆德
Elinor Goldschmied 埃莉诺·戈德施米德
Edmund Gentle 埃德蒙·金特尔
Edward Tronick 爱德华·特罗尼克
Evie 埃维
Elvis 埃尔维斯
Evans 埃文斯
Emma Huxter 埃玛·赫克斯特
Emma Nicolls 埃玛·尼科尔斯

Emmanuel 伊曼纽尔
Faye 费伊
Fouad 福阿德
Francesca 弗朗西斯卡
George Knowles 乔治·诺尔斯
Gregory 格雷戈里
Gumpy 冈皮
Halliday 韩礼德
Harrison 哈里森
Holly 霍利
Harry 哈里
Hart 哈特
Hazel Dewart 黑兹尔·德瓦特
Hughes 休斯
Isaac 艾萨克
Isabelle 伊莎贝尔
James 詹姆斯
Jay Begum 杰伊·贝古姆
Jean Berko Gleason 琼·伯科·格利森
Jean Stilwell Peccei 琼·史迪威·佩克切尔
Jeni Riley 杰尼·赖利
Jenni Clarke 詹妮·克拉克
Jerome Bruner 杰罗姆·布鲁纳
John Bowlby 约翰·鲍尔比
John Burningham 约翰·伯宁汉姆
Johnny 约翰尼
Jordan 乔丹
Jessie 杰西
Jenny 珍妮

Jessica 杰西卡
Josie 乔赛亚
Josh 乔希
Judith Coupe-O'Kane 朱迪斯·库普-奥凯恩
Judith Twani 朱迪斯·特沃尼
Julia Miller 朱莉娅·米勒
Juliet Goldbart 朱丽叶·戈尔德巴特
Justin Fletcher 贾斯廷·弗莱彻
Katja O'Neill 卡特娅·奥尼尔
Kathleen 凯瑟琳
Kathy Brodie 凯西·布罗迪
Kelly 凯莉
Kelly Yuen 凯莉·袁
Kishan 基尚
Kristina 克里斯汀娜
Khalid 哈利德
Langley 兰利
LeFevre 勒费夫尔
Lev Vygotsky 列夫·维果茨基
Lauren 劳伦
Leon 利昂
Liley 莱利
Lily 莉莉
Lisa Pepper 莉萨·佩珀
Lopez 洛佩斯
Lucy Jenkins 露西·詹金斯
Luke 卢克
Machin 梅钦
Maggie Harris 玛吉·哈里斯

M.A.K. Halliday M. A. K. 韩礼德
Mandy 曼迪
Maria Robinson 玛丽亚·罗宾逊
Mary Field 玛丽·菲尔德
Marsha 玛莎
Mateusz 马特乌什
Milena 米莲娜
Michael Jones 迈克尔·琼斯
Michael 迈克尔
Mine Conkbayir 迈尼·康克白伊尔
Morgan 摩根
Mustafa 马斯塔法
Nancy Stewart 南希·斯图尔特
Naomi Stadlen 内奥米·斯塔德伦
Natasha 纳塔莎
Nicola 尼古拉
Noam Chomsky 诺姆·乔姆斯基
Priya 普利亚
Raphael 拉斐尔
Rebecca 丽贝卡
Reedy 里迪
Reynolds 雷诺兹
Risley 里斯利
Roger Brown 罗杰·布朗
Ruth 鲁思
Ryan 瑞安
Sadie Thornton 萨迪·桑顿
Sally Featherstone 萨莉·费瑟斯通
Sally Roberts 萨莉·罗伯茨
Sam Randall 萨姆·兰德尔
Sanghita 桑伊塔
Sarah 萨拉
Sean 肖恩
Sénéchal 塞内沙
Scarlet 斯卡莱特
Shirley Brice Heath 雪莉·布赖斯·希思
Simone 西蒙娜
Sioban Boyce 西沃恩·博伊斯
Sonia Jackson 索里亚·杰克逊
Stacey 斯泰西
Steve Grocott 史蒂夫·格罗科特
Steven 史蒂文
Sue Thomas 休·托马斯
Sue Gerhardt 休·格哈特
Tamsin 塔姆辛
Talia 塔莉亚
Tanaz 塔纳兹
T. Berry Brazelton T. 贝里·布鲁泽尔顿
Thierry Titi Robin 蒂里·蒂蒂·罗宾
Tina Cook 蒂娜·库克
Tizard 蒂泽德
Tom 汤姆
Tony 托尼
Trevor Stevens 特雷弗·史蒂文斯
Wells 韦尔斯
Wood 伍德
Yolanda 尤兰达
Yvonn 伊温妮

出 版 人　李　东
策划编辑　孙冬梅
责任编辑　孙冬梅
版式设计　博祥图文　杨玲玲
责任校对　马明辉
责任印制　叶小峰

图书在版编目（CIP）数据

与幼儿交流的艺术：促进幼儿的有效学习 /（英）迈克尔·琼斯（Michael Jones）著；余珍有，曲方炳，刘晓晔译. —北京：教育科学出版社，2019.5（2022.8重印）
　　书名原文：Talking and Learning with Young Children
　　ISBN 978-7-5191-1891-4

　　Ⅰ. ①与… Ⅱ. ①迈… ②余… ③曲… ④刘… Ⅲ. ①语言教学—学前教育—教学参考资料 Ⅳ. ①G613.2

中国版本图书馆CIP数据核字（2019）第081414号

北京市版权局著作权合同登记　图字：01-2017-4604 号

与幼儿交流的艺术——促进幼儿的有效学习
YU YOU'ER JIAOLIU DE YISHU——CUJIN YOU'ER DE YOUXIAO XUEXI

出版发行	教育科学出版社		
社　　址	北京·朝阳区安慧北里安园甲9号	市场部电话	010-64989572
邮　　编	100101	编辑部电话	010-64989395
传　　真	010-64891796	网　　址	http://www.esph.com.cn
经　　销	各地新华书店		
制　　作	北京博祥图文设计中心		
印　　刷	保定市中画美凯印刷有限公司		
开　　本	720毫米×1020毫米　1/16	版　　次	2019年5月第1版
印　　张	14.5	印　　次	2022年8月第3次印刷
字　　数	216千	定　　价	46.00元

如有印装质量问题，请到所购图书销售部门联系调换。
封面图片来源：高品（北京）图像有限公司

Talking and Learning with Young Children

By Michael Jones

Copyright © Michael Jones 2016

SAGE Publications, Ltd. is the original publisher in Washington D.C., London, and New Delhi. This Simplified Chinese edition is translated and published by permission of SAGE Publications, Ltd.. Educational Science Publishing House shall take all necessary steps to secure copyright in the Translated Work where it is distributed.

All rights reserved.

世哲出版公司是原著的出版者。本书简体中文版由世哲出版公司授权教育科学出版社独家翻译出版。未经出版社书面许可，不得以任何方式复制或抄袭本书内容。

版权所有，侵权必究。